TRAÎNE-SAVANE

DU MÊME AUTEUR

Le Baobab de Stanley, éditions François Bourin, 2009
Le Cartographe, éditions Intervalles, 2011

Ouvrage écrit avec le soutien du Centre national du livre.

ISBN : 978-2-36956-001-2

GUILLAUME JAN

TRAÎNE-SAVANE

VINGT JOURS AVEC DAVID LIVINGSTONE

ÉDITIONS INTERVALLES

À Lili

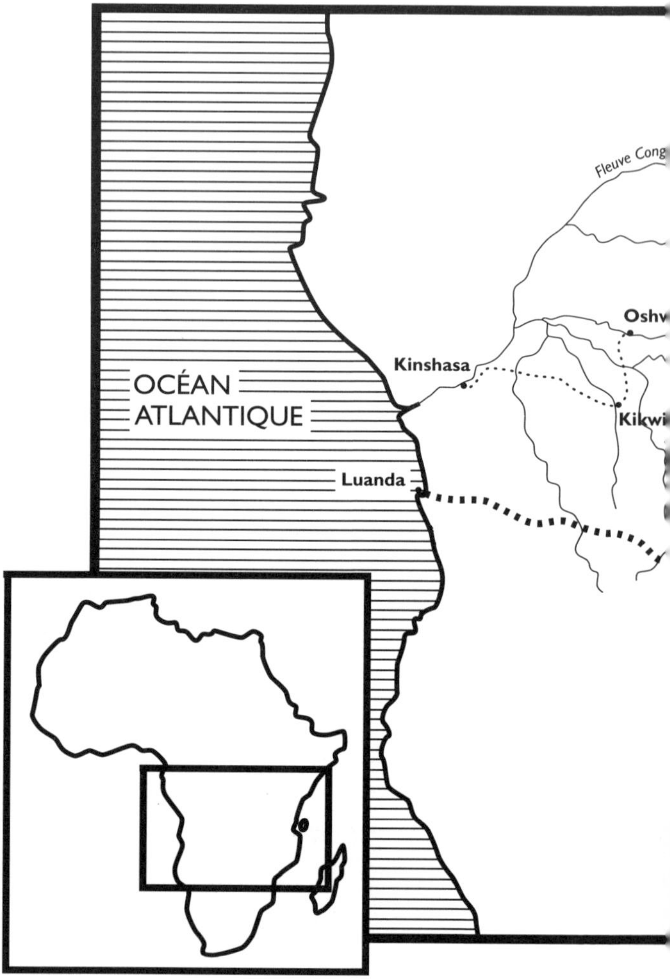
Fleuve Cong
Oshv
Kinshasa
OCÉAN
ATLANTIQUE
Kikwi
Luanda

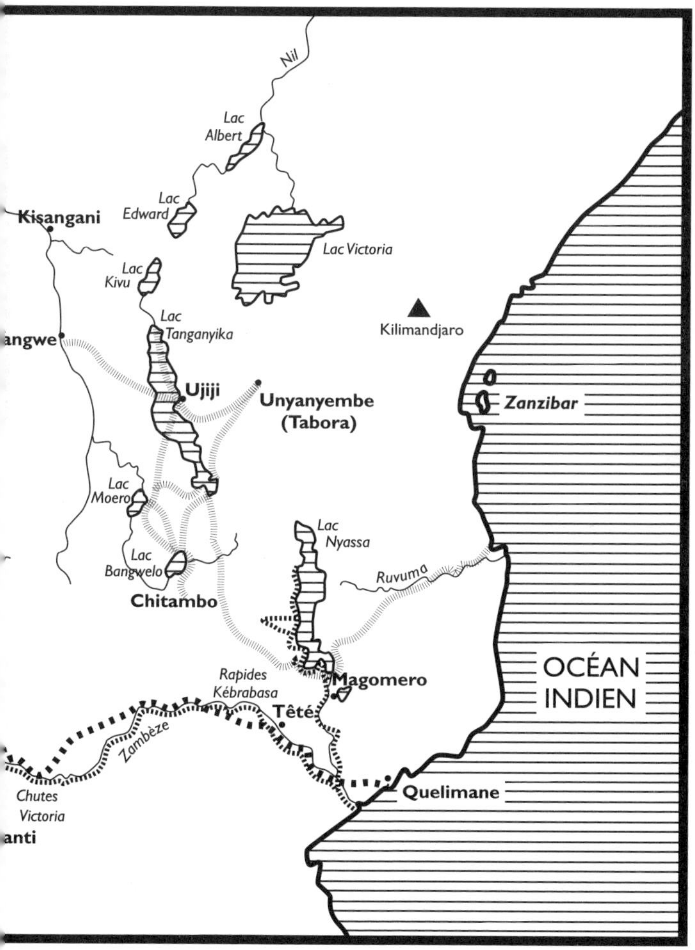

Traversée africaine de David Livingstone (1853-1856)

Expédition de David Livingstone sur le Zambèze (1858-1863)

À la recherche de la source du Nil – Derniers voyages de David Livingstone (1866-1873)

Chemin des murmures – Route de Belange et Guillaume (février 2011)

Le lion est à trente pas, tapi dans les hautes herbes. Livingstone lève lentement le canon de sa carabine, tente de viser entre les yeux jaunes et tire. Deux coups. Le fauve est sûrement touché, puisque son furieux rugissement déchire la savane. Le missionnaire n'a pas le temps de recharger sa pétoire qu'il le voit bondir, et déjà l'animal enfonce ses crocs dans l'épaule de l'homme blanc et le secoue dans tous les sens. Deux indigènes tentent de le secourir, le fauve les envoie valdinguer mais s'écroule quelques secondes plus tard, foudroyé. Les balles ont finalement fait leur effet. Le lion meurt, Livingstone survit. C'est le premier miracle d'une longue série pour l'ardent voyageur. Seule séquelle, il n'arrivera plus jamais à lever le bras gauche. Ce qui ne l'empêchera pas d'aller taquiner l'au-delà dans ses expéditions futures, convaincu d'être envoyé par Dieu pour placer l'Afrique sur la voie du salut.

Ce mois de février 1844, David Livingstone a 31 ans. Le missionnaire écossais est arrivé en Afrique australe trois années plus tôt, peu après avoir obtenu son diplôme de médecine et s'être fait ordonner pasteur. Il est à la recherche d'une terre promise où il annoncera l'évangile, où il apportera les lumières du progrès : l'incorrigible vagabond sillonnera cette partie du continent jusqu'à sa mort, parcourant quarante ou cinquante mille kilomètres, à pied le plus souvent. Il s'égarera dans le désert du Kalahari, il croira être le premier à découvrir les majestueuses chutes Victoria ou à descendre le cours du Zambèze. Avec le temps, le soleil, la solitude, avec la fatigue, avec l'ennui, les fièvres, l'orgueil, le chagrin, avec l'émerveillement, le missionnaire aventurier se transformera en farfelu de la géographie approximative, en clochard céleste qui espère pourfendre la traite négrière avec ses sermons; enfin, en traîne-savane gagné d'une affection sincère et profonde pour l'Afrique et les Africains – une attitude diablement progressiste à l'époque victorienne, quand le nègre *était plus souvent considéré comme un sauvage sans importance. Le bon vieux docteur se fait happer par le continent noir au point de perdre contact avec sa famille, avec la London Missionary Society et avec la Royal Geographical Society, avec ses derniers amis et avec le monde. Mais toujours il se balade dans la savane, à la recherche de ses chimères, à la poursuite de son bonheur, de son malheur peut-être.*

La mer à boire

« Sois attentif au hasard, Piotr ! Prends-le au sérieux. »
Vassili Golovanov, *Éloge des voyages insensés*

BAM BAM BAM BAM !

— Monsieur Guillaume ! Il est l'heure de se réveiller !

Le poing d'Elvis a cogné si fort que la porte de la case a failli se briser. L'autre poing d'Elvis suspend une lampe à pétrole sous le toit de palmes. Notre hôte s'assure que je l'ai bien entendu et retourne se fondre dans la nuit. Quelques oiseaux font froufrouter leurs plumes, un rongeur gratte le mur de boue séchée et si je tends l'oreille, je crois reconnaître un bruit de tam-tam, une rumeur sourde, étouffée par la végétation. Je me retourne sur le lit de branches sèches, le premier coq va bientôt chanter, puis ce sera toute la basse-cour de fortune qui s'activera.

À côté de moi, Belange dort encore, immobile comme une étoile. Ce ne sera pas une mince affaire de la réveiller : je lui chuchote des mots doux, lui caresse le front, lui flatte la joue ; j'effleure sa nuque, je promène mes doigts sur son épaule et fais claquer quelques baisers dans le creux de son oreille. Enfin, elle ouvre un œil. Nous ne devons pas traîner, la route nous attend. Cent dix kilomètres de marche au cœur de la forêt équatoriale. Sans un village, a prévenu Elvis. Il a même ajouté : Ce voyage, c'est la mer à boire.

Nous étions partis de Kinshasa pleins d'optimisme, avec cette belle idée d'aller saluer les Pygmées, les derniers Mohicans du bassin congolais, des hommes qui connaissent la forêt comme leur étui pénien et qui assistent tous les jours à l'enterrement de leur culture en se doutant bien où cela les mènera, ils ne sont pas idiots. Avant de quitter Paris, j'avais étudié ma carte routière, j'avais soigneusement défini l'itinéraire qui me semblait le plus sûr, encore que rien ne soit jamais sûr au Congo. Mais j'avais oublié de la glisser dans mon sac, en partant pour l'aéroport Roissy-Charles-de-Gaulle. Ce n'était pas une catastrophe : j'allais voyager avec Belange, elle connaîtrait sûrement les meilleurs itinéraires, elle serait ma guide, mon interprète, mon repère. Inutile de m'inquiéter. Seulement, on peut être la plus jolie fille du continent africain et confondre les noms des villes de son pays, ce sont des choses qui arrivent. Nous avons pris le mauvais autobus, qui nous a emmenés dans une mauvaise ville. Ensuite, il a fallu rectifier notre itinéraire, à moto cette fois, à travers un plateau d'herbes ternes et d'arbres rabougris, pour arriver jusqu'à la rivière Kasaï et jusque chez Elvis qui a bien voulu nous accueillir dans sa maison craquelée. Nous avions son nom griffonné sur un bout de papier, il était le neveu du voisin de l'oncle (autant dire : un membre de la famille proche) d'un pasteur que nous avions rencontré sur la route, dans des circonstances infernales que je raconterai plus loin. Quatre jours harassants, au lieu des six heures qu'on nous avait promises à Kinshasa.

Et nous n'en avions pas terminé avec la route : Elvis nous signale qu'il faut encore aller jusqu'au village d'Oshwé pour trouver les Pygmées. C'est à cent cinquante kilomètres et le chemin est trop mauvais pour s'y engager en 4x4, ou même à moto. Il y a trop de troncs d'arbres à contourner et de toute façon le village est à court de carburant. À la rigueur, on pourrait prendre le raccourci, un layon en zigzag à travers la forêt vierge.

— Ça ne vous fera plus que cent dix kilomètres.

À pied.

Je n'ai rien contre la marche à pied. J'ai passé des milliers d'heures à trimarder sur les routes, mes orteils s'en souviennent très bien. Les foulées monotones sur les sentiers blanchis par le soleil ou par la lune, une biche croisée près de la rivière, le frissonnement des arbres dans la bise des après-midi, un enfant qui vient vous apporter des pommes du jardin, l'apparition d'une femme que l'on rêve soudain d'aimer à la folie, ça fait partie des surprises du chemin ; un emmerdeur qui vous colle aux basques, qui veut vous raconter toute sa vie comme je suis en train de le faire, une auberge perdue où l'on s'arrête claquer son dernier billet pour un repas chaud et d'où l'on ne ressort que le lendemain parce qu'on y a trouvé une nouvelle famille, l'espace d'une soirée. Mais cette fois, au milieu de la jungle, il n'y aura pas de restauroute.

— Qu'est-ce que vous en dites, monsieur Guillaume ?

Je lance un regard interrogateur à Belange. Elle hausse une épaule, sourit, ça ne lui fait pas peur. Elle connaît la forêt. Quand elle était enfant, elle s'en allait loin sous les frondaisons, jusqu'au soir, sa grand-mère se demandait ce qu'elle pouvait bien aller chercher par là-bas. Et puis il y a des guerres, de temps à autre, en République démocratique du

Congo, elle sait ce que c'est que de prendre la fuite avec un petit sac, le plus léger possible, pour pouvoir tenir le temps que les rebelles finissent de piller le village. Belange – c'est son prénom authentique – est gracile, élancée, c'est une brindille mais elle me surprend toujours par sa force, par son endurance, par son énergie, voilà le premier de ses mystères. Je l'avais prise en photo devant sa case lorsque nous nous étions connus, trois ans plus tôt: sur l'image, elle décapsule une bouteille de Schweppes avec ses jolies dents blanches et ses yeux brillent de bonheur ou d'insouciance. Ma mise au point est un peu imprécise, je devais être déstabilisé par son regard, et puis il faisait très chaud ce matin-là. Elle m'avait présenté à sa tante, qui était en fait la cousine de la femme du frère du mari de la sœur de sa mère, et à d'autres nièces qui partageaient la même case. Je traversais l'Afrique en solitaire, mon baluchon sur l'épaule, pour me changer les idées, pour tirer un trait sur une vie d'à-peu-près et de plus-ou-moins. Pour soigner une vieille blessure amoureuse aussi, la recoudre avec du fil d'arpenteur.

J'avais rencontré Belange à Kisangani, à l'endroit où le cours du fleuve Congo bifurque franchement vers l'ouest – il se jette dans l'Atlantique deux mille kilomètres plus loin. Je peux l'avouer, maintenant: j'avais été séduit par sa beauté, par sa dignité, par sa science du moment, par la force de son âme et par son français original – elle appelle les pigeons des tourtereaux et dit la grâce matinale au lieu de la grasse matinée. Séduit aussi par les romans d'amour qu'elle rédigeait au stylo Bic sur des cahiers de brouillon, des histoires lumineuses et baroques, pleines d'espérance et de mélancolie. Nous avions parlé toute une soirée à la lueur d'un réverbère, peut-être le seul qui fonctionnait encore à Kisangani, comme si nous nous attendions depuis le début de notre existence. Sa main était venue se blottir dans la mienne, j'avais sursauté d'émotion. Oh, ce n'était pas l'amour qui arrivait déjà, c'était juste que nous nous sentions proches ce soir-là. Nous savions bien que c'était trop tôt, ça n'aurait pas marché. Je l'avais quand même embrassée quelques jours plus tard, un seul baiser au bord des lèvres, j'en étais devenu gauche et maladroit tout le reste de la journée. Elle m'avait troublé, c'est sûr. Le lendemain, j'avais repris mon voyage sur le fleuve, à bord d'une barge surpeuplée ; je devais terminer mon voyage, en finir avec l'à-peu-près. Il me restait encore une moitié d'Afrique à traverser. Je ne savais pas du tout si je la reverrais.

Dans la cour d'Elvis, sous le manguier, nous tombons d'accord pour la marche à pied. Nous partirons demain, à l'aube. Il ne nous reste plus qu'à trouver un guide : on se perd facilement dans ces forêts et il peut y avoir des bandits de petit chemin. Mais tout peut s'enchaîner avec une facilité déconcertante en Afrique – oh, ce n'est pas toujours le cas, il faut savoir saisir ses chances quand elles se présentent. Nous commençons à discuter avec Joël, un des voisins d'Elvis, qui s'est assis à côté de nous sur une racine grosse comme la trompe d'un éléphant. Et voilà que Joël lance, l'air de rien, qu'il n'a rien de précis à faire cette semaine. Qu'il pourrait nous accompagner, si on le lui demandait. Cent dix kilomètres à l'aller et cent dix au retour. Je lui dis que je n'aurai pas beaucoup d'argent à lui donner pour le rémunérer, presque pas du tout, même. Joël prend un air vexé.

— Vous donnerez ce que vous pourrez, ça ira de toute façon.

— Combien de temps nous prendra le voyage ?

— Si nous marchons vite, peut-être deux jours, monsieur Guillaume. Mais il vaut mieux compter trois jours.

Joël me regarde plus attentivement, il jauge mes bras tout blancs et ma chemisette trop grande, il réfléchit quelques secondes.

— Ou plutôt quatre.

Le chemin des murmures

« Nous voyagions un peu partout, au hasard, préférant les chemins de terre aux routes franches. »
Eugène Savitzkaya, *La Traversée de l'Afrique*

Au petit jour, à la lueur de la lanterne d'Elvis, nous rassemblons nos affaires dans la case de boue sèche. Ce n'est pas très difficile, nous sommes partis légers de Kinshasa. Belange n'a que son sac à main bleu ciel, avec une bande de tissu imitation léopard, un camouflage idéal pour la jungle. À l'intérieur, elle a fourré en vitesse un coupe-ongles, du talc, des médicaments pour soigner les crises de paludisme et des comprimés pour atténuer les courbatures, trois culottes à fleurs, un tee-shirt First Lady et des boucles d'oreille bleues, pourquoi s'encombrer davantage ? Mon sac à dos est à peine plus grand. J'y ai casé deux caleçons de rechange, un honnête morceau de savon, de la crème solaire pour épargner mes bras pâles, une lampe de poche, mon téléphone portable, qui ne devrait pas beaucoup servir, une brosse à dents et nos deux pagnes – le pagne, c'est le couteau suisse africain, il sert de drap ou d'oreiller, d'écharpe pour les soirées un peu fraîches, de vêtement léger mais digne quand on descend se laver à la rivière, de serviette, de paravent ou de marquise, de porte-bébé pour les mamans, de baluchon de fortune, de ceinture de sécurité dans les minibus qui n'en sont pas toujours pourvus ou encore à se protéger la tête du soleil ou des accidents de moto si on l'enroule en turban ; et si l'on noue une de ses extrémités, il fait porte-monnaie. J'ai aussi un livre, une épaisse biographie de David Livingstone, 1813-1873, le père des explorateurs de l'Afrique, le premier Blanc à vouloir s'y fondre corps et âme, ça peut être instructif. En cours de route, nous avons également acheté des boîtes de lames de rasoir pour les offrir aux Pygmées, qui en sont dépourvus, ce sera notre cadeau d'arrivée. C'est tout. Je ne connais pas très bien l'Afrique, mais suffisamment pour savoir qu'il vaut mieux s'y charger au minimum ; je suis toujours épaté par les voyageurs qui partent vadrouiller dans le monde lestés d'une montagne sur le dos – où la mettront-ils, cette montagne, quand il faudra s'entasser pêle-mêle dans une pirogue ou marcher toute la journée sous le soleil écrasant ? Nous n'avons rien pour nous protéger de la pluie – ce n'est pas du tout raisonnable, d'autant que l'orage a tonné une partie de la nuit. Nous n'avons pas non plus de moustiquaire et nous portons des tongs aux pieds, tant pis si nous croisons un serpent en colère.

Finalement, nos plus redoutables adversaires seront les fourmis : voyager, ça sert aussi à revoir ses préjugés.

Le jour dessine maintenant les contours de la forêt en ombres chinoises, Elvis revient voir où nous en sommes. Prudence, sa femme, nous a préparé des chikwangues pour la route – de la pâte de manioc tassée et roulée dans des feuilles, l'aliment des voyageurs congolais : léger, compact et plein d'amidon pour réguler notre énergie. Elle nous en donne six, Belange les noue avec une brindille et les pose en équilibre sur sa tête, comme savent si bien le faire les Africaines. Nous voilà prêts pour l'aventure. En nous accompagnant jusqu'à chez Joël, Elvis nous met encore en garde contre les criminels en cavale et les trafiquants de drogue qui sévissent dans la région.

— Même ici ?

Nous sommes dans le Bandundu, un des territoires les plus reculés de la planète.

— Oui, oui, monsieur Guillaume. On fabrique de la cocaïne dans la brousse, elle est revendue à Kinshasa et les transporteurs en prennent pour tenir la cadence.

Ceux qu'il appelle les *transporteurs* n'ont pas grand-chose à voir avec nos conducteurs de poids lourds, ce sont des traîne-misère aux muscles durs comme la pierre qui, pour le prix de quinze ou vingt bouteilles de bière, parcourent des centaines de kilomètres avec leur vélo chargé à bloc : de maïs, de charbon de bois, de manioc, de bananes plantains, de singes boucanés ou de poissons séchés. Peut-être qu'Elvis me parle de drogue pour tester ma crédulité, pour faire peur au Blanc, qu'on appelle *Mundélé* en lingala. En tout cas, nous n'avons pas d'armes pour nous défendre. Je n'ai même pas un canif.

Joël a sa machette, cela devrait suffire ; il est en train de l'affûter dans sa cour quand nous arrivons. Derrière lui, son épouse – Divine, prénom authentique – et leurs deux enfants adorables, qu'il va abandonner pour guider les étrangers. Divine n'a pas l'air de nous en vouloir, qu'on lui vole son homme. Elle nous a préparé des rouleaux de chikwangue, elle aussi, et des œufs durs. Elle ajoute un sac d'arachides grillées et un régime de bananes, que nous commençons à manger dans la cour, avec de copieuses rasades de thé trop sucré pour faire descendre. Je bois beaucoup, je m'emplis comme un dromadaire, la méthode a déjà fait ses preuves. Mais, dans l'heure qui suit, je devrai m'arrêter trois fois pour vider ma vessie dans les herbes folles.

Notre équipée est parée, les adieux sont faits : il ne reste qu'à partir. Elvis, qui nous aime bien, nous accompagne encore un bout. Il en profite pour saluer bruyamment les gens que nous croisons, derrière les palissades en bambous puis dans les champs de maïs de la lisière du village, où les paysans ont déjà commencé à s'activer avant que la chaleur n'ait raison de leurs velléités agricoles. Au-dessus de nos têtes, le ciel est d'un bleu disons métallique. C'est très joli, mais bientôt il disparaît : nous entrons sans cérémonie dans la cathédrale de la forêt, avec ses murs épais de soixante kilomètres et, pour carillons, le boucan des perroquets jaco. De longs toboggans de lumière dégringolent de ses vitraux, comme si Jésus Christ allait débarquer, comme si nous assistions au tournage d'un clip de Michael Jackson. Une flopée de papillons bleus s'égaille autour de notre groupe, nous nous extasions quelques secondes. Puis Elvis donne ses dernières recommandations à Joël et nous confie l'adresse du pasteur Félicien, qui possède la plus belle villa d'Oshwé : grâce à son sésame, nous y serons hébergés dans les conditions les plus luxueuses. Enfin, Elvis indique un point imaginaire avec son gros index, c'est notre azimut, cent dix kilomètres à travers les mystères de la jungle.

— Cette route, on l'appelle le chemin des murmures.

Puis il regagne la lumière, tandis que notre colonne modeste et géniale s'enfonce dans la pénombre. Nous parlons un peu avec Joël, pour faire connaissance. Il prépare un diplôme de « juriste en sciences sociales », mais il n'a guère le temps d'étudier puisqu'il doit travailler aux champs pour nourrir sa famille. Et, même avec ça, il lui manque 40 000 francs congolais, l'équivalent de 30 dollars américains, pour payer son droit d'examen – sans cette taxe, ce n'est pas la peine de compter sur l'obtention du diplôme. Quand nous traversons une clairière, les rayons du soleil tombent comme des fûts de nitroglycérine sur nos têtes, ce qui nous cloue le bec. Nous ne faisons plus que marcher, marcher, marcher, toujours au même rythme. Nous pénétrons par petits bouts dans les entrailles de cette nef enchantée et j'ai à peine le temps de m'émerveiller devant les troncs qui s'élèvent jusqu'au ciel. Tout est vert, la lumière est tamisée par les branches et la végétation paraît de plus en plus démesurée : les feuilles des mauvaises herbes sont grandes comme des lits *king size* américains. Bientôt nous entendrons les singes s'enfuir à notre approche. De loin en loin, les oiseaux colorés inventent des ritournelles lancinantes. Nous sommes dans le jardin d'Éden, mais ce n'est toujours pas le temps de la contemplation. Nous montons et nous descendons, nous butons sur des racines, nous tournons à droite, nous tournons à gauche, parfois Joël taille une liane à la machette, ou un groupe de plantes sans-gêne venues coloniser notre chemin. Nous enjambons le cadavre d'un arbre mort de vieillesse, affalé au milieu du sentier : la pourriture et les termites lèveront patiemment son corps, ça leur prendra deux ans. Quelques libellules aux ailes d'écailles transparentes nous escortent sans un mot jusqu'aux limites de leur territoire. Ici, le sol est jonché de feuilles sèches qui coiffent d'autres univers que le nôtre, ceux des milliers de scarabées, de coléoptères, d'orthoptères, d'hémiptères, de lucanes, de chrysomèles, de charançons, de carabes, de phasmes, de mantes, de gastéropodes ou de myriapodes, attentifs à rien d'autre que leur survie. Dans un virage, nous croisons une colonne de fourmis : Joël lance l'alerte, il faut les enjamber en levant haut les pieds, celles qui arriveront à grimper sur nos tongs planteront leurs mandibules acérées dans nos mollets – on raconte qu'elles nettoient la dépouille d'une antilope en une journée. Nous les dégommons d'une simple pichenette, car nous n'avons peur de rien, et nous reprenons notre rythme. D'autres insectes mystérieux lancent leurs signaux, sonores comme des sagaies qui fuseraient à travers la touffeur de la forêt. Il est 9 heures, nous avons parcouru dix kilomètres.

Trompe-la-mort

« Il crut bon et nécessaire, tant pour l'éclat de sa propre renommée que pour le service de sa patrie, de se faire chevalier errant, et d'aller par le monde avec ses armes et son cheval chercher les aventures. »
Miguel de Cervantes, *Don Quichotte*

Le 11 novembre 1853, David Livingstone s'apprête à quitter le village de Linyanti, au nord de l'actuel Botswana, pour accomplir le plus long de ses voyages insensés : à 40 ans, après treize années d'Afrique, l'Écossais à la peau déjà parcheminée par le soleil s'est mis en tête de traverser le continent de part en part. D'abord vers l'ouest, jusqu'à l'Atlantique. Puis vers l'est, jusqu'à l'océan Indien. Un espace resté blanc sur les atlas de l'époque, faute de volontaires pour le répertorier.

Au milieu du XIXe siècle, la géographie de cette partie du globe est encore un mystère. Les cartographes y dessinent des plantes farfelues et des fauves imaginaires pour décorer, pour meubler. Le cœur de l'Afrique ressemble à un motif de tapisserie et la communauté scientifique n'arrive toujours pas à croire que les sommets des plus hautes montagnes, comme le Kilimandjaro, puissent y être couverts de neige alors qu'ils sont si proches de l'Équateur – en 1849, quand les explorateurs allemands Johannes Rebmann et Johann Krapf font part de cette découverte, les experts de salon mettent sérieusement en doute leurs allégations. On les traite d'affabulateurs ou de naïfs, on les ridiculise. Ils ne sont pas les premiers, ils ne seront pas les derniers.

Livingstone n'est pas très bien équipé. Il manque d'étoffes ou de perles pour troquer vivres et droits de passage avec les tribus qu'il croisera sur sa longue route. Mais il est pressé de partir et n'a pas les moyens, ni la patience, d'envoyer chercher des ravitaillements au Cap, deux mille kilomètres au sud. Et puis, c'est un battant, un obstiné, un dur à cuire. Un trompe-la-mort, malgré sa santé déjà abîmée par les fièvres. Sa caisse de médicaments, contenant ses réserves de quinine contre la malaria, a été dérobée la nuit dernière ? Qu'importe, on s'en passera. Comme dans tous ses voyages, jusqu'au dernier, le docteur fait preuve d'une désorganisation aussi stupéfiante que sa détermination est admirable – mais on pourrait aussi parler d'inconscience. C'est son art, sa marque de fabrique, sa force et sa faiblesse. Livingstone donne le signal du départ à ses vingt-cinq porteurs indigènes et se lance à corps perdu dans l'inconnu. Il n'a qu'une chance sur mille d'arriver vivant.

Sa troupe est prise dans les pluies, ses paquetages moisissent, son mousquet rouille ainsi que ses instruments de précision – son sextant, sa montre chronomètre, son matériel chirurgical. Il mange des sauterelles et des racines. Vingt fois, l'intrépide voyageur tombe malade et vingt fois il manque de mourir. Ses hommes, des Makololos du Haut-Zambèze, attrapent toutes sortes de fièvres également, des maladies totalement inconnues de la faculté de médecine de Glasgow. Il faut faire de nombreuses haltes. Quand il est sur pied, Livingstone prospecte autour de ses campements, à la recherche d'un emplacement pour installer une antenne de la London Missionary Society, l'organisation missionnaire qui finance – chichement – son expédition. Il déchante. Les moustiques et les mouches tsé-tsé ne lui laissent aucun répit, la météo non plus. Surtout, les tribus rencontrées se révèlent souvent hostiles ou cupides, ou les deux. Car tout se paye, ici comme en Occident : à peine inventé, le mythe du bon sauvage vire déjà à l'aigre. Au lieu d'arriver dans un paradis vierge, l'explorateur en herbe découvre une terre compromise par la traite négrière, prise en sandwich entre les Portugais, venus chercher des bras à l'œil pour leurs plantations du Brésil, et les razzias arabes qui fournissent en domestiques tous les sultans de l'océan Indien. Sur la longue route, les indigènes se méfient de ce sorcier blanc qui dissimule ses orteils dans des brodequins malodorants, refuse stoïquement les femmes qu'on lui offre et raconte l'histoire d'un Jésus sacrifié sur une croix de bois pour sauver l'humanité. Celui-là, ils veulent bien en entendre parler, mais sûrement pas abandonner leurs coutumes polygames ni leurs animismes ancestraux. Le missionnaire écossais n'est pas doué pour faire des convertis, comme il n'a jamais été doué pour prêcher : le jour de son premier sermon, sans doute complexé par quelques problèmes d'élocution dont il n'arrive pas à se défaire, sans doute impressionné par les quarante fidèles qui dressent l'oreille devant lui, il oublie tout ce qu'il était venu dire, il rougit et s'enfuit en courant. Pendant les trente-deux années qu'il passe en Afrique, de 1841 à 1873, l'homme de Dieu ne fait qu'un seul converti – Kgosi Sechele, un chef de tribu qui accepte le baptême en 1848, mais préfère apostasier quelques mois plus tard car ses nouvelles obligations de chrétien lui paraissent trop contraignantes. Même ses porteurs makololos, il n'arrive pas à les intéresser à la Bible. Ils rigolent en écoutant ce prêcheur égaré leur parler du Sauveur, les yeux hallucinés par la fièvre, le pantalon en accordéon sur ses guiboles amaigries.

Et quand la colonne atteint Saint-Paul de Luanda, sur l'Atlantique, six mois plus tard, après un chemin de croix de mille six cents kilomètres, le brave est à l'article de la mort. Il ne tient plus debout, ni même à califourchon sur son bœuf. Il chie du sang, il vomit du sang. Les Portugais le ramassent à la petite cuillère et le présentent à Edmund Gabriel, le seul Anglais en poste dans la ville et peut-être sur toute la côte occidentale. Gabriel est commissaire de Sa Majesté la reine Victoria, il a la charge d'œuvrer très diplomatiquement pour mettre fin au commerce des esclaves : Livingstone voit en lui un allié, un compagnon de lutte, et puis c'est bien agréable d'échanger dans la langue de Shakespeare. Les deux Britanniques parlent de Silva Porto, un commerçant, un métis appointé par le roi du Portugal pour rejoindre l'autre colonie portugaise sur l'océan Indien, l'actuel Mozambique. Pragmatique, sans scrupules, ce voyageur arrondit ses fins de mois en achetant et revendant des hommes, précisément sur la route que Livingstone espérait inaugurer. Son exploit sera donc devancé par un esclavagiste, ce n'est pas de chance pour celui qui, toute sa vie, rêvera de terrasser la traite des Noirs. Le missionnaire apprend aussi l'existence d'autres VRP partis sur ses plates-bandes, souvent des Arabes venus de Zanzibar pour étudier les opportunités de négoce du côté de l'océan Atlantique. Dans sa précipitation, il n'avait pas vraiment pris le temps de se renseigner sur les voies déjà ouvertes dans la région. Une exploration mal préparée donne toujours un résultat approximatif.

Il ne veut pas rester sur cet *échec*, même si cette première étape qu'il vient d'accomplir est déjà un exploit surhumain. En attendant de reprendre des forces, il écrit des lettres enthousiastes et optimistes à ses commanditaires de la London Missionary Society, en omettant de les avertir qu'il a failli y passer plusieurs fois. Il continue d'implorer la venue de nouveaux évangélistes, en minimisant les risques de la région – et ces pionniers de la parole du Christ seront décimés par les fièvres quand ils débarqueront en Afrique, quelques années plus tard. Mais Livingstone a une idée derrière la tête et puis il est têtu. Il veut la tracer, sa route commerciale, celle qui apportera le progrès, le salut et la liberté aux autochtones. Il est convaincu que le commerce et le libre-échange affranchiront les tribus de la traite négrière. Il n'est pas près d'y renoncer, même si la tâche est ambitieuse. Très ambitieuse. Le Royaume-Uni a bien aboli l'esclavage en 1833, mais le commerce triangulaire continue jusqu'à la fin des années 1860. Dans son enfance écossaise, Livingstone a probablement lu les mémoires du stupéfiant Olaudah Equiano, l'un des premiers esclaves affranchis, devenu barbier à Londres en 1767, puis marin dans l'Atlantique, et enfin une figure influente de l'abolition. En 1789, pendant que le peuple de Paris prenait la Bastille, Equiano publiait son autobiographie, *The Interesting Narrative of the Life of Olaudah Equiano* : le livre se vend à presque autant d'exemplaires que *Les Aventures de Robinson Crusoé* et bouleverse beaucoup de bonnes âmes. D'où que l'on prenne son histoire, Livingstone s'est toujours opposé à l'esclavage. Toujours, il a voulu combattre cette injustice, comme Don Quichotte s'en prend aux géants des plaines espagnoles, aux outres de vin et aux moulins à vent.

Le missionnaire écossais repart de Luanda au mois de septembre 1854. Il est un peu moins mal équipé : les Portugais, qui ont eu pitié de sa horde dépenaillée, lui fournissent des vêtements, une jument grise et des mousquets. Edmund Gabriel lui donne quelques fioles de quinine. Cette fois, Livingstone est déterminé à accomplir sans faillir la seconde étape de son odyssée, une traversée intégrale du continent, d'ouest en est. A-t-il eu l'heur de s'entretenir avec le Hongrois László Magyar, établi en Angola depuis la fin des années 1840 ? Un autre excentrique de l'exploration, celui-là, qui partait dans des expéditions tout aussi mal ficelées, vers les fleuves de l'Afrique centrale, à la recherche de la grande mer intérieure qui devait certainement alimenter ces cours d'eau majestueux. Ce qui le passionnait, ce n'était pas tant la géographie que la vie des indigènes, leurs coutumes, ce qu'ils mangeaient, comment ils enterraient leurs morts, les contes et les légendes qu'ils transmettaient à leurs enfants. Mais il n'a jamais pris le temps de mettre de l'ordre dans ses notes, de publier ses passionnantes découvertes et, quand il meurt en 1864, son existence se réduit à un petit tas de poussière.

Raide comme un cierge, le regard fiché dans les collines bleues de l'horizon, Livingstone avance fièrement sur sa jument grise et rousse. Il pense à la gloire ou à Dieu, il pense à la postérité. Il pense à ses quatre enfants qui grandissent en Écosse avec Mary, son épouse, dont nous parlerons plus tard. Il pense aux siens et au bivouac de ce soir, bien que le soleil soit encore haut dans le ciel. Puis il tombe malade et il faut s'arrêter au bord de la rivière. C'est la rivière Kasaï, un affluent du fleuve Congo qui coule vers le nord à la vitesse d'un enfant qui trottine. Quelques jours, le temps qu'il reprenne assez de forces pour se mettre en selle. Ensuite, ce sont les porteurs qui trébuchent, qui tremblent, qui tombent, qui s'écorchent un genou, qui saignent ou qui pleurent, et il faut leur donner des coups de bâton et puis les consoler. La jument grise et rousse, rouanne, est piquée par une mouche tsé-tsé ou par une autre bestiole, elle tremble elle aussi, elle tremble tant qu'on lui tranche la gorge. Enfin, ce sont les pluies qui arrivent, un peu plus tôt que prévu, et les instruments de précision rouillent de plus belle, même ceux qu'il met sous ses aisselles pour les protéger. *Cette exploration n'est pas une partie de plaisir*, écrit sobrement le missionnaire dans son journal. Ce n'est rien de le dire. La troupe mettra un an pour retourner à Linyanti, le village du centre de l'Afrique australe d'où elle était partie vingt-deux mois plus tôt. Les porteurs retrouvent leurs épouses. Mais à peine ont-ils le temps de les engrosser que Livingstone les pousse à reprendre la route, vers les vagues salées de l'océan Indien.

Ils posent quelques pirogues sur le Zambèze, quatrième fleuve du continent, qui s'élargit un peu plus chaque jour. À l'est, on note la présence d'un épais nuage blanc. Le bourdonnement gonfle, s'épaissit, devient grondement, devient rugissement, devient hurlement, fait trembler le sol, fera même bouillonner le sang dans les veines. Livingstone ne s'en étonne pas complètement, il sait ce qui l'attend, les indigènes l'ont prévenu que ce serait du grand spectacle. Le 16 novembre 1855, il découvre le plus beau des paysages qu'il verra de toute sa vie, le plus remarquable en tout cas. Le 16 novembre ou le 17 novembre, il s'émerveille devant les chutes Mosi-oa-Tunya, la-fumée-qui-tonne : le Zambèze s'écroule dans un précipice de cent mètres de profondeur, une faille dans l'écorce terrestre, une plaie longue de deux kilomètres, avant de reprendre sa route au fond d'un canyon tout aussi vertigineux. Sur son carnet, Livingstone, premier Blanc à contempler le spectacle, bâcle un peu ses descriptions, comme s'il n'y avait pas de quoi s'ébaubir. L'explorateur ne prend pas la peine de détailler l'émotion qui pourrait bien nous étreindre devant ce spectacle de la nature, mais il fait tout de même quelques croquis des cataractes, pour immortaliser le moment. Dans la fine écume, il est d'abord fasciné par les arcs-en-ciel qui coiffent ce fabuleux panorama, puis il s'agace de cet accident géologique qui contrecarre superbement son projet d'autoroute commerciale. Il tape du pied dans la poussière ou dans la boue, il vocifère, il s'époumone, mais personne ne l'entend. Avant de poursuivre son chemin, il prend tout de même soin de rebaptiser le site *Victoria falls*, les Chutes Victoria, pour faire plaisir à la reine d'Angleterre : ça ne coûte rien et peut-être que ce cadeau relancera l'intérêt de la couronne pour cette partie du monde et pour ses lubies d'autoroutes. Peut-être que ce cadeau donnera davantage de poids à son combat contre la traite des Noirs.

En aval, les eaux sont vertes et les berges grouillent de crocodiles. Livingstone annote son journal d'observations sur l'écorce des arbres, le plumage des oiseaux, le cri des insectes, le relief. Il n'oublie jamais de dessiner sa carte, il trace son parcours à la main, tous les soirs ou très tôt le matin. Il s'écarte souvent du fleuve avec ses hommes, parfois sur de longues distances, pour explorer des collines ou des vallées, toujours en quête de la terre qu'il a promise à la London Missionnary

Society. Il arrive sur une plaine verdoyante, bien irriguée sans être marécageuse : c'est le plateau de Batoka. Il croit bien avoir trouvé l'endroit idéal pour fonder une prochaine mission. Ce jour-là, il est content. Mais ses hommes reçoivent une bordée de sagaies, les tribus locales prennent ces vagabonds indécis pour des trafiquants d'esclaves et les forcent à déguerpir.

Lors de ces échappées du Zambèze, Livingstone passe trop loin des rapides de Kébrabasa pour les remarquer. Or, sur cette partie du fleuve, le dénivelé est si fort qu'il ruine à nouveau tout espoir de navigation – cette petite négligence l'entraînera, quelques années plus tard, dans une expédition infernale et totalement foireuse – les riverains lui avaient pourtant signalé l'obstacle, mais le prince de l'approximation avait préféré le sous-estimer, ayant décidé une fois pour toutes que le Zambèze serait la prochaine artère de l'Afrique. Sourd et téméraire, il avance sans répit, l'œil froid, le front brûlant. La fièvre le rend triste, parfois, mais il retient ses larmes et il avance tout de même. Pour se consoler, il trace sa carte, minutieusement, le soir ou le matin. Les vivres commencent à manquer, ses hommes se plaignent de la faim, ils trébuchent, ils râlent, tout le monde est malade, le missionnaire coupe au plus court pour abréger leurs souffrances et pour abréger les siennes.

Quand il débarque à Quelimane, sur l'océan Indien, le 25 mai 1856, il est à bout de forces, une fois de plus. Tout l'abandonne, au point qu'il dicte son testament, au cas où le Seigneur le rappellerait dans la nuit. Mais qu'a-t-il à léguer, lui qui ne possède rien d'autre que les kilomètres enroulés bien serré dans un coin de sa tête ? Sa Bible à Mary, ses notes à la London Missionary Society et quelques défenses d'éléphant négociées en cours de route ? Juste avant de succomber, il est recueilli de justesse par des Portugais, d'autres Portugais, qui avaient leurs comptoirs sur la côte du Mozambique. Ils le soignent, c'est-à-dire qu'ils lui font boire de la soupe à l'ail avec une petite cuillère et lui posent un linge humide sur le front. Le missionnaire guérit miraculeusement, à nouveau. Voilà une aube qui survient, puis une autre : c'est dans une chambre aux murs immaculés qu'il se remet de sa prodigieuse traversée, accomplie au courage, à la détermination, à la foi, à l'astuce et à la chance. À la chance, surtout. Ses porteurs descendent tremper leurs orteils dans l'eau grise et salée de l'océan et Livingstone se requinque sur son lit de convalescence. Les Makololos se rafraîchissent les pieds, ils soignent leurs plaies, l'œil sombre, pendant que leur chef rédige de nouvelles lettres enthousiastes à destination de Londres. Il se demande comment on l'accueillera à son retour, il se doute un peu que ses exploits seront célébrés. Il pense à la gloire, même s'il s'en défend – tout de même, il voudrait bien voir son nom écrit quelque part, sur une pierre d'église ou dans un livre de géographie.

Là-bas si j'y suis

« Mais on le sait, les choses commencent cent fois, en cent lieux différents, comme notre vie recommence sans cesse dans nos souvenirs. »
Éric Vuillard, *La Bataille d'Occident*

Belange ondoie devant moi, agile et noble, délicate, habillée comme à la ville avec ses tongs décorées d'arabesques et ses jambes de sauterelle serrées dans un pantalon extra slim, l'avant-bras glissé dans les poignées de son sac à main, façon reine d'Angleterre, et ses chikwangues sur la tête. Son corps épouse sans effort le méli-mélo végétal et sa bonne humeur fait rejaillir la lumière autour de nous, malgré les conditions militaires. Elle connaît toutes les plantes de la forêt, celle-là guérit l'asthme, celle-ci le mal de gorge, cette écorce soigne les hémorroïdes ; elle en apprend même à Joël, qui montre ses premiers signes de fatigue. Il souffle derrière nous, maintenant, et nous devons parfois nous arrêter pour l'attendre. Belange me conseille de bien regarder les branches que l'on écarte avec les mains, des fois qu'un serpent s'y serait enroulé, et nous parlons encore des histoires qu'elle écrit sur ses cahiers de brouillon. Celle de Monama nous amuse : la plus jeune épouse d'un chef de tribu s'enfuit dans la forêt pour échapper au carcan des traditions. Elle est rejointe par un Blanc qui admire secrètement sa beauté, et les deux jeunes gens caracolent dans l'immense jungle où ils apprennent la vie, où ils partagent leur sang et des baisers. Mais voilà Joël qui apparaît, sa machette à la main et de grosses gouttes de sueur retenues par ses épais sourcils. Dans le petit sac de toile qu'il porte sur le dos : une moustiquaire et son précieux manuel de droit, puisqu'il a prévu de bûcher ses examens les soirs de veillée.

Nous reprenons la marche jusqu'à une ravine, une espèce de vasière infranchissable. Un tronc est posé en travers, pour rejoindre l'autre berge : sans cérémonie, Belange ôte ses tongs et avance gaiement sur l'écorce pourrie, en équilibre précaire, tout en sifflotant un tube à la mode sur les ondes de Kinshasa. Plus loin, nous débouchons sur une source d'eau claire et Joël suggère une petite pause, histoire de nous rafraîchir. Nous n'avons pris ni gourde ni bouteille, pour ne pas alourdir inutilement nos bagages – nous savions que la forêt serait assez bonne fille pour nous abreuver à intervalles réguliers. Nous avançons contre le courant timide, à pas légers pour ne pas troubler son lit de sable blanc, nous plongeons nos mains en écuelle dans le liquide limpide, presque frais, qui nous guérit de toutes les fatigues. Une gorgée, deux autres – les premières, on ne les sent même pas. Je bois, je bois sans m'arrêter, j'ai l'impression que je pourrais avaler toute l'eau du Congo, le bonheur c'est simple comme une goulée d'eau pure. Quand j'ai absorbé tout ce que je pouvais, fidèle à la méthode du dromadaire, je regagne la berge où Joël semble perplexe, indécis.

Il regarde en l'air, puis derrière lui. Il se gratte la tête, pose les poings sur ses hanches, hausse les sourcils, marmonne, fait trois pas, recule et nous avoue son dilemme : il ne s'est jamais aventuré aussi loin et s'inquiète du chemin à suivre. Il est comme nous, après tout, il avait envie de visiter, il voulait prendre un peu l'air. Il a 29 ans, un corps trapu et une tête d'intellectuel. Son regard est doux, sa voix posée et il rigole de bon cœur à toutes nos blagues. Mais il est aussi perdu que nous. Impossible de nous souvenir de l'azimut donné par Elvis, qui nous a échappé dans le slalom géant de la brousse. Nous devrons faire confiance à notre instinct.

La première fois que j'ai marché dans la jungle, c'était en Amazonie : le magazine qui m'employait m'avait envoyé enquêter sur les chercheurs d'or de la Guyane française. J'avais traîné des heures dans les ruelles de terre rouge de Maripasoula et j'avais rêvé devant les eaux boueuses du Maroni. J'avais bu de la bière avec quelques aventuriers, à l'ombre d'un rade mélancolique et bruyant. Je cherchais un moyen de me faire embaucher dans une de leurs prochaines expéditions, mais ils ne voulaient pas de moi, j'étais trop faible et je ne connaissais rien à la forêt. Quelques jours plus tard, mon ami Alan était venu me rejoindre – un Breton enthousiaste, généreux et toujours maladroit, un bon compagnon de voyage qui passait justement dans le coin. Nous avions bu encore un peu de bière et Alan nous avait porté chance : un matin, nous avions embarqué dans une longue pirogue taillée dans un seul tronc, nous étions partis à contre-courant avec quelques provisions, des pioches, un détecteur de métaux, une carabine et du fil de pêche. Nous avions remonté le fleuve en compagnie d'une poignée de garimpeiros, jusqu'à ce que les arbres des deux berges forment une seule voûte sombre, jusqu'à ce que leurs branches s'entremêlent. Puis nous avions marché à travers les plaies et les bosses de la forêt, dans la chaleur et dans la sueur, tandis que des insectes se collaient à nos fronts. Nous avions monté notre camp au crépuscule, quatre piquets et un toit de feuilles sous lequel nous avions suspendu nos hamacs. Cette nuit-là, j'avais entendu pour la première fois les grognements rauques des singes hurleurs, pleins de colère ou de désespoir. Dès le lendemain, nous avions attaqué le filon avec nos pelles et nos pioches et nous n'avions rien trouvé.

Mais j'avais vu mon premier scorpion, mes paumes s'étaient couvertes de cloques et j'avais contemplé la majesté de la forêt. Les hommes cherchaient l'or dans la terre rouge, ils déshabillaient la jungle sans lui demander son avis et faisaient tourner de la boue dans leurs tamis, en y ajoutant des rasades de mercure. Ils cherchaient de l'or et ils salissaient la rivière. Un jour, l'un des conquistadors avait crié très fort et nous avions vu deux pépites briller au fond de l'écuelle. Avec tout le mercure qu'ils avaient versé, des générations d'Amérindiens seraient atteintes de maladies incurables. Les pépites, elles, seraient dépensées en tournées de rhum, les jours de relâche.

Le filon s'avérait de plus en plus prometteur. Tellement prometteur que Popo Machine, le chef de notre équipée, décida de rentrer chercher du renfort à Maripasoula. J'avais été tenté de rester, de rester toute ma vie dans ce décor qui m'enchantait. Mes mains auraient durci, mes épaules se seraient élargies et je serais devenu un homme des bois. J'avais été tenté, mais je n'avais pas osé : j'étais finalement rentré à Paris pour écrire mon article. Avant cela, Alan et moi avions dû suivre Popo Machine dans la confusion végétale de l'Amazonie. Là aussi, il avait fallu avancer à l'instinct dans la jungle. Après six heures de marche, nous avions débouché dans un village d'Indiens Wayanas, trente paillotes sur pilotis vides de toute âme excepté celle d'un chiot stupide mais affectueux, aux pattes infestées de chiques. Les habitants étaient partis faire la fête dans une localité voisine ou bien ils étaient tous morts. En traînant sur la berge, nous avions découvert une pirogue abandonnée, à moitié immergée, dont la coque était fendue. Nous l'avions colmatée tant bien que mal, avec des touffes d'herbe et de la glaise, nous avions improvisé des pagaies avec deux branches et nous nous étions lancés sur le courant placide. Alan écopait à l'avant, avec un demi-jerrican, en braillant des chansons de marins. Plus tard dans la nuit, nous avions accosté au village suivant, et le lendemain matin nous avions pu embarquer dans la pirogue scolaire qui amenait les petits indigènes au collège de Maripasoula. J'étais rentré à Paris quelques jours plus tard et le cri des singes hurleurs m'avait longtemps accompagné dans mon sommeil. Depuis cette première expédition sous la canopée, je garde une attirance compulsive pour la forêt ; pour ses mystères, pour sa puissance et pour l'énergie qu'elle distille dans nos veines, longtemps après que nous l'avons quittée.

Ensuite, j'ai erré dans toutes sortes de villes, dans les bazars poussiéreux de Kaboul, entre les yourtes sales d'Oulan-Bator, que les Mongols appellent des *ghers*, aux pieds des gratte-ciels de New York, sous les câbles électriques des rues suffocantes de Saïgon, au milieu des places vides de Minsk ou de Gdańsk, sur les quais décatis de La Havane, au creux des ruelles féeriques de Sanaa. Je me suis perdu dans des déserts de sable jaune et je me suis abîmé les chevilles sur des collines pierreuses. J'ai essayé de gravir des montagnes bleues, noires, rouges, blanches. J'ai dormi sur de la mousse, sur des brindilles, sur les pentes d'un volcan, dans les fourrés, dans des pirogues, dans un couvent, dans un bordel, mais jamais dans un igloo. J'ai rêvé sur les remparts des châteaux abandonnés, au bord de la Méditerranée et ailleurs, j'ai passé des heures au fond des bus, mal assis sur des sièges défoncés, à respirer des bouffées noires de gasoil. J'ai galopé dans les steppes. Je me suis baigné dans beaucoup de lacs et dans beaucoup d'océans. J'ai marché sur la muraille de Chine, j'ai vu les chutes du Niagara, j'ai navigué dans la tempête et j'ai été malade. J'ai fait du stop dans les Balkans, pendant des étés, des étés, sans m'arrêter, subjugué par cette Europe du Sud, désuète et libre – émerveillé par sa folie contagieuse, son allégresse, sa sagesse et son je-m'en-foutisme.

Mais c'est la forêt qui m'a happé, pour de bon. L'année où j'ai rencontré Belange, je descendais le fleuve Congo jusqu'à son embouchure. Je voulais me fondre dans la jungle, escorté par ses bruits, son odeur, sa langueur : les journées s'étireraient en semaines et je pourrais toucher le temps comme on trempe sa main dans le fil de l'eau. Il m'avait fallu trois mois, une petite fièvre et quelques péripéties pour arriver au bout de mon voyage. À Mbandaka, à cinq jours de bateau de Kinshasa, j'avais été envoûté par les mélopées déchirantes des Pygmées, leurs chorales improvisées rythmées par une simple cuillère frottée contre le cul d'une bouteille de bière. Ils m'avaient proposé de les accompagner dans la forêt et m'invitaient à séjourner dans leur village, à quelques jours de marche, mais le voyage ne s'était pas fait – les Pygmées étaient lancés dans une fête à durée indéterminée, je les entendais chanter le jour et la nuit, personne ne savait quand la nouba s'arrêterait. Et puis, mes finances s'asséchaient, je ne pouvais pas me permettre d'embardées supplémentaires. J'avais renoncé et j'en avais gardé de l'amertume. Dans l'avion qui me ramenait en France, je m'étais promis de ne jamais abandonner ce pays qui m'avait tout donné, tout de suite. J'étais fasciné par son destin irréaliste et tragique, par sa grandeur et sa décadence, par toutes les promesses qui n'avaient jamais vu le jour, par la gentillesse de ses habitants, par leur créativité, par leur humour, par les Pygmées, par Belange. Un jour, je retournerais au Congo.

Je bute sur une racine. Il faut faire attention, conseille Joël. Il ne faut pas rêver en route. Je me concentre quelques minutes sur mes pas, je règle ma respiration, puis je retourne dans mes pensées tout en musardant au pied de notre muraille végétale. Pas longtemps. Belange, qui chantonnait derrière moi, pousse un petit cri aigu. Je me retourne.

— Regarde, dit-elle.

— Quoi ? Où ?

Elle me montre un long serpent noir et brun, luisant, la tête dressée à la hauteur de mon mollet, les yeux brûlants de haine ou de peur, la langue fourchue. Je viens de passer à dix centimètres de ses crochets venimeux sans m'en apercevoir. J'inspecte fébrilement les alentours, au cas où il aurait des copains, et Belange le fait déguerpir à coups de sac à main. Il faut faire attention, répète Joël – qui ne l'avait pas vu non plus.

La symphonie de Kinshasa

« Terre promise / redis-moi ton nom »
Alain Bashung, « Sommes-nous »

Je voulais revenir au Congo et je suis revenu, un jour de février. J'avais trouvé le prétexte d'y faire un reportage sur un orchestre symphonique monté à partir de trois fois rien, quelques violons, une contrebasse fendue et des flûtes découpées dans des tuyaux en plastique. En quinze ans de travail, et avec une remarquable obstination, les musiciens autodidactes ont assemblé un orchestre au complet, cent virtuoses d'une musique à deux mille lieues de leur culture. Ils jouent du Bach et du Mozart sur leurs instruments de récupération – un câble de frein de vélo pour remplacer une corde de violoncelle ou du fil de pêche pour le crin des archets – et leurs prestations sont éblouissantes.

Belange m'attendait à l'aéroport de Kinshasa, dans une robe à dentelles. Elle pouvait m'héberger dans la cour des miracles où elle logeait, près du marché central : treize appentis où s'entassent une centaine de personnes, des veuves de guerre, des fonctionnaires licenciés, des vendeurs de marijuana, des filles-mères et des familles de dix. Avec un seul robinet pour abreuver toute cette palanquée. Les kulunas, c'est-à-dire les voyous du quartier, y terminent parfois leur nuit, ils dorment quelques heures sur le ciment sale avant de se revigorer avec un joint et quelques gorgées d'alcool de maïs. Le fatras de cabanes est rebaptisé Maman Yemo, du nom de l'hôpital le plus insalubre de Kinshasa, où l'on a plus de chance d'attraper une infection mortelle que de ressortir guéri. Ici, les maladies se faufilent dans la crasse, prévient Belange. Quand elle va faire sa toilette, entre trois murs de parpaings branlants, elle ajoute des gouttes de crésyl dans son seau d'eau, en espérant que ça suffira pour tuer les microbes.

Ce soir, la cour est encombrée de cordes à linge, de gravats, de flaques noires, de chariots à bras qui servent à transporter les marchandises du marché, de braseros où les mamans font mijoter la pitance du jour, d'enfants qui s'égaient le ventre vide. Belange occupe un local de quinze mètres carrés qui lui sert à stocker les marchandises – casseroles, marmites, pagnes, chaises en plastique, produits cosmétiques, papier toilette, piles, médicaments – qu'elle expédie six fois par an à Lisala, sa ville natale, en amont du fleuve, dans un bout de container rouillé qui voyagera à bord de barges tout aussi rouillées. Elle n'a pas d'autres meubles qu'une table en bambou, deux chaises branlantes et une plaque électrique. Pas de livre, excepté une Bible, une vieille Bible usée, tachée, gondolée, écornée, jaunie qu'elle a gardée dans tous ses déplacements. Ses vêtements sont pliés dans une valise défoncée, son matelas en mousse gît au fond de la pièce sans fenêtre. Un congélateur trône à l'entrée, c'est son outil de travail : elle y empile de petits sachets en plastique remplis d'eau au robinet collectif de Maman Yemo, que des veuves vendent sur le marché les après-midi. Ce soir-là, nous mangeons du poisson grillé sur le pas de sa porte. Elle me parle des papillons et de l'éléphant que je lui avais dessinés à Kisangani, trois ans plus tôt, je ne m'en souviens plus.

— Attends.

Elle s'éclipse sous le toit de tôle et revient avec une pochette, d'où elle sort ces dessins et une lettre que je lui avais écrite sur une nappe en papier, pendant notre prélude amoureux. Elle les avait conservés, aux côtés des photos de sa famille et des cahiers de brouillon où elle continue de rédiger ses histoires à l'eau de rose.

Nous avions gardé de tendres attentions pendant ces trois années. Nous ne nous perdions pas de vue, nous nous racontions nos vies au téléphone et je pensais à elle chaque fois que je regardais l'Afrique sur une mappemonde. Ce mois de février, quand je suis revenu à Kinshasa, elle m'a guidé dans le chaos monstrueux de cette ville déglinguée, dans la frénésie haletante de sa circulation anarchique, dans le dédale de ses rues défoncées et dans la pénombre de ses quartiers interlopes. Il fallait se serrer à l'arrière des camionnettes essoufflées, qu'on appelle encore des foula-foula, veiller à ne pas marcher sur les fils électriques dénudés qui courent à même le sol, esquiver les voleurs à la tire. La misère investit tout, méthodiquement, les Kinois s'appauvrissent davantage chaque année. Trouver de l'argent devient une équation impossible, mais il faut bien survivre alors on se débrouille, on attend des aubaines sans même oser les espérer, une invitation à déjeuner, un travail de quelques jours, une boîte de sucres qu'on pourra revendre à l'unité. Dans la rue, tout s'achète – en quantité minuscule. L'huile de palme est vendue dans des petits sachets en plastique, ça coûterait trop cher d'investir dans la bouteille entière, et le sel à la cuillère ; le pain est débité en tartines, pour ceux qui ne peuvent se payer toute la miche.

Sur les trottoirs, tout le monde a quelque chose à vendre, en petits tas : petits tas d'oignons, de manioc, de pili-pili, de fruits et de légumes, de charbon, des petits tas de vie bricolés au rabais avec du fil de fer rouillé ou des bouts de ficelle. Sur un terrain vague, un enfant s'est construit un comptoir avec un carton retourné, il vend six paquets de cigarettes, trois sachets de mouchoirs en papier, un régime de bananes et des clous, un petit tas de clous. Derrière lui, des chèvres fouillent dans les ordures, des petits tas d'ordures, elles se partagent les déchets avec les poules. Deux écolières en uniforme, jupe bleue et chemise blanche, rentrent à la maison en faisant attention où elles mettent les pieds, qu'est-ce que l'avenir leur réserve ? Dans tout le pays, les écoles ferment car les professeurs ne sont plus payés – ils laissent tomber l'enseignement et retournent travailler aux champs pour nourrir leur famille, ou bien ils deviennent chauffeurs de foula-foula, petits commerçants, pompistes. Et les enfants apprennent à se passer d'instruction. À quoi bon étudier quand il n'y a pas d'emploi ? Et à quoi bon travailler quand il n'y a pas de salaire ?

La marmaille de Maman Yemo s'agite autour de nous. Les derniers chariots reviennent du marché, tirés par des colosses en guenilles ; les clients des dealers d'herbe font d'incompréhensibles allées et venues, ils s'étonnent de voir un Mundélé dans ce taudis. Ceux qui s'arrêtent nous parlent de leur frère ou de leur tante qui vit en Europe, ou qui y a vécu, ou qui devrait y vivre. Le courant fonctionne ce soir, tout le monde en profite : les postes de radio crachent des bruits de musique ou de matchs de foot et le voisin d'en face, à trois mètres, a allumé son antique télé – au-dessus de sa baraque en planches, son antenne, bricolée avec du matériel de récupération, semble tirée d'un dessin animé. Une jeune femme, maquillée comme une princesse, vient recharger la batterie de son téléphone portable chez Belange. Elle n'a pas de prise électrique dans sa cabane en tôle, construite à la hâte quelques années plus tôt, une seule pièce qu'elle partage avec sa mère et ses trois enfants. Pour gagner un peu d'argent, elle fabrique du mastic avec du calcaire et de l'huile de palme bouillie dans une grosse marmite noire, l'odeur âcre s'agrippe à la gorge et me fait tousser – je suis le seul que ça dérange, les autres se sont habitués depuis longtemps. Ce sera pire demain, quand la fosse septique va déborder, m'avertit Belange. Des cafards gros comme des souris vont et viennent placidement, ils n'ont plus peur des hommes.

Une fois terminé mon reportage sur l'orchestre symphonique de cette cité cauchemardesque, j'étais prêt pour aller chez les Pygmées. J'étais venu pour ça, aussi, pour retrouver les mélopées qui m'avaient envoûté à Mbandaka. C'est là que Belange s'est proposée de m'accompagner. Pourquoi pas, nous formons une belle équipe tous les deux. Elle sera ma boussole, puisque j'ai oublié ma carte du pays et que nous n'en avons pas trouvé d'autre à Kinshasa. Quelle route allons-nous prendre ? Elle interroge ses deux frères, Zéphirin et Jérôme, deux lurons toujours volontaires pour partager une bière : ils n'en savent pas plus qu'elle. Mais impossible n'est pas congolais, et l'alcool donne du cœur aux idées : ils nous élaborent un itinéraire convainquant et le départ est fixé pour le surlendemain. Nous prenons une autre tournée de bières à Matongué, le quartier de la fête, assis sur des chaises en plastique jaune, autour d'une table en plastique bleu, les tongs dans le sable gris noir. L'éclairage public ne fonctionne plus depuis belle lurette, nous buvons à la lueur des phares des voitures qui longent cette rue bordée de terrasses. Tous ces cabarets obscurs sont rarement vides la nuit tombée, malgré la misère, malgré le pays qui se désagrège. Ils égayent le chaos de la ville ou bien c'est qu'il faut boire beaucoup de bière pour oublier cette poisse.

— La nuit, Kinshasa est un enfer déguisé en music-hall, dit Zéphirin.

Mais un vent insolent fait soudain frissonner les feuilles des arbres, les voitures accélèrent, les passants se mettent à courir dans tous les sens et l'orage tropical éclate brutalement. Nous allons nous réfugier dans le dancing voisin, qui s'appelle La Baraque Obama. Le patron, qui s'ennuyait sur une table du fond, mesure vite l'aubaine, met de la musique dansante et annonce une offre spéciale sur les bières : Zéphirin ne loupe pas cette occasion, il commande une nouvelle tournée et nous nous asseyons sur les canapés rouges. La pièce sent la sueur et le tabac froid, mais qu'importe, nous sommes tout à notre projet d'expédition, tout à ce voyage impromptu chez les petits hommes de la forêt. Peu à peu, La Baraque Obama s'emplit d'autres noctambules, débarqués en catastrophe. Des sapeurs élégants, vêtus d'imitations plus ou moins réussies de costumes occidentaux, des belles en minijupe qui viennent me draguer un peu, le Mundélé du dancing, en espérant que je leur paie au moins une bière. Dehors, la pluie redouble.

Nous traversons Kinshasa à l'aurore, à bord de la vieille Mercedes de Zéphirin ; le moteur est encore bon mais la carrosserie toute rouillée. L'air est presque frais, je souris aux devantures roses ou bleues des commerces, un coiffeur Dieu tout-puissant, une boucherie La Résurrection, un garage Rien que la grâce, une quincaillerie Place Clichi. À la gare routière, personne ne sait d'où part l'express pour la province du Bandundu. On finit par nous envoyer deux kilomètres plus loin, jusqu'au magasin de meubles Droit Chemin, devant lequel est garée une camionnette mal déguisée en autobus, avec de larges hublots découpés dans la carrosserie. Quoi ? On va voyager à bord de ce tas de ferraille ? Le véhicule est déjà lourdement chargé, mais le commis receveur, un adolescent préposé au contrôle des billets et aux réparations mécaniques, nous assure qu'il reste de la place, il nous indique même deux sièges, côte à côte.

— Le chauffeur arrivera d'une minute à l'autre.

Il est déjà 8 heures, Zéphirin appelle Jérôme pour le faire rappliquer, car il se doute bien que nous ne partirons pas de sitôt ; nous passons finalement la journée sur une terrasse du bord de route, à boire de la bière et à manger des termites grillés, sous l'ombre bienveillante d'un arbre au moins octogénaire. La musique s'arrête d'un coup, panne d'électricité. Zéphirin fait mine d'applaudir :

— Le plus grand barrage d'Afrique est construit à cinquante kilomètres, depuis un demi-siècle, et nous n'avons toujours pas de courant.

Il raconte le projet pharaonique des trois grandes centrales hydroélectriques, du temps de Mobutu, le président mégalomane et kleptocrate qui a tant contribué à enfoncer le pays dans la misère. Il remarque combien leur fonctionnement est défectueux, puisque aucune maintenance n'est assurée sérieusement. La RDC produit 40% de l'énergie du continent, les lignes à haute tension font voyager l'électricité jusqu'à l'autre bout du pays, là où le sol regorge de cuivre et de métaux précieux, et même au-delà : en Zambie, en Angola, en Afrique du Sud, au Zimbabwe... Mais il n'y a jamais suffisamment de courant pour les Kinois.

Jérôme se souvient de la dernière rumeur :

— Il paraît même que notre électricité est envoyée jusqu'en Chine, par satellite.

Ah ah, on rigole, il faut être bien naïf pour croire ces choses-là. Et puis on ne rigole plus, les yeux traînent dans le vague quelques secondes. Cette rumeur n'est-elle pas plus facile à avaler que le mépris du gouvernement pour son peuple ? Au-dessus de nos têtes, des dizaines de fils courent de poteaux en poteaux, tirés au bonheur la chance pour former une toile d'araignée redoutable. L'année dernière, un court-circuit a mis le feu à une cabane de Maman Yemo. Deux morts, brûlés vifs. Juste à côté de chez Belange.

Le chauffeur n'arrive que vers 17 heures : nous devons alors gagner nos sièges à toute vitesse et bâcler les adieux. Un nouvel orage se prépare, le sable de la route s'envole en tornades, les palmiers sont tout ébouriffés. Un clochard passe devant notre hublot et hurle sa détresse en voyant le Mundélé.

— Je connais Paris, monsieur, j'ai brillé sur les Champs-Élysées.

Il s'approche encore.

— Les femmes m'ont tout pris, monsieur. Tout. Voilà où j'en suis. Il ne faut jamais faire confiance aux Françaises.

Ses guenilles pendent comme des breloques, il n'a plus que sa tristesse à porter sur le dos. Il ne demande rien à personne, il erre au milieu des ordures, se baisse pour ramasser un mégot, puis le soleil disparaît et la camionnette démarre.

Cette fois, c'est sûr, nous sommes partis. J'essaie de me caler dans le fond de mon siège tordu, à la recherche d'une position préférable pour la longue route qui nous attend. Mais notre conducteur s'arrête quatre minutes plus tard, à la première station-service. Il aurait pu faire son plein avant. Le commis receveur, qui m'a entendu bougonner, nous informe que ce n'est pas le plein qu'on vient faire, mais des provisions de gasoil pour la ville de Kikwit, le terminus, et qu'il va falloir se serrer davantage. En quinze minutes, la camionnette se transforme en camion-citerne et le commis continue d'ajouter des bidons partout où il peut. Nous avons trois gros jerricans sous nos pieds : nous allons voyager les jambes en l'air. La nuit est déjà épaisse quand le chauffeur, un parfait imbécile, reprend le volant. Il allume une cigarette et démarre dans un fracas d'explosion nucléaire. Un seul phare fonctionne, il faut zigzaguer sur la route pour avoir une vision globale, éviter les nids-de-poule, les chèvres, les véhicules qui roulent sans lumière et les piétons téméraires. Les effluves d'essence nous rendent pâles. Le chauffeur allume une nouvelle cigarette, ce qui crée un suspense intéressant. Je guette ses cendres, ses allumettes et les mégots qu'il jette n'importe où, je me dis que nous avons environ deux chances sur trois pour que la camionnette s'enflamme. J'ai bien repéré les potentielles issues de sécurité : si l'incendie se déclare, nous n'avons aucune chance d'en sortir vivant. BING ! Deux pattes arrière claquent contre la vitre, du côté de Belange – un passager a attaché son chien sur le toit, avec les autres bagages, l'animal a dû glisser, il est pendu dans le vide et hurle de frayeur. Le chauffeur imbécile s'arrête de mauvaise grâce, le maître du chien monte vite sur le toit pour le délivrer, le réinstaller plus sûrement. Quinze minutes plus tard, alors que les premières gouttes de pluie commencent à cingler, le chien dérape à nouveau et ses pattes paniquées reviennent griffer la carrosserie. Cette fois, je ne m'arrête pas, s'énerve le conducteur, seul maître à bord. Et le chien continue de hurler à mort, ballotté par la vitesse et les cahots de la route. Puisque c'est comme ça... Le passager passe la tête par le hublot arrière, puis le haut du corps, il lance une main et s'accroche à la barre en métal de la galerie, comme l'aurait fait James Bond. À cinquante kilomètres heure, sur une route défoncée, il arrive à grimper sur le toit et à rattacher son compagnon, au milieu de la gigantesque cargaison qui oscille à chaque virage.

Notre camionnette brinqueballe dans l'incertitude de la nuit, nous ne pourrons pas dormir, ni même nous installer confortablement. Nous nous serrons dans ce cocon lamentable mais je profite de chaque seconde auprès de Belange, je me sens fragile et déterminé comme un petit poulain qui s'essaye à galoper. Qui disait que chaque amour est le premier ? Jusqu'alors, c'est mon existence de nomade solitaire et célibataire que j'aimais, je me déplaçais au gré du vent ou du soleil, je rentrais d'un reportage pour repartir dès que possible, curieux de découvrir les milliers de nœuds qui font nos existences humaines et les défont. Je voulais vivre libre et léger, je chérissais le hasard plus que tout, et les grands espaces. Je frémissais rien qu'à l'idée d'arriver dans un lieu nouveau, avec les hasards de la journée qui nous font de l'œil, quand tout nous dit qu'on a bien fait de venir se fondre dans ce décor – les odeurs, la lumière, les bruits, les histoires que l'on va entendre et celles que l'on va vivre, la beauté du monde que l'on caresse comme la robe d'un petit chat. J'y croyais, à tout ça. Un matin de mars, c'était un de mes premiers voyages, j'arrivai dans la ville d'Arles, la belle endormie du sud de la France. Je ne savais pas ce que j'allais y faire, je ne savais pas quand je rentrerais chez moi, mais j'avais marché vers le fleuve, qui fait une large courbe devant la gare, j'avais longé les arènes, je m'étais perdu dans les ruelles, j'avais découvert le bistrot où Van Gogh allait boire ses absinthes quand il avait fini de peindre ses tableaux hypnotiques. Les soirs, je dormais dans les parcs, avec les grillons. Je n'avais fait rien d'autre que me remplir de rêves et de souvenirs et je m'étais dit qu'on ne pourrait jamais me les enlever – j'étais jeune, aussi. C'était le début de mes années d'errance. Par la suite, j'ai traversé beaucoup de villes, j'ai vu les pays communistes devenir capitalistes, les pêcheurs de l'Adriatique se transformer en hôteliers pour touristes allemands. Je me laissais porter par le mistral, par la curiosité, par les défis de mon âge, escalader une montagne ou la façade d'une cathédrale, traverser un continent en auto-stop en écrivant tout mon périple au dos d'une carte routière. Pour éviter les tracasseries, j'avais claquemuré mon cœur dans sa petite citadelle, une cage en acier trempé avec juste assez d'air pour respirer. Mais voilà que je l'entends remuer derrière ses barreaux, il donne des coups d'ailes, il va finir par tout casser. Est-il aimanté par la voix de Belange, son rire ? Nous passons de sas en sas, comme dans les chansons d'amour, à la vitesse d'une comète – mais notre tas de ferraille n'avance pas plus vite pour autant. La route n'est pas fiable, elle est craquelée, percée, défoncée, sournoisement sinueuse et il fait nuit noire. Dire que c'est la nationale numéro 1, soupire Belange. Ça nous laisse imaginer l'état des autres voies de circulation. Comme il est impossible de dormir, Belange me demande de lui décrire ce que j'ai vu du monde, elle veut que je lui raconte l'Inde, le pays des tigres et des fakirs. J'étais parti interviewer un Français devenu sâdhu qui s'était retiré dans les collines où l'on cultivait la vanille et le tapioca. Il vivait nu, couvert de cendres, sa bedaine de maharajah pointée en avant. Et sa sagesse le rendait délicieusement heureux, épanoui. Il disait qu'il fallait juste apprendre à se débarrasser de son ego, qui encombre tellement nos vies. J'avais voyagé en bus, la circulation est encore plus dangereuse qu'au Congo, les véhicules se rabattent au centimètre près, je fermais les yeux pour ne plus voir la mort me frôler, tu te rends compte, Belange ? Mais Belange n'écoute plus, elle s'est endormie. Mes exploits ont réussi à l'assommer, malgré toutes les secousses de la route. De l'art d'ennuyer tout le monde en racontant ses voyages.

L'aube arrive, en sourdine. Et le chauffeur, qui veut rentabiliser son trajet, s'arrête chaque fois qu'il le peut pour faire monter de nouveaux passagers, des lève-tôt qui se sont postés devant chez eux, au cas où. On s'arrête toutes les huit minutes, quelques nouveaux corps viennent s'empiler témérairement. Ça pousse un peu, beaucoup. Je ne proteste pas, tout à ma fascination pour mon amour naissant. Du reste, personne ne proteste. Tout le monde accepte son sort, docilement.

— C'est parce que les Congolais sont des ignorants, estime Belange, qui s'est enfin réveillée. Ils ne disent rien quand ils sont coincés dans les embouteillages pendant trois heures, quand l'électricité est coupée une semaine sur deux ou quand ils sont serrés dans un bus de la mort comme celui-ci. Ils ne savent rien, alors ils acceptent tout. Les gens s'en tiennent à la volonté de Dieu, ils disent que c'est lui qui décide de tout.

Je lui réponds qu'en France aussi, on est résignés : on accepte que nos rivières soient polluées pour pouvoir continuer à manger du jambon pas cher, ou que nos enfants attrapent des bronchites à cause de l'air des grandes villes, pollué par nos voitures et par nos scooters. Un pasteur bedonnant, qui vient de prendre place à côté de nous sur deux jerricans prêts à exploser sous son poids, nous entend parler et se permet d'intervenir :

— Ah, mais les Congolais n'ont pas toujours été comme ça. Nous nous sommes battus pour obtenir notre indépendance. Il y a eu plus d'une révolte violente contre les colonisateurs. Tenez, à Kikwit, ils avaient découpé un fonctionnaire à la machette. Seulement, par la suite, les Belges nous ont matés sévèrement, vraiment sévèrement. Ça nous a traumatisés.

Des traînées d'essence s'écoulent sur le plancher à chaque virage, les bouchons des bidons commencent à suinter. Le chauffeur, qui ignore la fatigue, allume sa quarantième cigarette avec le mégot de la trente-neuvième.

Au milieu de la matinée, nous crevons : une occasion inespérée pour sortir dérouiller nos articulations. Mes jambes sont engourdies et je m'aperçois que mes chevilles ont gonflé avec la chaleur ou les vapeurs d'essence – elles sont même terriblement enflées et soudain j'ai peur que Belange ne m'aime plus. J'essaie de marcher droit sur le bord de la route, des hommes grouillent sur le bas-côté, dépenaillés, des femmes avancent pieds nus, une calebasse sur la tête, et des centaines d'enfants les entourent. Les curieux s'approchent discrètement, me lorgnent, je me sens seul avec mes chevilles d'éléphant. Et puis Belange, qui était restée parler avec le pasteur, vient me prendre la main et je suis rassuré. Nous allons nous asseoir à l'ombre d'une cabane, qui se trouve être un restaurant.

Menu unique : des tartines de mayonnaise en tube avec des cuisses de poulet. Tout a le goût de pétrole et mes yeux brûlent, mais Belange mâche son pain avec enthousiasme, elle se lève pour aider un vieux à entrer avec son barda, plaisante avec la cuisinière, revient en esquissant trois pas de danse.

Elle est habituée à voyager dans ces conditions, elle a roulé des kilomètres à bord de ces taxis-brousses déjantés. Elle a descendu le fleuve une demi-douzaine de fois, dans la promiscuité des barges où les passagers se tassent en équilibre précaire, sous une marquise de toile élimée, pour se protéger du soleil brûlant et des averses torrentielles. Parfois la barge s'échoue sur un banc de sable, on y reste bloqué des jours ou des semaines, parfois l'épave est retournée par une tempête. Parfois tous les passagers périssent noyés.

Furieux coups de klaxon. Je nettoie vite fait mes mains pleines de mayonnaise sur mon mollet et nous courrons à la camionnette. Il faut à nouveau replier en quatre nos carcasses pour les faire tenir sur nos sièges. En cinq, même : le chauffeur a profité de l'arrêt pour faire entrer de nouveaux passagers. Il démarre en douceur, cette fois, car le moteur est aux limites de ses capacités. Au-dessus de nos têtes, le soleil monte cruellement jusqu'au zénith, mais ça n'a pas d'importance, je suis à côté de Belange. Nos mains serrées l'une dans l'autre deviennent moites, on les desserre discrètement pour les essuyer contre nos pantalons. Le gros pasteur, qui est toujours à côté de nous, se demande si Kikwit est la meilleure destination pour aller à la rencontre des Pygmées. C'est une grande ville, trois ou quatre cent mille habitants, il faudra sûrement aller plus loin si on veut espérer les côtoyer.

— Vous n'êtes pas au bout de vos peines.

Et il griffonne l'adresse d'Elvis, qui nous hébergera quelques jours plus tard au bord de la rivière Kasaï.

Voilà un barrage militaire. En me voyant, le soldat sursaute de joie. Un Mundélé ! Il va peut-être pouvoir en tirer quelques milliers de francs congolais – le prix de deux ou trois bouteilles de bière – s'il arrive à me coller une taxe improvisée. Mais Belange ne le laisse pas faire, elle élève la voix, sort mettre les choses au clair, exige de parler avec les gradés. Le ton monte, ça braille des deux côtés, elle leur tient tête et revient s'asseoir sans avoir déboursé un seul billet, non mais. J'entends quelqu'un dire, à l'arrière : Elle prend soin de son Blanc.

Le car nous dépose à l'entrée de Kikwit, à un carrefour encombré de véhicules ressuscités et de chariots à bras. Nous avançons au jugé pour trouver un hôtel. Celui-là s'appelle Zéro Faute, ses chambres sont luxueuses : les portes grincent, la peinture s'effrite, le robinet du lavabo ne fonctionne plus mais une femme viendra nous remplir un tonneau d'eau tiède, la pièce est claire et le lit plutôt confortable. Nous ne demandons rien de plus. Avant la nuit, nous allons nous promener au bord des eaux noires de la rivière Kwilu, où nous viennent des projets d'amoureux. Nous vivrons sur un bateau toute l'année, comme le président Mobutu à la fin de son règne de trente-deux ans, nous voyagerons sur le fleuve et sur les rivières, j'apprendrai les rudiments du métier de marin d'eau douce, la carte des voies navigables et un peu de mécanique. Nous aurons un singe apprivoisé, un lit à baldaquin et un plancher en acajou. Notre premier enfant sera une fille, nous l'appellerons Lili. Nous mangerons les fruits de la jungle, nous nous arrêterons partout où nous voudrons, aussi longtemps que nous voudrons.

— FAIS UN PEU ATTENTION !

Belange me tire le bras et me conseille de regarder où je mets les pieds : j'ai failli m'enfoncer dans un trou d'eau. La nuit dissimule tous les pièges, il serait plus prudent de se rapprocher de la lumière, des ampoules colorées et de la musique. Ce soir, le restaurant de la berge organise une grande soirée avec guirlandes et chansons romantiques – c'est la Saint-Valentin, nous l'avions oublié. On nous installe sous le manguier, autour d'une table en plastique, une Vénus noire nous apporte de coriaces brochettes de chèvre et des frites trop cuites, je crois que je n'ai jamais rien mangé d'aussi savoureux. Nous faisons durer le romantisme avec de la bière et des belles paroles, quelques moustiques anophèles s'invitent autour de nous, mais je ne les crains plus : ce soir, je suis le plus fort.

Un singe en hiver

« Il lui revint alors en mémoire que les chevaliers errants s'arrêtaient aux carrefours, en se demandant quelle route ils allaient prendre. »
Miguel de Cervantes, *Don Quichotte*

Quand Livingstone rentre en Grande-Bretagne, le 9 décembre 1856, il est accueilli en héros national. Le premier Blanc à avoir traversé le continent noir se retrouve bardé de médailles et de titres honorifiques – il les met dans sa poche, il ne sait que faire de ces breloques, lui qui aime tant voyager léger. Même la reine l'invite à prendre le thé dans son palais de Buckingham, pour qu'il lui décrive les déjà fameuses chutes Victoria. Sa notoriété le grise mais il n'en laisse rien paraître. Ce serait déplacé. Il est sans cesse retenu pour des conférences et des remises de récompenses, il voudrait prendre du temps pour rédiger le récit de ses aventures, *Missionary Travels and Researches in South Africa*. Le livre sera un best-seller dès sa publication, en novembre 1857 : les douze mille exemplaires de la première édition sont vendus en trois jours, plus de soixante-dix mille autres vont s'écouler au cours des mois qui suivent. Son portrait est affiché partout, reproduit dans les devantures des magasins, sur les boîtes d'allumettes, sur les parapluies à la mode. Livingstone devient si célèbre qu'il doit se déguiser pour ne pas se faire remarquer dans la rue, il dissimule ses longues moustaches derrière un cache-nez, camoufle ses joues creuses et son menton tremblant pour ne pas se faire assaillir par ses groupies. Car ça y est, le voilà vedette. *S'il était reconnu à l'église, le culte se transformait en émeute, les fidèles se bousculaient pour lui serrer la main,* s'amuse Tim Jeal dans sa biographie. Pourquoi cette popularité, pourquoi cette aura d'idole ? D'abord, parce que ses exploits sont exceptionnels – rares sont les aventuriers à rentrer vivants de pareilles excursions, son voyage est presque aussi étonnant que ceux de Christophe Colomb ou du capitaine Cook. Et puis, le docteur Livingstone est un héros très convenable pour l'époque. Il n'est animé que par le sens du devoir, il avance avec de nobles ambitions et, surtout, il a une caution religieuse. Ses péripéties apportent ce qu'il faut d'exotisme bienséant et d'extravagance décente pour enthousiasmer les foules. C'est également le début de la presse grand public, les lecteurs sont captivés par ces histoires qui alimentent leurs fantasmes de vie sauvage, de jungles inextricables, de peuples anthropophages et de bravoures admirables. Le vertueux voyageur accomplit ses prouesses *non pas pour conquérir de nouvelles terres ou pour y chercher de l'or, mais pour l'amour de son prochain,* rappelle le *London Journal,* qui en fait le chantre de la bien-pensance. Aux yeux du public, Livingstone est un super missionnaire prêt à donner sa vie pour porter la bonne parole. Respect. La London Missionary Society, qui a besoin de nouveaux souscripteurs pour financer ses prochaines missions, se garde bien de dévoiler que la réalité est un peu plus compliquée. Il faut faire rêver les bonnes âmes, l'argent ne tombe pas du ciel.

Livingstone a un peu de mal à s'acclimater à cette gloire – qu'il souhaitait confusément, pourtant, qu'il désirait secrètement, et qui lui fait peur maintenant. Il pense aux manœuvres prudentes que devaient accomplir les pirogues pour contourner les hippopotames, sans quoi ils se fâchaient. Il pense à la fournaise des après-midi et aux veillées dans les villages. Il pense à son père, qui est mort à Blantyre pendant sa spectaculaire traversée. Dans les froides rues de Londres, l'explorateur déroule la pelote de ses souvenirs jusqu'à son enfance écossaise, jusqu'à ses débuts dans la vie qu'il était parti oublier sous le soleil africain. Oui, il repense à son père, qu'il n'a jamais appris à connaître, qu'il n'a pas su aimer : l'austère Neil Livingstone était vendeur de thé ambulant et un peu pasteur. Un presbytérien inflexible, raide comme ses cols de chemise, qui parlait toujours de Dieu, de l'enfer, des actions qui vous mènent au paradis et de celles que sa morale réprouvait. Qui distribuait ses tracts religieux à Blantyre et dans les environs, à la frontière entre l'Écosse et l'Angleterre, qui balançait ses sermons et qui vendait du thé, pas beaucoup, à peine de quoi nourrir sa femme et ses cinq enfants, trois garçons et deux filles, et jamais on n'évoquait les deux autres, ceux qui étaient morts.

Les trois garçons travaillent à la filature de coton. David a 10 ans quand il est embauché à l'atelier, en 1823. Il est *piecer*, c'est-à-dire enfant à tout faire. Il court toute la journée, il galope dans la poussière et slalome dans le bruit, il s'épuise dans le froid et se consume dans la chaleur moite. On l'appelle pour rabouter les fils rompus, pour démêler des nœuds ou pour serrer des boulons sous un métier. Il faut être agile, il faut de l'endurance et de la résistance. L'enfant a bientôt 11 ans, puis 12. Il ne prend pas le temps de regarder les corneilles par la fenêtre. Il est ouvrier six jours par semaine, quatorze heures par jour. Il ne prend pas le temps de regarder la fumée mauve des cheminées ni d'admirer les herbes onduler dans les tourbières. Il n'a pas le temps de pleurer. Et le temps qu'il pourrait passer à jouer, à fabriquer des moulins dans les ruisseaux ou à construire des cabanes dans les fougères, il étudie. Chaque soir, aussitôt sorti de l'usine, quand ses camarades se reposent en se fichant bien de rester illettrés toute leur vie, le futur héros de l'Empire se dépêche de rejoindre les cours proposés par la filature. Il y apprend à lire et à écrire. Un peu plus tard, il se passionne pour le latin, la botanique, les mathématiques et la théologie. Des passions sérieuses, on ne rigole pas à la maison puisque Dieu prend toute la place. Neil considère que la littérature profane est nuisible : à l'âge de 13 ou 14 ans, David doit se cacher pour lire les récits de voyage qui le font rêver, les aventures des premiers explorateurs, les récits de Mungo Park et la vie de Robinson Crusoé. À l'âge des études supérieures, il est tenté par la médecine, mais turlututu, son manche à balai de père lui fait comprendre que ce n'est pas la peine d'y compter, la science risque de trop l'éloigner de Dieu. David Livingstone est têtu, on l'a déjà dit. Il tombe sur une brochure des nouvelles associations de missionnaires, celles qui vont prêcher l'évangile en Chine ou en Amérique. Les frontières du monde s'élargissent et les associations religieuses cherchent de nouvelles recrues aux compétences médicales. Le fils montre la brochure au père, c'est assez intéressant, le père ne peut pas dire le contraire, et le fils repart avec un sourire triomphant, sa brochure sous le bras. Peut-être qu'un jour il parviendra à quitter Blantyre.

En 1840, David obtient son diplôme de médecine, diplôme qui ne lui servira à rien en Afrique puisqu'il n'y trouvera aucune des maladies qu'on lui a enseignées. Il a passé tout son temps libre penché sur les livres, faisant preuve d'une détermination obsessionnelle pour apprendre, d'une persévérance quasi surhumaine pour étendre ses connaissances théoriques. Résultat, il est nul en drague. Il se sent gauche et maladroit chaque fois qu'il croise le regard de son premier béguin, Catherine Ridley – comme moi avec Belange : je m'étais pris les pieds dans un ventilateur après notre premier baiser, tellement j'étais ému. Livingstone, habitué à tout maîtriser, renonce en grand seigneur aux sottes amourettes. Ou bien c'est Neil qui lui déconseille fermement de jouer à ce petit jeu-là. On le voit alors, les samedis soir, à la sortie des pubs de Blantyre, distribuer des tracts dénonçant les ravages de l'alcoolisme – ce qui relève de la bravade dans l'Écosse du milieu du XIXe siècle. Les poivrots du quartier lui disent qu'il peut aller se torcher le cul avec ses prospectus, certains veulent lui casser le nez. Le futur explorateur a sans doute l'esprit étroit, mais il est déjà téméraire.

Quand il en a assez de tout ce cirque, quand il se dit qu'il ferait mieux d'aller voir du pays, David se présente à la London Missionary Society. Avec son fort accent écossais, il demande naïvement à quelle porte frapper pour partir à l'étranger – il avait d'abord pensé à la Chine mais c'est en Afrique qu'on recrute le plus. Il se présente à des entretiens, remplit des formulaires, attend une réponse pendant des semaines, passe d'autres tests qui ne sont pas très concluants, mais il est toujours là, il impressionne ses maîtres par sa détermination. Il les impressionne tant qu'il finit par les convaincre.

En mars 1841, quand il accoste au Cap, tout au sud de l'Afrique, il a 27 ans.

Quinze ans plus tard, le fils du marchand de thé de Blantyre est devenu le missionnaire le plus connu du Royaume-Uni. Mais sa gloire ne lui sert à rien : il doit déployer la même énergie pour retourner en Afrique. Parce qu'il est déterminé à repartir, il ne voit pas d'alternative. Il est prêt à intriguer dans les couloirs pour y arriver et il ne va pas se gêner – ce n'était pas plus facile qu'aujourd'hui de convaincre son chef de vous envoyer à l'autre bout du monde. Les fièvres et la fatigue ne l'ont pas découragé, ni le soleil qui a brûlé sa peau d'Écossais, ni les pluies qui ont fait pourrir tous ses paquetages, ni ses ulcères aux intestins qui continuent de le faire souffrir, ni les bêtes sauvages, ni les mouches. Tout cela n'a aucune importance. Il est aimanté par le continent, il va lui consacrer sa vie, c'est sa mission sur la Terre. Chaque fois qu'il s'en éloignera, il y reviendra très vite, comme une balle de jokari.

Pour l'heure, Livingstone se creuse la tête, il lisse sa moustache, referme sa boîte à souvenirs et s'agace, car il s'agace vite. Comment s'y prendre pour repartir ? Une nouvelle exploration demande un minimum de fonds, qu'il n'arrive pas à obtenir. La London Missionary Society ne communique pas sur le sujet, afin de ne pas perturber l'élan des donateurs, mais la spectaculaire traversée de leur envoyé est autant un exploit qu'un échec. Après tout, Livingstone n'a pas réussi à déterminer un seul emplacement valable pour y installer une future mission, or c'est pour cela qu'on lui avait laissé la bride sur le cou. Pour séduire à nouveau la Society, il gonfle le potentiel exotique de la région, il rappelle les promesses du plateau de Batoka et en gomme tous les dangers. Mais plus

Livingstone exagère, moins il intéresse. On le voit venir, on lui tourne distraitement le dos quand il revient à la charge, on lui parle d'autre chose. D'autant que la LMS n'est pas la banque Rothschild. Les finances sont fragiles, les généreux donateurs ne sont pas légion. Et puis les projets de Livingstone sont si géographiques, si éloignés de la stricte pratique missionnaire, qu'il en devient inquiétant.

Alors, l'Écossais entame en parallèle des négociations avec la Royal Geographical Society et le Foreign Office, le ministère des Affaires étrangères. À eux, il propose d'aller s'assurer une fois pour toutes que le fleuve Zambèze pourra bien être la prochaine autoroute du commerce en Afrique centrale. Il leur fait miroiter les trésors insoupçonnés du continent noir, parle de comptoirs commerciaux, d'un potentiel agricole miraculeux, ici on mettra des champs de coton, là on fera pousser des cannes à sucre. On pourra chasser les éléphants, pour leur ivoire. Et puis, la mode est à l'abolition de l'esclavage en Angleterre. Il leur expose toutes les stratégies qu'il a mises au point sous le soleil : les pionniers anglais introduiront de nouvelles habitudes et de nouveaux rapports de force qui étoufferont la traite négrière, ce n'est pas plus compliqué. Il parle de ce futur paradis avec tant d'optimisme qu'il obtient 5 000 livres sterling du Foreign Office, un vapeur à aubes et une seconde embarcation à fond plat pour naviguer sur les basses eaux. Et avec ça, six compagnons européens, plus les provisions qui vont avec. Et encore un salaire de 500 livres par an. Livingstone essaie de garder son masque impassible, mais il jubile à l'intérieur, il est fier. Le va-nu-pieds de Blantyre est devenu un envoyé spécial de Sa Majesté. Seulement, dans toute cette agitation, il n'a pas pris le temps de s'occuper de sa famille. Il court les banquets et n'est jamais là pour son épouse Mary, qu'il avait envoyée patienter dans le froid et dans la tristesse, lorsqu'il s'était lancé dans son impossible traversée africaine. Pendant les quinze mois qu'il passe en Grande-Bretagne, il n'a jamais le temps de jouer avec ses enfants, Robert, Agnès, Thomas et William Oswell, le dernier, qui vient d'avoir 6 ans. Il ne trouve jamais le temps de leur raconter des histoires.

Le départ est fixé au 10 mars 1858. Sur le port de Liverpool, Livingstone contrôle les préparatifs aussi sérieusement qu'il bûchait son latin quand il avait 13 ans. Il pose pour les photographes, puisque les Français ont inventé le procédé quelques années plus tôt. Il pose pour la postérité. Il pose avec sa famille, mais personne n'a l'air content sur la photo. Lui regarde ailleurs, loin, il se croit déjà en Afrique. C'est une chose d'être un héros, c'en est une autre de rendre sa famille heureuse. C'est une chose d'être un grand homme, c'en est une autre de le rester. Il ne se doute pas qu'il court à son plus grand échec.

Touristes

« Les prophètes sont au moins d'accord sur ce point : la vérité est ailleurs.
Ça m'arrange, c'est là que je vais. »
Julien Blanc-Gras, *Touriste*

Lovés dans les gazes de la moustiquaire, nous restons retranchés derrière notre muraille de tulle jusqu'au chant des coqs, jusqu'à ce que le jour nous rappelle virilement que nous ne sommes pas au bout de nos peines. Belange dort encore, les poings fermés, les bras repliés sous la poitrine, comme des ailes au repos. La courbe de sa hanche s'offre aux premiers rayons, sa peau brille comme de l'or. Je l'admire silencieusement dans notre chambre de l'hôtel Zéro Faute, puis je me force à sortir, à chercher une idée dans la ville, une solution pour continuer notre expédition. Pas besoin de faire le tour de Kikwit : dans le hall d'entrée, un vieil homme coiffé d'un chapeau blanc m'indique la chaise à côté de lui. Il s'appelle Isidore, mais il dit « monsieur Isidore ». Il doit avoir 80 ans, il a gardé de bons souvenirs de la colonisation et regrette même le temps où les Belges régentaient le pays en pères de famille autoritaires. Il m'enseigne un peu de lingala, il m'apprend que le mot Mundélé vient de *modèle* :

— Le Blanc était considéré comme un patron, un modèle à imiter.

La discussion dévie sur l'état du Congo, sa pauvreté scandaleuse alors que le pays détient tant de richesses. Du cuivre, du cobalt, du zinc, de l'argent, du copal, de l'étain, du coltan, du tungstène, de l'uranium, des diamants, de l'or et sûrement beaucoup de pétrole.

— Ici, c'est le partage des richesses qui nous fait défaut. Nous ne demandons pas autre chose. Mais notre gouvernement sait que nous sommes patients, alors il en profite.

Monsieur Isidore parle aussi de l'éducation, qui s'est tarie au cours des dix dernières années.

— Les enseignants ne sont plus payés, alors ils deviennent corruptibles ou ils retournent travailler aux champs. Aujourd'hui, il y a plus d'églises que d'écoles au Congo. Mais elles ne font rien pour la société, elles sont comme des boutiques, elles ne sont là que pour l'argent.

Et si je regarde ailleurs, si mes yeux glissent au sol ou vers le dos d'une femme, l'octogénaire me prend le bras, il le serre fort en continuant son discours.

— Ici, plus rien n'est organisé depuis l'indépendance. Tout est bâclé, tout est cassé.

Quand il estime avoir assez parlé de son pays, il revient, sans transition, à mon problème.

— Les Pygmées, ils sont de l'autre côté de la rivière Kasaï. Mais la route est en mauvais état, les véhicules n'y circulent plus. Il faut y aller à moto, si ça ne vous fait pas peur.

Monsieur Isidore m'assure que son neveu Féroce possède justement une moto neuve et qu'il pourrait bien nous transporter.

Il envoie son réceptionniste le chercher : si Féroce est disponible, nous pourrions partir dès ce matin.

Le menton appuyé sur ses deux mains, et ses deux mains calées sur sa canne, monsieur Isidore garde le silence maintenant. On dirait qu'il recharge ses batteries. Nous contemplons le spectacle de la rue, un mélange de souffrance et d'allégresse, de pénurie et d'astuces incroyables. Les enfants jouent au foot avec une balle faite de vieux tissus et de sacs plastiques ficelés en boule, je sens mes rigidités européennes se ramollir au soleil. Une femme albinos passe devant l'hôtel avec toute la majesté des Africaines, une insolence gracieuse dans le déhanché, une conscience absolue de sa noblesse, une tranquillité sereine et affirmée. Alors, ce n'est pas la couleur de la peau qui fait l'identité africaine. Ce n'est pas une question de mélanine ni de bronzage, mais plutôt une sage souplesse entretenue avec le temps, avec les circonstances, avec les autres. J'aurai au moins découvert cette évidence.

Féroce arrive à midi pile – avec une heure de retard sur l'horaire que nous avions convenu avec monsieur Isidore. Mais il est là, c'est déjà ça. Le neveu tient fermement le guidon de sa moto-cross de 125 cm^3, une chinoise. Nous en aurons pour six heures, estime monsieur Isidore. Nous enfourchons la machine, Belange au milieu et moi derrière. Féroce fait grogner trois fois son moteur et démarre en trombe, il ne faut pas perdre de temps si nous voulons arriver avant la nuit. Au premier carrefour, le policier en faction ne manque pas l'occasion de nous interpeller.

— Surcharge du véhicule !

Pendant qu'il tente de nous verbaliser, je vois passer une moto transportant deux passagers et trois chèvres, une autre avec un frigo mal arrimé, en travers ; mais un Mundélé ça vaut cher, c'est une occasion à ne pas laisser filer. Seulement, ce qu'il ignore encore, cet agent, c'est que j'ai Belange avec moi. Elle lui parle si vite, si fort et avec tellement de conviction qu'il bat en retraite, tout penaud, et nous laisse repartir.

Nous passons un pont en métal, après quoi la route n'est plus goudronnée et il faut s'accrocher des deux mains – d'autant que Féroce semble prendre un malin plaisir à faire sautiller nos vertèbres, ces jeux d'osselets, sur le chemin de moins en moins praticable. Après deux heures de côte, nous accédons à un haut plateau. Le sol est gris, le paysage terne, rien n'est émouvant dans ce décor, à part la nuque de Belange où perlent quelques gouttes de sueur. La végétation est chétive, le soleil et la poussière ont passé ses couleurs. Les arbres frêles n'ont pas le courage de monter bien haut tant ils semblent accablés de tristesse – ici, même la terre est malheureuse. Nous croisons quelques transporteurs qui rentrent de la brousse, leurs vélos chargés de poissons séchés et de macaques boucanés qu'ils vendront à Kikwit. Féroce ne s'arrête pas. Il avance sans faillir, ses lunettes en plastique baissées sur les yeux pour les protéger des insectes, un anorak sur le dos au cas où il pleuvrait et de grosses bottes en caoutchouc dans lesquelles ses pieds doivent macérer. Nous roulons depuis trois heures et il n'a pas encore prononcé un mot. Il fonce à travers la savane désolée sans prendre le temps de demander son chemin aux embranchements. Parfois, nous croisons un village, une trentaine de cases, des maisons de boue coiffées de palmes sèches. Leurs cours sont toujours bien dégagées, balayées dès l'aurore pour dissuader les serpents de s'aventurer jusqu'aux habitations ; rien ne dépasse, comme dans ces existences qui semblent si pauvres, usées du début jusqu'à la fin, rapiécées mille fois. Il n'y a rien dans ces villages, à peine le strict nécessaire, c'est le nu de la vie bricolé avec les moyens du bord, un feu de bois, peut-être un petit banc fabriqué avec des branches, un coupe-coupe, une marmite. C'est tout. Et pourtant, à chaque fois que nous traversons un hameau, nous sommes accueillis par des cris d'enthousiasme. Les enfants galopent vers nous avec leur morve au nez et leurs shorts troués, ils tentent de nous escorter en riant, aussi longtemps qu'ils le peuvent. Comment peut-on être si heureux quand on est si pauvre ? Est-ce parce qu'on ne peut connaître l'angoisse de perdre ce que l'on n'a pas, lorsqu'on ne possède rien ? Belange trouve que les Européens confondent toujours le bonheur et la possession – pour elle, ça n'a pas grand-chose à voir, ce sont deux choses importantes mais différentes. Nous passons un autre village, qui nous offre le même spectacle de misère et les mêmes élans d'allégresse. Un des enfants s'arrête de jouer et me dévisage gravement, le temps que passe la moto – qui ne lui laisse en cadeau qu'une volée de poussière. Dans tous les voyages, il arrive un moment où l'on se demande ce que l'on est venu foutre ici. Où se pose la question de sa légitimité. C'est un moment de solitude obligé, une épreuve ritualisée, une sorte de bizutage. Elle m'arrive ici, cette mélancolie des latitudes, à l'arrière de notre moto bleue. À quoi pensait-il, cet enfant ? Qu'imaginait-il de la vie de ce Blanc qui est passé sans s'arrêter ? A-t-il senti monter ce sentiment brouillé mêlant la colère et l'indifférence, le même qui me vient, parfois, lorsque je traverse les beaux quartiers de Paris, quand j'ai les poches vides et que je me creuse la tête pour trouver un moyen de les remplir, alors qu'autour de moi les fenêtres ne montrent que des appartements douillets, des intérieurs cossus et joliment éclairés ? Mais douillet ne veut pas dire heureux : je continue de marcher, je les oublie.

Sous le ciel considérable, la route recommence à se fendiller en d'autres embranchements. Féroce ralentit pour demander son chemin : un homme lui suggère de tourner à droite, deux autres disent que non, il faut prendre à gauche. Un quatrième lui conseille de rebrousser chemin et un cinquième n'a pas le temps de se prononcer que notre fougueux pilote est déjà reparti, droit devant, n'écoutant que son instinct. Il s'énerve un peu, comprenant que nous ne sommes pas près d'arriver. Lorsque, plus loin, nous demandons la distance qui nous sépare de la rivière Kasaï, nous obtenons des réponses assez subjectives – on nous dit trois cents kilomètres, nonante kilomètres, deux cents kilomètres. Ou bien, c'est un chiffre d'une telle précision (cent quatre-vingt-sept kilomètres, septante-quatre kilomètres) qu'il en perd toute crédibilité. Nous sommes encore loin du compte. Pourtant, le soleil commence à tomber derrière nous et il sera périlleux d'avancer dans l'obscurité, déjà que nous nous sommes égarés en plein jour… Nous nous arrêtons au village suivant.

Féroce demande la case du chef, c'est le protocole. Celui-ci nous accueille avec beaucoup d'égards, mais sans montrer aucune surprise – on ne se laisse pas facilement dépasser par les évènements en Afrique, on est à l'aise avec les imprévus, c'est le destin. Je dois tout de même signer le registre de la DGM, la Direction Générale des Migrations, l'organisme qui contrôle les allées et venues sur le territoire – son représentant s'est dépêché d'enfiler son uniforme bleu ciel pour nous recevoir. Le temps d'apposer mon grigri, tout le village s'est massé autour de sa case puisque les distractions sont rares en fin de journée, puisqu'il n'y a rien d'autre à faire que de préparer le repas et attendre le lendemain. On ne peut pas travailler, on ne peut pas lire, il n'y a pas de lumière et il n'y a pas de livres, on peut juste se raconter des histoires et faire des enfants pour se consoler. Justement, j'en ai deux cents qui piaillent autour de moi, ainsi qu'une poignée d'adultes. Voilà la scène du bain de foule, celle que tous les grands voyageurs aiment raconter. Je sens qu'il faut agir, faire quelque chose pour contenir la marée humaine : je serre une main, une deuxième, et c'est aussitôt la cohue, tous veulent me saluer, toucher ma peau blanche. Pendant quelques minutes, je suis Elvis Presley, je suis John Lennon, je suis Michael Jackson, je suis Nick Cave. Pendant ce temps, Belange est aux fourneaux – une marmite d'eau bouillante posée sur quatre bûches incandescentes. Elle s'apprête à cuisiner une poule : elle lui tranche la gorge, l'animal lutte furieusement le temps de quinze battements d'ailes et puis ses yeux se voilent pour toujours, la mort est d'une banalité au Congo. Quarante minutes plus tard, Belange nous sert un plat délicat, capiteux, délicieux et je ne dis pas ça parce que je suis amoureux. Les notables du village, le chef, le représentant de la DGM, l'infirmier, le curé et l'instituteur apportent aussitôt leur chaise en plastique et partagent avec nous un bidon de vin de palme, aigre et désaltérant. Ils nous confirment que nous avons pris une mauvaise route, nous avons rallongé notre équipée d'une centaine de kilomètres. Le village s'appelle Ekubi, ses champs produisent du manioc, du riz, un peu de maïs, des arachides et de l'huile de palme, mais ce n'est plus assez pour nourrir les administrés, dont le nombre augmente à vue d'œil. Nous sommes cinq mille quatre cent trente-deux habitants, calcule le chef, qui s'appelle Vital. Chaque famille compte une dizaine d'enfants, parfois treize, parfois seize. On manque de tout, dit-il encore. De matériel médical, de briques, de ciment, de tôles, de viande... Le chef s'adresse à moi comme si je pouvais répondre à ses doléances en un claquement de doigts. Je prends des notes sur mon carnet, ce qui semble le rassurer, et le curé nous prête son presbytère pour la nuit.

C'est une case comme les autres, sans fenêtre et noire de suie, mais sa porte se ferme de l'intérieur grâce à un lourd billot. Féroce entrepose sa moto dans la pièce principale, il y tient, il partagera sa natte avec elle. Nous allons nous allonger dans l'autre pièce, sur un grand sommier de planches surmonté d'un étroit matelas, Belange s'endort dans mes bras, je suis au Ritz, je suis à l'hôtel California, je suis dans le plus beau des palaces. Au milieu de la nuit, je m'éveille en sursaut. Je la contemple à la lueur de la lune et soudain je m'inquiète : pourrai-je encore vivre sans elle ?

Water Music

« Vois-tu là-bas, Sancho, cette bonne trentaine de géants démesurés ? Eh bien, je m'en vais les défier l'un après l'autre et leur ôter à tous la vie. »
Miguel de Cervantes, *Don Quichotte*

La veille d'arriver sur l'embouchure du Zambèze, le *Pearl* essuie une tempête formidable qui n'augure rien de bon, si l'on croit aux mauvais présages. À bord du navire, Livingstone est victime d'une tourista carabinée. *Rien n'est plus désagréable que de devoir s'accrocher des deux mains pour ne pas valdinguer dans les water-closets,* confie-t-il dans son journal, le 13 mai 1858. *Rien ne dépasse l'inconfort et la souffrance que cela entraîne.* En matière d'inconfort et de souffrance, il va être servi.

Au départ de Liverpool, l'explorateur s'est arrangé pour que sa femme Mary l'accompagne, ainsi que William Oswell, leur plus jeune fils. Cela partait sûrement d'un bon sentiment, mais n'était-ce pas imprudent de s'élancer dans le continent des fièvres et des fournaises avec un enfant de 6 ans ? Mary estime que ce sera sûrement mieux que de rester en Grande-Bretagne. Elle veut échapper à la galère des années précédentes – quatre années de misère où elle a d'abord vécu sous le toit de son beau-père Neil Livingstone, avant de s'enfuir pour aller mener une existence de demi-clocharde entre l'Écosse et l'Angleterre, avec quatre mouflets à nourrir, pendant que son mari déambulait à droite à gauche à la recherche de sa terre promise. Elle est prête à tout endurer, d'autant qu'elle connaît un peu la région : elle est née en Afrique du Sud, d'une mère anglaise et d'un père écossais. Missionnaires, eux aussi.

Le *Pearl* longe toute l'Afrique jusqu'au sud, il faut contourner le Cap de Bonne Espérance pour accéder à la côte Est – la construction du canal de Suez entre la mer Rouge et la Méditerranée ne commence que l'année suivante, en 1859. Le voyage traîne en longueur et les époux ont tout le temps de constater que Mary est de nouveau enceinte. Changement de programme. Il n'est plus question qu'elle accompagne la mission en terre inconnue, elle risquerait de retarder les hommes dans leurs exploits : le *Pearl* la débarque au Cap, avec le petit William Oswell. De là, elle n'aura qu'à se débrouiller pour rejoindre ses parents, qui sont toujours établis dans leur mission de Kuruman, à huit cents kilomètres dans les terres. Premier embêtement.

La tempête est terminée, le steamer a jeté l'ancre. La bouche du Zambèze est embrouillée de mangroves et jonchée de bancs de sable. Livingstone se remet dignement de sa tourista pendant que le commandant, Norman Bedingfeld, cherche une voie pour remonter le fleuve sans échouer son beau bateau, une corvette voile et vapeur de la Royal Navy, un trois-mâts qui mesure tout de même soixante mètres de long. Si la côte est occupée par le Portugal depuis le XVIe siècle, l'intérieur du pays reste en jachère : les Anglais y ont une place à prendre. Le premier défi que s'est fixé Livingstone, c'est de démontrer que les rapides de Kébrabasa sont navigables, malgré les mises en garde des indigènes. Pour y accéder, il devra mener ses hommes cinq cents kilomètres en amont, jusqu'à Têté, qui constitue une sorte d'avant-poste du progrès – en réalité, il s'agit plutôt d'un ersatz de place-forte, qui dépérit, qui s'alanguit. L'équipage découvre très vite que « l'autoroute » de Livingstone n'est pas si fluide. Les eaux peu profondes les forcent à abandonner le *Pearl* après seulement trois jours de navigation. Deuxième embêtement. Il faut, plus tôt que prévu, assembler les pièces détachées du petit steamer de douze mètres transporté dans la soute de la corvette : sur la berge, les indigènes voient le *Pearl* accoucher d'un vaisseau miniature, un modeste deux-mâts en métal, voile et vapeur lui aussi, propulsé par une roue à aubes comme les bateaux du Mississipi. Livingstone l'avait baptisé *Ma-Robert*, la maman de Robert, en hommage à sa femme et à son chenapan de fils aîné qui ne faisait rien comme il fallait, qui piquait des crises de nerfs à 4 ans, lors de leurs premières expéditions en char à bœufs dans le désert du Kalahari, qui fuguait à 12, qui filait un mauvais coton. Le *Ma-Robert* est à flot, le plus dur reste à faire : transporter l'équipage et les vivres jusqu'à Têté, l'avant-poste, ce qui nécessite plusieurs allers-retours. Les opérations prennent trois mois, tant le rafiot est lent aux manœuvres – on le surnomme *L'Asthmatique*, mais ça ne fait rire personne. Le moral des troupes se dégrade un peu plus chaque jour.

C'est que les conditions de vie déconcertent les compagnons de Livingstone ; elles n'ont rien à voir avec ce qu'ils s'étaient imaginé. Le docteur John Kirk avait lu *Missionary Travels and*

Researches in South Africa avant d'appareiller, de même que l'intrépide géologue Richard Thornton, que l'ingénieur George Rae, ou que Thomas Baines, peintre de l'armée qui sera l'artiste de l'expédition. Le best-seller de Livingstone relate les exploits du docteur missionnaire sans jamais s'attarder sur les tracas quotidiens de ce type d'expéditions. Ces jeunes hommes (le cadet a 19 ans, l'aîné 38) s'attendent à vivre les mêmes aventures, ils veulent le frisson des grands espaces, ils veulent d'héroïques victoires et d'époustouflants paysages, ils veulent de l'épopée. Pas ces stupides manœuvres qui les éreintent inutilement, sur des eaux mornes, sans couleur, bordées de végétations monotones et pernicieuses. Quant au dernier membre de l'équipage, Charles Livingstone, le frère de David, embauché comme « agent de moralité », il s'avère aussi strict que Livingstone père : il sera le rabat-joie de service.

Les premières fièvres surviennent dans ce climat moite, lourd, oppressant. Le docteur Kirk ne sait pas comment les soigner – Livingstone lui conseille d'administrer de solides doses de quinine mélangée à de la rhubarbe ou peut-être un peu de calomel, en général ça marche. Mais ça ne suffit pas toujours. Et puis, s'il n'y avait que ça… La quête d'un monde meilleur se transforme en délire tropical. L'équipage découvre la nature colérique et capricieuse de Livingstone, qui se révèle bien piètre meneur d'hommes. Il est impulsif et autoritaire – par exemple, il impose à chacun de déféquer à heure fixe, en décrétant que c'est le meilleur remède contre la constipation. Il peut être dans les nuages toute une journée et se montrer injustement dur le lendemain, et ingrat, distant. Il est inaccessible. Il semble insensible et imprévisible. Il n'a aucun tact. En quelques semaines, la communication se fissure puis se brise. Une mélasse de paranoïa étouffe ce groupe de Britanniques échoués à six mille miles de leur pays. Et la promiscuité à bord du *Ma-Robert* n'arrange rien, on s'en doute. Le commandant Bedingfield, officier de haut rang habitué à tous les honneurs, est le premier à manifester son mécontentement vis-à-vis de l'attitude inconséquente de Livingstone : il lui dépose une lettre dans sa cabine, une lettre dans laquelle il lui annonce qu'il abandonne la partie. Troisième embêtement.

L'expédition continue. Le docteur Kirk essaie de rester fidèle à son orgueilleux patron, même s'il sent bien que cette exploration ne sera pas une sinécure. Et Charles Livingstone devient l'unique confident de son grand frère. Après avoir péniblement acheminé leur cargaison, en cinq voyages éprouvants sur le Zambèze, les hommes peuvent enfin attaquer leurs recherches géographiques au début du mois de novembre 1858. Il ne leur faut pas une semaine pour constater ce que tous les indigènes avaient déjà affirmé à Livingstone : les rapides de Kébrabasa, hérissés de rochers à fleur d'eau, sont impraticables et le fleuve ne pourra donc pas être cette voie commerciale tant fantasmée – aujourd'hui, l'État du Mozambique en a fait un spectaculaire barrage, le Cahora Bassa. Cela ne démonte pas le touche-à-tout de l'exploration. Il s'entête, se dit qu'il suffit de dynamiter quelques écueils pour envisager un passage navigable pendant la période des hautes eaux, à condition d'avoir un navire plus puissant que *L'Asthmatique* et un très bon capitaine. Mais, tout de même, il voit bien que ses beaux projets prennent l'eau. Le missionnaire s'enferme dans sa cabine, laissant son équipage dans l'incertitude. Il écrit des lettres aussi mensongères qu'optimistes au Foreign Office et aux sociétés missionnaires, pour éviter qu'on lui intime l'ordre de rentrer illico. Il en profite pour demander qu'on lui envoie un bâtiment plus convenable que le *Ma-Robert*. Pour tuer le temps, Kirk monte de petites expériences scientifiques. Il compte les cafards, par exemple : les deux spécimens emprisonnés dans un bocal avec un peu de nourriture sont soixante-dix-huit un mois plus tard.

Les milliers d'heures que Livingstone a passées sur les livres n'auront pas handicapé uniquement ses relations avec les demoiselles : c'est avec tous ses compatriotes qu'il est devenu rigide, cassant. Étranger, en somme. Il n'a aucun don pour communiquer. Lors de ses premières années d'Afrique, il s'était brouillé de manière définitive avec Roger Edwards, son compagnon missionnaire, pour des broutilles. En ce sens, il avait bien trouvé sa voie en devenant, lors de sa première panafricaine, nomade solitaire à la tête d'une équipe de bons sauvages dociles et débonnaires. C'était ça qu'il aimait. C'était ça qu'il savait faire, marcher sur une terre inconnue sans avoir à se compliquer la vie avec les rapports humains. Ce serait son rôle dans le monde.

Livingstone ressort de sa cabine. Il a terminé de bouder et tire un nouveau lapin de son chapeau : on abandonne le Zambèze pour explorer le Chiré, l'affluent qui arrive plein nord du lac Nyassa, aujourd'hui rebaptisé lac Malawi. Le grincheux est persuadé que cette région sera aussi fertile que la vallée du Nil. C'est là qu'on entreprendra les cultures de riz, de maïs, de coton, de tabac et de canne à sucre. C'est là que s'installeront les missionnaires et les colons. C'est à partir de là que les hommes blancs émanciperont le continent. Livingstone sait maintenant pourquoi Dieu a déposé tant d'écueils sur le cours du Zambèze : pour lui indiquer qu'il devrait chercher sa terre promise un peu plus au nord. Il programme quelques voyages de reconnaissance pendant la pénible année 1859 et rédige de nouvelles lettres stimulantes et fantaisistes pour faire partager sa nouvelle obsession au Foreign Office. Il suggère également à la London Missionary Society d'envoyer ses premiers charters de missionnaires. Le fantasque explorateur a retrouvé son optimisme de Don Quichotte – ce même optimisme un peu exagéré qu'expriment parfois les Africains dans les situations les plus invraisemblables.

C'est que, sans s'en rendre compte, Livingstone est devenu presque africain. Du moins, il est plus *nègre* que *victorien* par bien des aspects, après toutes ces années passées à traverser les savanes, à dormir sous la Croix du Sud, à souffrir. S'il est autoritaire avec ses compagnons britanniques, il se montre indulgent avec les indigènes, avec les Makololos qu'il a recrutés comme hommes de main. Il leur passe tout, comme un grand-père. Il les comprend, plus que de raison. Il les aime. Sans doute même qu'il les admire – qu'il admire leur grâce, leur détachement, leur pragmatisme. Son journal contient des pages pleines de bienveillance à leur égard: *En général, les Africains sont plus sages que les Blancs*, écrit-il déjà en 1854. *Ils vont directement à l'essentiel. Ils développent peu de théories mais ils ont beaucoup d'idées.* Livingstone se sent en profonde empathie avec ces peuples dont il partage le quotidien depuis plus de quinze ans maintenant – il est bien plus moderne que beaucoup d'explorateurs qui suivront sa route au XIXe siècle. Le spleen de l'Angleterre le désolait, l'Afrique devient son idéal.

Aussi est-il froissé de découvrir que les berges du Chiré sont déjà perverties et dénaturées par le commerce des esclaves, elles aussi, tout comme les rives du lac Nyassa qu'il va commencer à cartographier avant de se laisser aller au désenchantement. Les Arabes tiennent le marché, ils approvisionnent le pourtour de l'océan Indien jusqu'à Bombay

– l'Afrique faisait tourner l'économie mondiale longtemps avant que l'on ait bien voulu s'en rendre compte. Seulement, la traite bouleverse les équilibres régionaux, elle entraîne parfois de fulgurantes guerres tribales qui gêneront sûrement l'installation des missionnaires de la London Missionary Society. Mais, à présent, il est trop tard pour envoyer des lettres de mise en garde. Ce n'est pas tout, la région est particulièrement propice aux épidémies de malaria – au milieu du XIXe siècle, on ne sait pas encore que la fièvre des marais est transmise par les moustiques, ce qui la rend encore plus difficile à prévenir. Et les tensions au sein de l'équipe se multiplient : Thomas Baines et Richard Thornton se font virer au cours de l'année 1860 et George Rae, l'ingénieur, réfléchit tous les matins à la meilleure manière d'annoncer son départ, car il ne veut pas rester lui non plus. Le *Ma-Robert* coule, tant il a été malmené, il faudra naviguer en pirogue pendant quelques mois, jusqu'à l'arrivée du nouveau steamer. Et Livingstone perd pied, y compris avec les indigènes. Il lui arrive d'en frapper quelques-uns dans des accès de fureur – si même les Africains trinquent, c'est que le chef est très fâché. Désorienté, il retourne jusqu'aux chutes Victoria, il accomplit d'éprouvants voyages sur le Zambèze et cartographie toute la région pour occuper ses journées : les rapides sont toujours à la même place, aucune grâce divine ne les a fait disparaître. Il se brouille enfin avec son frère et crie à la lune que c'est seul qu'il aurait dû entreprendre cette mission. Rien ne va comme il voudrait, rien de rien de rien de rien de rien. Mais il doit se calmer un petit peu, reprendre contenance : le 4 février 1861, les missionnaires appelés de ses vœux quinze mois plus tôt débarquent sur l'embouchure, la fleur au fusil, pour répandre la bonne parole sur les plateaux qu'on leur a tant fait chatoyer. C'est le moment, tiens. Les *embêtements* vont s'amonceler, là encore. Pleines d'allant et d'optimisme, les nouvelles recrues se serrent à bord du *Pioneer*, le nouveau steamer alloué à la mission Zambèze, et Livingstone les expédie en direction du lac Nyassa, dans le village de Magoméro – en enfer. La plupart des pèlerins y mourront en quelques semaines, terrassés par les fièvres, infectés par toutes sortes de microbes et de maladies, laminés par la malaria, le typhus ou la typhoïde, le tétanos ou la dysenterie. Abattus aussi par leur tâche, qui s'avère impossible à réaliser.

La vie de Livingstone ressemble à un lent cauchemar, à présent. Seul contre tous, ou bien escorté de quelques-uns de ses Makololos, il s'égare dans sa folie africaine. Parfois, il fait penser à Kurtz, l'homme fantôme du *Cœur des Ténèbres* – collecteur d'ivoire établi loin en amont d'un fleuve lugubre et hostile, Kurtz sombre dans la solitude de la jungle, il se laisse engluer par la végétation, contaminer par la loi du plus fort, fasciner par la cruauté au point de se transformer en fantôme d'homme, en diable hanté par l'horreur, l'horreur – l'ambiance oppressante de ce livre magnétique continue de coller aux entrailles de l'Afrique comme le sparadrap au doigt du capitaine Haddock.

Fou, Livingstone devait l'être un petit peu. Comme tous les explorateurs de cette époque. Mais il n'avait pas laissé *l'horreur* piétiner son âme. Il gardait une lumière, une extase. Ses exploits approximatifs et sa solitude illuminée le rapprochent davantage du destin de Don Quichotte, l'ingénieux hidalgo qui confondait ses rêves de grandeur avec la réalité, qui prenait les auberges pour des châteaux, les moutons pour des soldats et les meunières pour des princesses, qui s'attaquait à des moulins à vent ou à des outres à vin en croyant pourfendre des géants. Comme le chevalier à la triste figure, Livingstone veut parcourir le monde et réparer ses injustices. Les deux hommes sont des cousins, des doubles, des fac-similés, des pastiches. La biographie du valeureux missionnaire pourrait constituer le troisième tome des aventures du personnage de Cervantès : même allure altière et dépenaillée, mêmes obsessions démesurées, mêmes prouesses insensées. Même témérité, même endurance, même résistance au mal ; même esprit imaginatif, même volonté inébranlable, même chaos intérieur, même fragilité et même soif de conquêtes. Même dédain pour les choses de la vie. Même goût du risque et des prouesses insensées, même manière de déambuler dans l'infini, la peau sur les os. Mêmes attirances pour les grands espaces, les grands dangers et les grands exploits. Mêmes infortunes, mêmes mésaventures de chevalier errant. Mêmes maladresses avec les femmes. C'est la même passion initiale pour les livres qui les fait tant rêver qu'ils plaquent tout pour la route. Même soif d'éternel, mêmes exploits branquignols. Même gloire posthume, enfin. Certes, Livingstone n'a pas vraiment de Sancho Panza, pas de domestique cossard et astucieux pour lui remettre les pieds sur terre. Il n'a pas de Dulcinée pour hanter ses rêves, mais il a tout de même Mary, sa femme. Il ne l'a pas entraînée dans toutes ses aventures, heureusement pour elle. Mais elle n'en a pas moins subi de nombreuses déconvenues – la tristesse, elle sait ce que c'est. On ne peut pas dire qu'elle ait une place plus enviable que l'écuyer de Don Quichotte.

Nous nous sommes trop peu occupés d'elle jusqu'à présent, c'est le moment d'en parler. D'autant que Mary Livingstone réapparaît sur l'embouchure du Zambèze, le 31 janvier 1862, après avoir envoyé en Angleterre ses deux derniers enfants – William Oswell, qui a 10 ans maintenant, et Anna-Mary, la petite dernière, née en Afrique australe pendant que son mari commençait sa pénible remontée du Zambèze. Livingstone s'est posté sur un promontoire, en vigie. Il la voit arriver de loin, à bord du *H.M.S. Gorgon*. Il la guette avec sa longue-vue, sans montrer d'enthousiasme exagéré, il n'a jamais été à l'aise avec les effusions. Il se démêle les moustaches avec une brindille, frotte sa manche salie par la poussière, crache dans le sable. Il se doute bien qu'il ne va pas retrouver la jeune femme placide et de tempérament agréable qu'elle était lorsqu'ils se sont mariés à Kuruman, en Afrique du Sud, le 2 janvier 1845 – elle avait 23 ans. Certes, Mary n'a jamais été jolie fille. Ses traits sont plutôt grossiers et elle est charpentée comme un bœuf. Sur les photos, elle ressemble à un repris de justice qui se serait déguisé en servante pour échapper à ses geôliers. Mais elle est robuste, justement, facile à vivre, pas contrariante et, surtout, quand elle épouse le révérend qui lui fait l'honneur de demander sa main, la fille de missionnaires connaît déjà la vie qui l'attend – du moins, elle croit la connaître.

Livingstone, lui, ne veut pas d'emmerdements avec les tourments de l'amour, il s'en arrange si mal de toute façon. Il veut un mariage de convenance, c'est plus commode. Il veut une assistante qui connaît bien la vie en brousse, une qui saura couper du bois, défricher les champs, poser des clôtures, fabriquer du savon et des bougies, rapiécer leurs vêtements, enseigner la lecture et l'écriture aux enfants et voyager à la dure. *Le mariage ne sera pas heureux pour la pauvre Mary*, concède le biographe de Livingstone.

Pauvre Mary Livingstone, effectivement. À peine le mariage est-il prononcé que son mari sent des fourmis lui courir dans les pattes, il caresse le projet déraisonnable de s'enfoncer toujours plus loin dans le continent inconnu, à la rencontre de l'âme africaine. Ils effectueront ensemble les premières pérégrinations aux confins du désert du Kalahari, comme des pionniers du Far West, dans des carrioles tirées par des bœufs – peut-être que Mary comparait sa vie à celle des bêtes de somme sous leur joug, les jours de cafard. Le couple ne rayonne pas. On ne badine pas, avec rien, on se croirait presque chez Neil Livingstone. On ne parle pas pour ne rien dire. On communique très peu de toute façon, tant les tâches quotidiennes sont harassantes – surtout pour une femme constamment enceinte, Mary pond cinq enfants durant les six premières années du mariage. La famille traverse des zones malsaines et insalubres, doit se priver d'eau pendant des journées entières et découvre toutes sortes de fièvres originales. Une fois, Mary est tellement malade que la moitié de son visage reste paralysée plusieurs mois. Un enfant meurt – Elizabeth, leur quatrième, et on ne sait pas comment les autres font pour survivre. Tout ça ne suffit pas à démotiver l'Écossais : il continue de trimballer sa smala dans d'invraisemblables explorations, devenant un peu moins missionnaire à chaque voyage. Peu à peu, il se convertit en vagabond de l'Afrique, en farfelu de la découverte qui se trompe beaucoup dans ses calculs, qui trompe aussi ses interlocuteurs pour faire correspondre la réalité à ses fariboles, et puis qui ne sait plus rien faire d'autre, finalement. Qui sacrifie sa femme et ses enfants plutôt que de rogner sur ses lubies géographiques, sur ses rêves.

En avril 1852, quand il commence à réfléchir à sa grande traversée du continent, il expédie – allez, hop – toute sa petite famille en Europe, à Blantyre, chez ses parents, afin de pouvoir mener ses explorations sans être inutilement ralenti. C'est pendant cette période que Mary vit son petit calvaire, après avoir claqué la porte de ses beaux-parents, décidément trop puritains. Elle erre entre des meublés pourris et quelques squats chez des amis, elle prend l'habitude de boire, beaucoup, de plus en plus, au fur et à mesure que son mari retarde son retour. Il s'écoule quatre ans avant que Livingstone accomplisse sa formidable traversée. Neuf cents litres de gin. Quand les époux se retrouvent en Angleterre, quand Livingstone revient en héros adulé des foules, il ne sait pas davantage être un bon mari, ni un bon père, puisqu'il n'a jamais su – à part l'Afrique, et peut-être le bon Dieu, qu'est-ce qui l'aura fait vibrer ?

Janvier 1862, embouchure du Zambèze. Lorsque Mary descend du *H.M.S. Gorgon*, suant à grosses gouttes dans ses robes victoriennes, cela fait de nouveau quatre ans qu'ils ne se sont pas vus – depuis qu'il l'a déposée au Cap pour qu'elle termine sa grossesse sans retarder l'équipe. Cette fois, c'est évident, madame Livingstone est alcoolique. Elle a encore pris vingt kilos, elle est dévastée par cette vie passée à attendre, à regretter, à élever des marmots, à boire. Elle pointe toute sa rancune contre la « mission divine » de son mari, qui a rongé leurs chances de bonheur familial. Mary s'évente avec un chapeau, elle retrouve les éprouvantes conditions des expéditions du zélé missionnaire et les voilà bloqués par quelque avarie dans le delta du Zambèze. Le 21 avril, elle tombe malade. On croit d'abord à une gueule de bois carabinée, mais les jours passent et la maladie s'installe, la fièvre monte. Violentes nausées le 25. Livingstone s'assoit à son chevet. Il lui fait boire de l'eau dans une cuillère, il la cajole, il tente tout ce qu'il peut pour la guérir et lui administre tellement de quinine qu'elle en devient sourde. Puis elle perd la force d'avaler. Quand elle sombre dans un demi-coma, le révérend sent monter des bouffées de chagrin. Il ôte son masque d'insensible et pleure comme il n'a jamais pleuré. Est-ce l'agonie de sa femme qui le rend si triste, ou tout ce qu'il a raté dans sa vie de missionnaire, d'explorateur, de mari, de père ? Mary meurt le 27 avril. Ses dernières paroles sont pour ses enfants, livrés à eux-mêmes en Grande-Bretagne – elle s'inquiète pour leur avenir, il y a de quoi. Son cadavre est enterré au pied d'un baobab, dans une caisse en bois sombre, où elle pourra enfin se reposer en paix.

C'est une tristesse sincère, profonde, qu'éprouve Livingstone. Il se croit inconsolable. Il l'aimait, alors ? Mais à sa manière, sans le dire. Il regrette maintenant de lui avoir fait mener une vie aussi dure – ce qui est remarquable, car l'homme n'a pas la réputation de reconnaître ses erreurs. Dans son journal, il écrit qu'il veut mourir, lui aussi, tant pis pour sa mission divine. Tant pis pour tout. D'ailleurs, il commence à se demander quels sont exactement les plans que Dieu a établis pour lui, parce que là, vraiment, il a du mal à s'y retrouver. La nuit, il entend hurler des hyènes. Plus jamais il ne cherchera à interpréter les signes du ciel.

Pendant quelques semaines, l'équipage espère que le pasteur veuf se rendra à toutes les évidences, qu'il abandonnera ses lubies et rentrera auprès de sa progéniture en Angleterre. Mais l'Afrique est plus forte et il n'a jamais su s'occuper de ses enfants : il décide de reprendre ses explorations passionnantes et infructueuses, ordonne des expéditions brouillonnes et inutiles. Nulle part il ne trouve son autoroute du commerce. Le missionnaire ne s'avoue pas vaincu pour autant, ce serait mal le connaître. Il a 50 ans, il est affaibli par les fièvres, vieilli par la fatigue, accablé par la tristesse ? Depuis la mort de Mary, sa détermination s'est encore renforcée, ou plus précisément elle s'est transformée en obsession, *en désir quasi masochiste de toucher aux limites de l'endurance humaine*, note Tim Jeal. Le docteur titube dans la lumière et se persuade qu'il faut encore remonter le Chiré, l'affluent du Zambèze qu'ils avaient commencé à explorer en 1859. Il se souvient qu'il doit consolider le poste missionnaire établi à Magoméro. Il imagine pouvoir abolir l'esclavage qui gangrène toute la région. Il est toujours persuadé qu'un navire européen croisant sur le lac Nyassa pour y acheter du coton, de l'indigo ou de l'ivoire pourrait aider à la suppression de la traite. Ce sera le pire épisode de cette tragique aventure.

La région a été victime d'une terrible sécheresse et les trafiquants d'esclaves profitent de l'affaiblissement des populations pour y faire leurs razzias. Ce n'est plus du tout le paradis vanté quelques années plus tôt dans les lettres envoyées au Foreign Office. Les Britanniques s'y engagent comme dans un cauchemar à rallonge, ils ne sont plus que six ou cinq, tout se disloque, tout se désagrège, tout s'obscurcit. La sécheresse a engendré une famine considérable, ils voient des cadavres dériver dans le courant, comme des bouts de bois, ils comptent trente-quatre corps en trois jours. Les crocodiles s'en donnent à cœur joie. Sont-ce les indigènes qui n'ont même plus le temps ou la force d'enterrer leurs morts, sont-ce les marchands d'esclaves qui se déchargent de leurs marchandises avariées ? Dans cette atmosphère lugubre, Livingstone perd tout ce qui lui reste de crédit. À la mission de Magoméro, il ne trouve que des morts et récite quelques prières maladroites sur la tombe des missionnaires décimés. Son frère Charles et le docteur Kirk déclarent forfait, ils l'abandonnent au pied des cataractes Murchison – un violent torrent que le missionnaire a tout de même l'idée de franchir, en le contournant. Comment? En faisant transporter par la terre le *Lady Nyassa*, le steamer à aubes qui lui avait été livré en même temps que Mary Livingstone. Il veut le hisser à dos d'hommes, comme le Fitzcarraldo du film de Werner Herzog, ce colonial en habits blancs qui engage des Jivaros pour faire grimper son vapeur par-dessus une colline amazonienne. Dans son obsession, dans sa folie, Livingstone voit-il seulement ses deux compagnons de mission lui tourner le dos ? Ils ont disparu maintenant et le conquistador de l'inutile se réjouit de se retrouver seul, seul, seul. Enfin, presque seul, il lui reste une poignée d'indigènes qui acceptent encore de travailler pour lui. Il lui reste la musique du fleuve qu'il prend pour un air d'opéra. Il lui reste aussi George Rae, l'ingénieur, celui qui cherchait à démissionner depuis le début, mais qui n'a finalement jamais trouvé les mots ni le moment pour annoncer son départ – et ce n'est pas aujourd'hui qu'il va le faire. Il lui reste le lieutenant Edward Young, un jeune, un membre de l'équipage du *H.M.S. Gorgon* qui a accepté d'embaucher sur le *Pioneer* et fait maintenant marin d'eau douce sur le *Lady Nyassa*. David Livingstone oublie qu'il a ordonné à son fils Robert de venir le rejoindre, dans une de ses missives où il le traite de fainéant, de bon à rien – Robert a bien embarqué sur une corvette pour l'Afrique australe, mais il a débarqué sans argent et le voici bloqué quelque part dans le Natal, mille kilomètres au sud de l'embouchure du Zambèze. Il disparaît dans la nature et on retrouvera sa trace un peu plus tard, sur un autre continent, à la guerre.

Au pied des cataractes Murchinson, Livingstone tente de recruter d'autres indigènes. Il leur propose tout ce qui lui reste d'étoffes moisies et de colliers de perles ternes, il leur propose des colifichets et des miroirs alors que l'urgence est aux champs à biner et aux cultures à replanter, puisque la sécheresse a rendu la plaine presque stérile. Il n'arrive à réunir que vingt paires de bras. Sans tarder, les travailleurs abattent les premiers arbres, coupent des lianes, déplacent des pierres, ils ont quarante kilomètres de friches à aplatir. Leur avancée est dérisoire mais Livingstone se montre plus déterminé que jamais, comme s'il y croyait encore. Et peut-être aurait-il réussi cette entreprise impossible, ou peut-être aurait-il péri si, début juillet 1863, il n'avait reçu une lettre du Foreign Office, expédiée cinq mois plus tôt. Le courrier, remonté jusqu'aux cataractes au petit bonheur la chance, arrivé jusqu'à lui presque par hasard, le somme de tout arrêter et de rentrer au plus vite, ordre du gouvernement. Il y a eu bien assez de morts dans cette coûteuse mission d'exploration qui, décidément, ne mène à rien. Bientôt, quand l'approximatif hidalgo se décidera enfin à regagner le Royaume-Uni, tout le pays saura que cette expédition Zambèze n'a été qu'une longue succession d'échecs. Un fiasco sur toute la ligne, ou presque. Retour triste et sans gloire d'une aventure fantasque et inutile, désastreuse. Que nous reste-t-il, lorsqu'on rate tout ce qu'on entreprend ?

Illuminations

« Tous nous serions transformés si nous avions le courage d'être ce que nous sommes. »
Marguerite Yourcenar, *Alexis ou le traité du vain combat*

Féroce frappe délicatement contre notre porte, comme s'il avait peur de trop nous réveiller. Il est déjà habillé pour la route, avec son anorak déchiré et ses bottes en caoutchouc. Dehors, le soleil fait rosir les joues de l'horizon, le coq a déjà chanté trois fois et le curé se propose de chauffer de l'eau sur les braises, pour notre toilette. Mais Féroce plisse le nez en signe de désaccord, il dit que le temps est jaloux et qu'il faut partir tout de suite, que la route n'est pas macadamisée, qu'elle risque d'être incertaine. Je n'ai même pas le temps de prendre un dernier bain de foule.

Nous enfourchons notre siège en mousse et saluons le curé, qui estime que nous devrions arriver à destination vers midi : j'ai un profond respect pour l'optimisme sans faille des Africains. Au premier virage, la moto écrase une poule qui picorait distraitement au milieu du chemin. Quelques plumes volent derrière nous, Féroce ne s'arrête pas pour faire un constat, trop pressé de reprendre notre trajet plein de rebondissements à travers l'odeur chaude et poivrée du petit matin. Je baisse la tête en espérant que personne ne nous reconnaîtra, adieu Ekubi. Virages, côtes, virages, côtes. Bosses. Je profite mieux du paysage aujourd'hui et la terre grise devient jaune-orange, puis rouge. Soudain, nous surplombons un bout de forêt équatoriale, avec sa myriade de verts sombres et sa puissance tapie sous la canopée. Notre chemin s'y engouffre, j'entends déjà respirer sa faune implacable. Les choses sérieuses vont commencer. Afrique, me voilà.

J'ai marché sur beaucoup de routes avant de m'abandonner à ce continent mystérieux. Et je ne sais toujours pas expliquer pourquoi c'est au Congo que j'ai cessé de ressentir le besoin d'aller voir ailleurs. Oh, l'Afrique m'avait intéressé avant, depuis le début. Mais on pourrait en dire autant de l'Ouzbékistan, du Panama, de Valparaíso, des îles Clipperton, du lac Baïkal ou de Rodrigues. Je n'en connaissais rien, j'étais curieux de voir. J'allais regarder par le trou de la serrure dès que je pouvais, je pointais le bout de mon nez par-dessus la palissade.

Un jour, ce n'est rien mais je le raconte tout de même, un jour d'hiver je suis descendu en auto-stop à Tarifa, tout au sud de l'Espagne. Je savais qu'on y apercevait l'Afrique, de l'autre côté du détroit de Gibraltar. J'étais passé du grésil parisien aux cactus de la Sierra Morena en vingt-quatre heures et presque autant de véhicules. Après avoir loué une chambre dans une bicoque de pêcheur, sans chauffage, ce n'était pas ça qui comptait, j'avais couru vers la côte pour guetter l'Afrique : elle était noyée dans la brume de sel, paisible, majestueuse, avec ses montagnes aux sommets périlleux qui se dandinent vers le cœur du Continent, comme l'épine dorsale de quelque dinosaure, comme la bosse d'un chameau sauvage. Je m'étais assis sur un parapet jusqu'à ce que le ciel devienne sombre. Quelques lumières s'étaient allumées en face, à Tanger, elles vacillaient comme la flamme des bougies, et les rafales faisaient briller mes yeux. Le lendemain, j'avais escaladé une colline de pierres brunes, pour mieux admirer l'autre côté du détroit, de plus haut, varions les points de vue. Quelques éoliennes, plantées du côté espagnol, grondaient et sifflaient comme des géants, je n'en avais jamais affronté auparavant car nous n'avions pas encore ces moulins à vent modernes en France. J'avais guetté les radeaux des émigrés clandestins, qui bravent tous les dangers pour venir poser le pied en Europe, au terme d'une odyssée africaine au moins aussi héroïque que celle d'Ulysse, mais c'est étrange de voir combien le monde s'en fout – ils veulent s'échapper de l'Afrique et moi je cherchais un moyen d'y entrer, un signe, un appel. Mais la houle n'était fendue que par les bateaux bleu et blanc des pêcheurs qui rentraient au port de Tarifa, un peu plus tôt que d'habitude car c'était la Saint-Sylvestre. Cette nuit-là, comme les autres nuits, les bars de Tarifa avaient été assaillis de surfeurs anglophones, des farauds au teint rouge et aux cheveux blonds, peut-être des descendants de la famille Livingstone. J'y avais rencontré un seul Français – Tomas, un jeune homme de 20 ans coiffé d'un chapeau mou et vêtu d'un manteau de clochard. Il errait depuis plusieurs mois à travers l'Espagne, une de ses semelles était percée à force de frotter le bitume et il n'avait pas d'autre bagage que son grand manteau gris, aux manches effilochées. Après avoir bu quatre ou cinq bières, il s'était mis à parler des ondes électriques qui désorientent les habitants dans les villes trop éclairées, et il était persuadé qu'une organisation secrète lui avait installé un micro au fond de la bouche, pour le surveiller en permanence – il faisait par conséquent très attention à chacun de ses mots et me conseillait d'en faire autant. Nous avions traîné nos coudes sur les comptoirs de quelques autres bars et il m'avait expliqué son projet de dérober une barque pour se rendre en Macédoine, presque à l'autre bout de la Méditerranée. C'était possible, assurait-il, en cabotant sur les côtes maghrébines puis en contournant la botte italienne. Partout, autour de nous, les Anglo-Saxons braillaient en buvant de grandes chopes. Ils crièrent HAPPY NEW YEAR à minuit pile. Des tas de jeunes gens, fauchés comme nous mais grisés par le changement de millénaire, erraient dans le dédale des ruelles et j'ai soudain perdu Tomas, je ne l'ai pas revu ce soir-là, ni le lendemain, ni le surlendemain, je ne sais pas ce qu'il est devenu. L'a-t-il volée, cette barque ? Est-il arrivé au bout de son voyage insensé ? C'est ainsi que j'ai passé ma dernière soirée du XXe siècle, le siècle du pétrole, le siècle des utopies contrariées et des génocides – le siècle aussi de la musique électrique, du rock et de la soul, tout ne peut pas être mauvais dans la course au progrès.

Un an plus tard, je suis allé à Tanger pour de vrai. J'ai tout de suite aimé sa lumière pâle, son atmosphère vieille France, ses palmiers mélancoliques et ses bars interlopes. J'ai descendu l'Atlas jusqu'au désert, j'ai franchi des postes-frontières enfoncés dans le sable, j'ai traversé toute l'Algérie jusqu'à la Tunisie. Je suis retourné plusieurs fois au Maghreb : c'était encore un peu l'Europe mais déjà, presque, l'Afrique de mon imagination. J'y trouvais l'imprévu. J'y trouvais l'exaltation des cœurs, une frénésie contagieuse, les mystères du crépuscule, les cafés au lait du matin et ceux, noirs, de l'après-midi, sur les tables sales de la médina. Tous les clichés. À l'usure, j'ai appris à discerner la réalité derrière les belles images ; la rancune, les calculs, la peur, la convoitise, les faux sourires, les ni vu ni connu je t'embrouille. Mais restaient les douceurs particulières, un pêcheur qui vous emmène sur sa barque, les espadons grillés sur la plage. Les ruines du site antique de Tipaza, à trois heures de bus d'Alger : le grillage d'enceinte était percé sur un côté, je m'y étais faufilé à l'aurore, bien avant l'ouverture au public, pour me promener au milieu des vestiges et des herbes sèches. Je me retrouvai seul dans cette abondance de quiétude, avec le parfum des absinthes, des lentisques, des cyclamens, des géraniums, des touffes de sauge et de romarin, des oliviers, des pins, des eucalyptus, des grenadiers et le sel de la mer. À moi les temples érodés. À moi les colonnes détruites et les mauvaises herbes échappées d'entre les pavés. À moi le forum abrasé, grand comme un terrain de foot, bordé d'arbres torsadés aux écorces rugueuses comme la pierre. À moi les portiques avec vue sur la grande bleue, le baptistère où s'est enraciné un figuier, les thermes et leurs mosaïques de deux mille ans. Sur les dalles de la basilique, une procession de fourmis noires collecte des éclats de verre et les descend à la chaîne au fond de l'antre où elles se sont établies, par un trou plus petit qu'un œil – pour quoi faire ? Sont-elles en train de façonner leur propre palais souterrain, elles aussi, portées par la contagion du sublime ? Papillons blancs, lézards jaunes, chant des cigales, chant des coucous. Et la Méditerranée qui me charme, admirable comme une idole, docile et délicate, un bijou étrusque. Je la chéris sans raison, je la contemple sans jamais m'en lasser, bien qu'elle n'ait pas la prestance de l'océan ; j'ai longtemps eu l'impression que toute ma vie pourrait s'y contenir, j'ai même rêvé de longer tous ses rivages, de Tarifa jusqu'à Tanger, comme Tomas. Vingt ou trente mille kilomètres d'exotisme doux, même quand une violente tempête fait tout déborder comme quand on secoue un verre d'eau ; vingt ou trente mille kilomètres de soleil, de vins sucrés et d'aventures nonchalantes. Je ne l'ai pas fait et peut-être que je mourrai sans l'avoir fait. N'y pensons plus, je suis au bord d'une falaise miniature, les vagues ne font pas plus de bruit qu'une page que l'on tourne, je ferme les yeux, je rêve encore, j'ai un exemplaire des *Noces* de Camus dans la poche, que j'ai fini par perdre comme beaucoup d'autres choses. Quand j'ouvre les yeux, une meute de chiens sauvages et sales passe à trois mètres, sans s'occuper de moi, sans même grogner, m'ont-ils si vite adopté ? Ou bien me prennent-ils pour un de ces soûlards qui viennent parfois terminer leur nuit au pied de la nécropole, un des leurs en quelque sorte ? Je suis parti quand sont entrés les premiers visiteurs et j'ai passé le reste de la journée à me baigner, jusqu'à ce que le sel durcisse ma peau.

À chaque fois que mon rédacteur en chef m'envoyait en Afrique du Nord, je lorgnais un peu plus bas, vers le tropique du Cancer, vers l'équateur. Je me demandais comment les choses pouvaient s'ordonner sous un soleil si puissant, avec toutes ces couleurs, avec toute cette nature, avec toute cette poussière. Elles ne s'ordonnent pas, en fait. Ou plutôt, elles s'ordonnent différemment.

Avant de voyager en Afrique, je n'en connaissais que les mythes, les belles histoires, les petites graines qui font pousser l'imagination. J'avais lu *Le Lion* de Joseph Kessel, une édition de poche illustrée avec des dessins de la savane et, la nuit, dans mon petit lit, je rêvais que je plongeais la tête dans la crinière du roi des animaux. Lorsque j'ai perdu ma première dent de lait, mon père m'a offert l'album *Tintin au Congo*. Ce n'est pas le meilleur de la série – s'il ne s'était agi que de cela, c'est le Tibet qui aurait dû m'attirer, ou le Pérou, ou la Syldavie – mais c'est le premier que j'ai lu. J'avais aussi dévoré les aventures prodigieuses de Tartarin de Tarascon, ce médiocre chasseur de lions qu'Alphonse Daudet avait transformé en Don Quichotte provençal. Les fauves et l'aventure, donc. Après l'école, je faisais mes devoirs sur un sous-main représentant la carte du monde : je déplaçais sur le côté mon cahier de leçons et me plongeais dans cette Afrique qui occupait tout le centre du planisphère, les États étaient rouges, jaunes, mauves ou verts, je préférais apprendre le nom de leurs capitales plutôt que les arcanes de l'algèbre. Je rêvais d'être abandonné dans la jungle, comme Tarzan, je me fabriquais des itinéraires compliqués, de liane en liane, de fleuve en fleuve. Je bâtissais des royaumes au bord des lacs, à la courbe des rivières. Je me doutais déjà que l'Afrique serait pour moi le continent de la beauté, de la grâce, de la force, des grands animaux, des déserts mystiques et des forêts exubérantes. J'ai stocké toutes ces images pour plus tard, sans rien savoir, puisqu'un enfant ne sait rien. J'ai stocké ces images pour plus tard puisqu'un enfant sait tout. À la maison, mon horizon n'était pas le même à l'époque, j'avais l'océan Atlantique d'un côté et, de l'autre, les champs de patates de Jean-Louis Le Berre, le paysan chez qui j'allais passer mon temps libre et qui m'a tant appris. L'invitation au voyage et l'attachement au sol.

Quand j'ai eu un chagrin d'amour, c'est en Afrique que je suis retourné. Pas ailleurs, finalement. J'étais parti au hasard, depuis une plage de l'océan Indien, je prévoyais de traverser le continent par la terre et de rejoindre l'Atlantique, peut-être en descendant le fleuve Congo. Au cours du voyage, plusieurs personnes m'avaient dit que je m'étais lancé dans une entreprise bien périlleuse – et je ne m'en rendais même pas compte. J'avais bien eu quelques tracas de voyageur, grimper dans un train tellement bondé qu'il fallait se tenir en équilibre sur le marchepied extérieur, passer quinze heures dans l'étuve d'un bus sans boire ni manger, déjouer les manœuvres des gardes-frontières foncièrement corruptibles, tourner en rond derrière les barreaux de la prison du village, trouver une pirogue pour descendre la rivière, tenir vingt jours à bord d'une barge surpeuplée, en déroute sur le fleuve Congo, avaler toutes sortes d'insectes, bien s'entendre avec sa solitude... Mais j'avais fini par me fondre dans le décor. Presque. C'était possible de traverser l'Afrique avec un petit sac sur le dos, malgré toutes les mises en garde. Il suffisait d'être attentif et disponible. Le voyage m'avait réconcilié avec le monde, avec tout, j'avais réussi à me débrouiller avec moins que rien et j'avais décidé que la tristesse ne me ferait plus jamais peur. Et puis, surtout, j'avais eu la chance de trouver ma terre promise, sans même la chercher – Livingstone y était-il vraiment arrivé au terme de toutes ses errances ? Le Congo ferait partie de ma vie, cela s'était imposé comme le jour s'impose à la nuit. Ce ne serait pas de tout repos, mais c'était là que je voulais retourner désormais. La forêt m'avait mis le grappin dessus, comme les sirènes d'Ulysse – elle m'avait donné sa sève en échange, toute son énergie. À la vie à la mort. J'avais traversé un pays cabossé, usé, râpé, cassé, percé, mal rafistolé, humilié, un pays disloqué mais qui fonctionnait quand même, par une sorte de providence, par le courage de sa population. Les fonctionnaires n'étaient pas payés ? Beaucoup continuaient d'assurer leur service, en espérant que l'argent tomberait un jour. Les mamans, aux beaux yeux en amande et aux seins vidés par leurs multiples progénitures, vendaient ce qu'elles pouvaient : des beignets, des unités de téléphones portables ou des morceaux de poisson séché. Des heures, des jours, une vie sous le soleil terrible sans jamais se plaindre, presque jamais – on sait depuis longtemps que ça ne sert à rien de se lamenter, au Congo, on préfère la dérision. Car tout est prétexte à rire, même et surtout ses propres déconvenues. Et puis on se raccroche au bon Dieu, c'est la dernière bouée de sauvetage. Au style, aussi, à la superbe : des salons de coiffure partout, même au fin fond de la brousse, des cabanes en tôle grandes comme des placards à balais où les femmes se font des ornements compliqués, des tresses, des spirales, des ovales, des torsades, des lignes, des courbes, des lacis, des entrecroisements, des palmiers, des boules, des fioritures, des architectures bien plus soignées que les jardins de Versailles. Ça leur prend une journée, parfois deux. La misère, d'accord, mais avec classe. La beauté du corps avant le confort de la case, l'élégance avant l'eau courante, le panache avant le buffet pour ranger les casseroles. Au Congo, j'avais l'impression de traverser un monde entêtant, saturé de magie, où tout pouvait survenir et où tout survenait. Une nuit à boire de la bière de banane sous les étoiles avec des curés progressistes, voyager en avion-stop, barrer une barge de cent cinquante mètres de long toute un après-midi sur le fleuve, avec cinq cents passagers clandestins serrés entre les grumes, se faire immuniser contre les balles de Kalachnikov avec de la poudre de perlimpinpin. Ce n'est pas le seul endroit du monde riche en surprises mais, tout de même, ces endroits sont de plus en plus rares. Ici, pas de villes construites à l'identique, avec les mêmes panneaux publicitaires, les mêmes commerces, les mêmes ronds-points, les mêmes éclairages, je ne sais pas ce qu'on cherche à tout rendre uniforme – des économies d'échelle, du profit ? Je n'ai pas la réponse, mais ça n'a pas d'importance, j'ai trouvé mon jardin secret, mon pays des merveilles. Afrique, me revoilà.

Féroce ralentit sa moto, après nous avoir brinquebalés dans un long tunnel d'arbres hypertrophiés. Il hèle un groupe de marcheuses courbées sous leurs ballots de maïs.

— Combien de kilomètres pour la rivière Kasaï ?

On nous répond trente, on nous répond quarante-neuf. Plus loin, un paysan nous dit :

— Normalement, quinze kilomètres, mais ça dépend de la vitesse.

C'est peut-être lui qui a raison.

Mon dos est en ruine, comme le Congo. J'ai l'impression que ma colonne vertébrale s'est disloquée, que mes os s'agitent dans ma cage thoracique de la même manière que les boules du Loto les soirs de tirage, ils se cognent les uns contre les autres comme dans un sac de billes. J'en garderai sans doute quelques séquelles à mes vieux jours, si j'arrive jusque-là, je marcherai avec une canne comme monsieur Isidore. Nous dépassons d'autres femmes, toutes chargées de maïs : elles avancent lentement, à la limite de leurs forces. Féroce fatigue aussi, il tient son guidon moins fermement et nous manquons plusieurs fois de nous vautrer dans les flaques jaunes ou rouges. Féroce est un héros très discret, un aventurier sans carnet de notes dont la bravoure s'enfouira silencieusement dans les plis de sa peau. Il ne sait pas nous dire pourquoi son père l'a prénommé ainsi, mais il reconnaît avec nous que ça pose son homme. Virages, côtes, virages, côtes. Bosses. Bosses, trous, bosses, trous. Peu à peu, le paysage devient moins extravagant, la forêt alterne avec des champs de manioc et de maïs. Mais les fossés sont toujours bordés d'herbes aussi hautes que nos pommiers européens et la piste est si ravinée, par endroits, que des champions du monde de moto-cross refuseraient de s'y hasarder – Féroce, lui, s'y lance sans tergiverser, plongeant ses bottes en caoutchouc dans la boue pour rétablir notre équilibre. Enfin, nous passons devant des baraques en planches et en torchis, croisons un premier carrefour, une première vendeuse d'unités téléphoniques. Ici, les routes sont toujours de foutus chemins de terre zébrés d'ornières mais j'ai l'impression de retrouver la Grande Civilisation. Je vois même une affiche publicitaire pour du lait en poudre, toute délavée, placardée sur une bicoque, et cette bicoque est un bar, un bar avec une terrasse ombragée, deux tables, cinq chaises et, qui sait, de la bière fraîche. Le temps de me dire que nous pourrions peut-être nous y arrêter, nous voilà arrivés au débarcadère. Féroce stoppe sa fidèle monture juste au bord des eaux couleur rouille de la Kasaï.

Le calme s'installe d'un coup, après la pétarade et les kilomètres. Une barge est amarrée devant nous, elle transporte d'énormes troncs, d'incroyables entassements d'hommes et de marchandises. Les passagers descendent un à un nous saluer, curieux de connaître notre itinéraire. Eux, ils attendent que la soute soit chargée de maïs pour reprendre la navigation vers Kinshasa – c'est donc ici que convergent toutes les femmes chargées de ballots que nous croisons depuis ce matin ? Leur escale s'étire depuis deux semaines et la cale n'est qu'à moitié pleine. Pour passer le temps, qui semble ici plus long qu'ailleurs, un homme nous propose de boire un petit coup d'agué-né, l'alcool de maïs. Je n'ai pas le temps d'accepter, l'officier de la DGM me hèle depuis sa baraque en bois noir.

C'est une toute petite pièce, sans fenêtre, mais les planches sont suffisamment mal jointes pour qu'on y voie clair. Sur le bureau branlant, les mêmes outils de travail que dans tous les autres postes DGM : un tampon sans encrier, un calendrier de l'année dernière, de la documentation pour se prémunir contre les ravages de l'alcoolisme, quelques brochures religieuses et un téléphone portable qui n'a malheureusement plus d'unités – ce n'est pas bien grave, il n'y a pas de réseau au bord de la rivière. Monsieur Floribert se cale sur sa chaise, examine scrupuleusement mon passeport et sort un formulaire de son tiroir : je dois maintenant m'acquitter d'une taxe de 20 dollars, comme le stipule le règlement. C'est bien cher, je fais mine de refuser ; nous jouons tous les deux notre rôle, nous discutons le prix comme s'il voulait me marchander un tapis et nous tombons d'accord sur 5 dollars. Le dollar est devenu la monnaie de référence depuis les années Mobutu, quand le président faisait tourner ses planches à billets chaque fois qu'il voulait combler un déficit – l'inflation est montée à 10 000 % en 1994, les calculettes n'avaient pas assez de zéro pour compter et le franc congolais (on disait le zaïre, à l'époque) ne valait plus rien du tout. Je sors de la baraque avec un sourire de vainqueur, il n'y a pas de quoi : monsieur Floribert a sûrement besoin de ces subsides pour faire vivre sa famille, puisque sa rémunération ne doit être que symbolique. Et il se montre prévenant, il va même nous chercher un piroguier pour nous faire traverser la rivière.

Nous enlevons nos tongs pour embarquer dans l'esquif et posons nos fesses sur de minuscules billots de bois, des tabourets si l'on veut, face à face. Notre piroguier s'appelle Verlaine, il dénoue l'amarre et nous commençons à dériver, le courant est plus vigoureux que je croyais. Sur la berge, Féroce nous fait un dernier signe d'adieu, avant de démarrer sa moto bleue et de disparaître dans un nuage de poussière. Le bruit de moteur se dissipe par paliers derrière les arbres, comme un écho, et nous n'aurons plus jamais de ses nouvelles. Quand le silence revient, je retrouve les bruits tremblés qui rythmaient si langoureusement ma première descente du fleuve, les flics-flocs rassurants de la pagaie et ses frottements sur le bois, comme des soupirs amoureux. Verlaine chantonne pour lui, pour se donner du rythme et du courage, il concentre son regard sur l'autre rive, à trois kilomètres environ. L'eau garde ses reflets rouges, le reste du paysage a perdu ses couleurs à cause du soleil, si fort à cette heure. Belange, qui laisse filer une main dans le courant, s'amuse de voir notre voyage s'égarer dans les méandres de son pays : nous ne savons plus très bien où nous allons, au juste. Elle entame un air d'opéra et soudain s'agrippe au rebord, elle vient de se souvenir qu'elle ne sait pas nager. Elle me raconte que, lorsqu'il y a eu la guerre à Lisala, en 1998, elle avait fui les bombes par le fleuve, puis par des chemins de brousse, en emportant juste une tablette de médicaments contre le paludisme et un gros sachet de sucre qu'une tante lui avait offert quelques jours plus tôt – elle l'avait revendu méthodiquement aux autres fuyards, cuillerée par cuillerée, grâce à quoi elle avait tenu une semaine sans avoir jamais ni faim ni soif. Je la regarde comme si je me regardais dans un miroir, j'ai envie de la serrer très fort dans mes bras, je voudrais pouvoir caresser son âme. Oui, c'est ici que je me suis demandé si Belange n'était pas, par hasard, la personne que j'aimerais toujours écouter parler, la belle personne à qui j'aurais des choses à dire tout au long de ma vie ; la femme sur qui je poserais, sans jamais me lasser, un regard complice et attendri, admiratif. Celle qui continuerait de me surprendre chaque journée que nous passerions ensemble, celle qui saurait toujours me faire rire, même quand les rides auraient chiffonné nos bras, nos genoux, nos fesses, nos fronts, celle que je prendrais par la main quand nous serions vieux. Celle qui m'ancrerait sereinement dans le monde. Celle qui m'enseignerait la simplicité désarmante de la vie avec sa malice, sa bonté et son humour. Elle serait la femme qui m'enseignerait le bonheur : elle a compris depuis longtemps que les choses n'ont que l'importance qu'on veut bien leur accorder, ni plus, ni moins. La chaleur est si forte qu'il est impossible de penser davantage. Trois ibis volent au-dessus de la Kasaï et nous voilà tout étourdis, sans doute quelque peu aveuglés. Nos yeux se plissent pour se perdre dans l'horizon muet, la rivière file tranquillement vers l'avenir, à la vitesse d'un enfant qui trottine et jamais ne s'arrête. On se regarde en douce, on a tant de choses à accomplir dans une vie, tant de chances à saisir pour les tisser à notre destin, tant d'opportunités qui ne se présentent qu'une seule fois. Belange minaude, je minaude. Pas Verlaine, qui affronte la partie difficile, là où le courant est plus puissant. Il pagaie de plus en plus énergiquement. Dommage qu'il n'ait pas de seconde rame, je lui aurais prêté main-forte pour épater ma dulcinée, pour lui montrer ce que je suis capable d'accomplir, pour dissimuler mon trouble – car il est toujours plus facile de traverser des fleuves à la force des bras que de parler d'amour. Nous passons deux ou trois îles nues, des langues de sable où s'aventurent des expériences de végétations que la prochaine crue recouvrira. L'autre rive approche, on distingue plus nettement les femmes qui terminent leur lessive sous le cagnard, les seins à l'air. J'ai l'adresse d'Elvis dans mon sac, cet Elvis qui nous mènera demain sur le chemin des murmures mais nous ne le savons pas encore. Je voulais de l'exotisme, je suis servi. Je commence même à me demander si ce voyage ne sera pas plus extraordinaire que tous les autres.

La tentation du Nil

« Et si je ne me plains pas, c'est qu'il est interdit aux chevaliers errants de se plaindre, quand bien même une blessure les mettrait les tripes à l'air. »
Miguel de Cervantes, *Don Quichotte*

Il est en bras de chemise, une chemise de popeline blanche à col cassé, achetée à Londres le mois dernier. Il se tient droit et son teint est encore hâlé. Il a repris quelques kilos depuis la dernière fois que nous l'avons vu, sur l'embouchure du fleuve Zambèze. Il est plus élégant. Ses cheveux sont peignés, mais pas sa moustache. Il a un nœud compliqué autour du cou, un papillon noir aux ailes avachies, il a dû s'y prendre à plusieurs fois pour le nouer correctement et le résultat n'est toujours pas fameux. Il est un peu nerveux à l'idée de ce qui l'attend. Il est en bras de chemise, il a posé sa redingote dans le vestibule car l'air est très chaud cet après-midi : il va retrouver ses enfants, qu'il n'a pas vus depuis six ans. Il va retrouver Agnès, 17 ans cette année, et Thomas, 15 ans. Il va retrouver William, qui aura 13 ans le mois prochain, et Anna-Mary, qu'il n'a jamais vue puisqu'elle est née pendant qu'il s'emmêlait les pinceaux entre les lacs, les affluents, les cascades, les plateaux, les savanes, les marécages, les mangroves, les lagunes et les estuaires de l'Afrique australe. Ses mains triturent un sachet de papier brun. Son menton tremble et ses yeux se perdent dans le décor, la lumière d'août tombe joliment sur les huisseries peintes en blanc cassé, en crème plus exactement, c'est ici que vivent sa mère et sa sœur désormais, à Hamilton, à quelques kilomètres de Blantyre, toujours en Écosse, mais il est temps de pousser cette foutue porte et les enfants sont de l'autre côté.

Agnès est la première à se lever de sa chaise. Elle voulait courir vers lui, mais elle se ravise. En face d'elle, Livingstone se tient droit, ou plutôt il est raide, exagérément raide. Il la regarde avec un tout petit sourire, il voulait bien lui tendre son paquet de bonbons à l'eucalyptus ou à la menthe, il allait lui donner son sachet en papier brun, mais c'est une femme qu'il a devant lui. Du moins, une grande jeune fille, presque aussi grande que lui, plus grande que Mary. Qui l'impressionne. Ses joues sont rouges, comme celles de sa mère, mais sa silhouette est plus élancée, c'est bien une Livingstone. Agnès le regarde avec un air vaguement amusé, elle a attaché ses longs cheveux avec des rubans de velours bleus et blancs, il paraît que c'est à la mode en ce moment. Elle est habillée chichement, les enfants n'ont jamais vécu dans l'aisance, le père a investi toute sa fortune – c'est-à-dire les droits d'auteur de son livre à succès – dans l'achat du *Lady Nyassa*, le steamer qui lui semblait indispensable pour achever son expédition zambézienne. Elle a un air triste maintenant, désolé, presque résigné, elle a si peu de souvenirs de cet homme. Derrière elle, Thomas s'avance respectueusement, William aussi. Mais Anna-Mary a peur de ce grand monsieur qui ne parle pas, avec sa bouche creuse et sa moustache en dessous-de-bras. Livingstone aurait bien aimé mettre un peu d'effusion dans ces retrouvailles, mais il n'a pas su, puisqu'il n'a jamais su. Il prend tout de même Thomas par les épaules, il passe sa main dans les cheveux d'Agnès, il est si content d'être près d'eux, mais il ne sait pas le dire. Il ne sait pas le dire et il a une boule dans la gorge qui l'empêche de parler. Il serre la petite Anna-Mary dans ses bras : elle pleure. Elle pleure pour tout le monde.

C'est le mois d'août 1864. David Livingstone est rentré en Angleterre trois semaines plus tôt, sans tambour ni trompette. Il n'est pas resté longtemps à Londres cette fois-ci, on ne lui a pas organisé de remise de médaille, nul banquet n'a été prévu en son honneur. En l'honneur de quoi, d'ailleurs ? La mission Zambèze a été un gouffre financier, elle n'a ramené que des morts et des embêtements. Un journaliste du *Times* en a fait un triste résumé : *On nous a promis du coton, du sucre, de l'indigo... Bien sûr, on n'a rien vu de tout ça. On nous a promis le commerce, et il n'y a pas de commerce. On nous a promis des convertis et il n'y a aucun converti. En trois mots, les milliers de livres sterling octroyées par le gouvernement n'ont servi qu'à engendrer des catastrophes.* L'ancien héros de l'empire britannique passe désormais pour un usurpateur. On ne se presse plus pour le saluer, on ne le reconnaît plus dans la rue ou dans les églises. L'explorateur à la manque ne fait plus rêver. On lui reproche ses promesses inconséquentes, les miroirs aux alouettes qu'il maniait comme un joueur de bonneteau. On lui reproche ses mensonges. On lui reproche tous les missionnaires morts, on lui reproche les 6 500 livres sterling qu'a coûté l'exploration de ce fleuve qui ne sera jamais vraiment navigable. Le fantasque Livingstone a été trop optimiste, il le sait bien. Il le sait depuis le début. Mais à force de s'acharner à y croire, il y croyait. Et peut-être qu'il n'aurait jamais rien accompli de sa vie sans cet optimisme, peut-être qu'il n'aurait jamais ouvert la voie pour que l'empire britannique vienne mettre son grain de sel dans la région. Livingstone essaie de flanquer l'échec de son expédition sur le dos des Portugais, en les accusant d'avoir transformé cette région fertile en théâtre de guerres et de famines avec leurs traites négrières, mais il s'empêtre dans ses dénonciations et comprend que ça ne sert à rien. Il argumente tout de même qu'il a cartographié le cours du Zambèze et du Chiré, qu'il a exploré tout l'ouest du lac Nyassa, ce ne sont pas des broutilles. Les critiques continuent de pleuvoir et ça le blesse, profondément – lui qui a passé son enfance à essayer de n'avoir que des bonnes notes à l'étude. Alors il se tait. Le chevalier à la triste figure s'enveloppe dans le silence, il s'enferme dans son mutisme, il n'insiste pas, même s'il est toujours convaincu que la couronne a une carte à jouer dans cette région. D'ailleurs, quelques années plus tard, l'empire britannique se battra pour occuper toute l'Afrique orientale, du Caire au Cap, mais le missionnaire aux semelles de vent ne sera plus là pour voir tout ça.

Ce mois d'août 1864, Livingstone monte lécher ses plaies en Écosse, sans prendre le temps de soigner ses ulcères aux intestins, qui le faisaient pourtant souffrir chaque jour en Afrique. Sans prendre non plus la peine de s'étendre sur la fantastique aventure de son retour en Europe, qui pourrait à elle seule alimenter un palpitant feuilleton sur plusieurs semaines dans les journaux : le globe-trotteur met six mois pour descendre jusqu'à l'embouchure du Zambèze, puis six autres pour arriver jusqu'à Londres – au cours desquels il traverse deux fois l'océan Indien. Oh, il aurait pu rentrer plus vite, mais le risque-tout avait décidé, une nouvelle lubie, de revendre le *Lady Nyassa* pour se renflouer, car il ne lui restait plus aucune économie et il se doutait bien qu'on ne lui offrirait pas son poids en pièces d'or à son arrivée en Grande-Bretagne. Il navigue jusqu'à l'île de Zanzibar, mille milles au nord, avec un équipage plus que restreint, mais n'y trouve aucun acheteur, personne n'est intéressé par cet esquif de douze ou treize mètres, destiné davantage aux fleuves ou aux rivières qu'à la houle de l'océan. Alors il prend une décision plus suicidaire que toutes celles qu'il avait prises sur le Zambèze : il repart en mer avec une poignée de ses indigènes transformés en moussaillons, il repart sur l'océan avec le projet d'arriver à Bombay, où il espère avoir plus de chance de refourguer sa coque de noix. Mais il faut faire vite, les moussons vont survenir d'une semaine à l'autre. Il appareille sans plus attendre, sans rien préparer : le *Lady Nyassa* accoste en Inde quarante-cinq jours plus tard, en loques – le trajet s'est fait à la voile, vent contraire le plus souvent. À peine débarqué, Livingstone cherche à brader son rafiot, sans s'accorder le loisir de se laver les mains, sans rapiécer sa chemise, sans se chausser convenablement. On le prend pour un éberlué, un énergumène, un saltimbanque, un escogriffe, un rastaquouère car personne ne fait ce trajet en cette saison. L'envoyé de Sa Majesté exige une audience avec le gouverneur de la ville mais celui-ci ne peut le recevoir, il a autre chose à faire ce jour-là, une maîtresse à câliner ou un match de polo à disputer. L'explorateur déclassé retourne errer sur les docks de la colonie, la peau sur les os, à la recherche d'un acquéreur, il tremble, il tremble, il termine la journée dans un tribunal, à écouter quelques procès sans importance, pour se protéger de la pluie, pour tuer le temps. Ici non plus, le *Lady Nyassa* ne trouvera pas preneur : le steamer restera rouiller dans le port de Bombay. Livingstone arrive toutefois à embarquer à bord du prochain ferry pour l'Angleterre, et c'est comme s'il n'avait rien fait.

Sa peau est toute hâlée de ce dernier voyage quand il retrouve Agnès, Thomas, William et Anna-Mary. L'aîné, Robert, n'est pas là, puisqu'on a perdu sa trace en Afrique du Sud, dans la région du Natal, alors qu'il était censé rejoindre son père pour se faire apprendre la vie à coups de marches extravagantes et de taloches sur le crâne. Robert a disparu pendant une année, où personne ne savait dans quel coup la forte tête de la famille Livingstone s'était encore fourrée. Celui-là, alors. Et puis, voilà qu'on a de ses nouvelles : il est en Amérique, il est aux États-Unis où il s'est engagé dans l'armée. En Amérique ! Dans l'armée ! Le *bad boy* est soldat maintenant, en pleine guerre de Sécession, dans les troupes du président Lincoln contre les Confédérés – il n'a pas choisi le camp des esclavagistes, c'est déjà ça. Le voilà chair à canon pour défendre la dignité des hommes noirs, tiens, c'est pour défendre la même idée que son père a épuisé toutes ses forces en Afrique. Il est parti donner son sang à cette noble cause pendant que son géniteur faisait d'inutiles ronds dans la savane – Livingstone en est troublé pendant quelques jours, il aimerait bien en savoir plus, mais les moyens de communication étant ce qu'ils sont...

Le révérend en permission veut se consacrer à ses enfants, puisque c'est ce qui lui reste – maintenant que Mary est enterrée au pied d'un baobab, maintenant qu'il a tout fait pour discréditer sa carrière de missionnaire explorateur. Il aime surtout passer du temps avec Agnès. Il veut prendre en main son éducation, qui avait été faite au rabais jusqu'à présent. Il lui cherche des précepteurs talentueux, elle apprendra en prime le piano et le français, il voudrait passer toutes ses journées avec elle, à la recherche du temps perdu. Ils discutent des travaux de ce compatriote naturaliste qui a fait parler de lui pendant l'*absence* de Livingstone en Afrique – appelons-la comme ça. En 1859, Charles Darwin sort son *Origine des espèces* aux éditions John Murray, c'est-à-dire dans la même maison qui avait publié les *Missionary Travels* de Livingstone deux ans plus tôt. Darwin établit ici la révolutionnaire théorie de l'évolution : soudain, l'homme n'est plus situé en haut de l'échelle des êtres vivants sur la Terre, il n'est qu'un animal comme un autre, ses caractéristiques physiques ont muté sur des millions d'années, tout comme des millions d'autres espèces, et seuls les plus adaptés à leur environnement ont survécu. Ce sont les girafons nés avec cette anomalie d'avoir un cou plus long qui ont finalement su le mieux se nourrir dans la savane arborée. Et l'homme descend du singe, ou plus exactement il partage des ancêtres communs avec les primates. Et avec les oiseaux, et avec les dauphins. Ainsi, ce n'est pas un dessein divin qui vient expliquer nos évolutions divergentes, mais une histoire de sélection naturelle, régie seulement par le hasard, effectuée sur des dizaines de millions d'années. Une loi du plus fort. Ou du plus adapté, pour être plus précis. Livingstone est ébranlé par cette hypothèse audacieuse, mais il ne la considère pas comme une hérésie – après toutes ses observations de la faune africaine, il la trouve plausible. Incroyable, disons, mais réaliste. Il a assez d'expérience pour ne pas être un fondamentaliste de la Bible, pour ne pas gober les saintes écritures à la lettre, pour laisser sa place à la science. Le livre de Darwin suscite de vigoureux débats dans tout le royaume, des discussions enflammées, de la dynamite. La plus célèbre confrontation entre partisans et détracteurs est organisée en 1860 par la British Association for the Advancement of Science, la société savante qui avait accueilli Livingstone en superstar avant son voyage au Zambèze – à l'époque, il avait fait rêver toute l'assistance avec ses promesses de jardins de Cocagne.

Justement, en septembre 1864, cette même British Association organise sa conférence annuelle, à Bath, et Livingstone y est convié pour faire le point sur sa chaotique expédition Zambèze. Il hésite à s'y rendre. Il devra abandonner Agnès pendant quelques jours et le congrès tombe pile au moment de l'anniversaire de William Oswell. Il devra suspendre la rédaction de son second ouvrage, *A Narrative of an Expedition to the Zambezi*. Surtout, il sait qu'il ne bénéficiera pas des mêmes égards qu'en 1857. Mais il accepte néanmoins, pour une seule raison : il va profiter de cette tribune, la seule qu'on lui accorde, pour tirer à boulets rouges sur les Portugais et leur traite négrière, qui continuent de bouleverser ces territoires alors même que l'esclavage est aboli par presque tous les pays d'Europe. Il rappellera que c'est le combat de sa vie. On n'attend pas autre chose du vieux voyageur : on l'applaudit à peine, et seulement par politesse. Il ne fait pas un tabac. Ce n'est pas lui la vedette, ce n'est pas pour lui que le public est venu.

C'est pour la joute verbale à laquelle doivent se livrer Richard Burton et John Speke, au sujet de l'épineuse question des sources du Nil. Car l'origine du plus long fleuve d'Afrique est toujours incertaine, c'en devient vexant. En 1864, les Européens connaissent l'altitude exacte de l'Everest dans la chaîne de l'Himalaya, ils ont navigué de long en large sur l'Amazone et peuvent donner la position du Pôle Nord au mètre près. Mais ils ne savent toujours pas tracer ce cours d'eau qui traverse tout le continent mystérieux pour aller se jeter dans la Méditerranée.

Burton et Speke sont deux aventuriers. Une forte tête et un romantique. Ils avaient découvert ensemble l'existence du lac Tanganyika en 1858, puis les deux explorateurs s'étaient brouillés à mort – on accomplit des kilomètres bras dessus bras dessous sous un soleil de plomb et, quand vient le temps des médailles, c'est chacun pour sa gueule. Lors de cette expédition africaine de 1858, le sage John Speke avait également trouvé le lac Ukéréoué, le plus grand des grands lacs de la région, pendant que Richard Burton délirait dans une case indigène, assommé par les fièvres ou par le soleil. Plus tard, lors d'un autre voyage, Speke retourne sur cette intrigante mer intérieure, il navigue sur cette vaste étendue d'eau qu'il n'oublie pas de rebaptiser lac Victoria pour plaire à Sa Majesté, et il a l'intuition que c'est de là que part le Nil. Le capitaine Speke rentre triomphalement en 1863, peut-être encore plus triomphalement que Livingstone après sa grande traversée du continent. Il publie son *Journal of the Discovery of the Source of the Nile*, tout semble limpide. Seulement, ça n'arrange pas les affaires de Burton, ce diable d'homme qui veut tout découvrir, tout savoir, tout essayer, qui a été officier en Inde, escrimeur et poète, un peu ethnologue (il mesure la longueur des pénis des indigènes dès qu'il en a l'occasion), qui parle vingt-neuf langues et onze dialectes, qui se vante d'avoir commis tous les péchés du Décalogue, qui montre une curiosité boulimique pour les perversions humaines. Qui fut l'un des premiers Occidentaux à atteindre La Mecque en 1853, déguisé en pèlerin, de la même manière que le Français René Caillié était entré à Tombouctou en 1828. Ça ne l'arrange pas trop que son ancien compagnon soit si populaire, alors il cherche un moyen de minimiser ce coup d'éclat. Burton reparle du lac Tanganyika, qui s'étire sur les planisphères comme une limace géante, pile dans le prolongement du Nil. Pour lui, c'est par là qu'il faut chercher, pas sur le lac Victoria, bien trop à l'est. Ce sont des calculs et des probabilités, rien de définitif. Des estimations. Du blabla. Ce qu'on peut les faire voguer, nos imaginations, dès qu'on nous met le nez devant des bouts de cartes approximatives et incomplètes, froissées à force d'être triturées dans tous les sens.

Le 16 septembre 1864, les deux hommes doivent donc débattre en public de l'emplacement de cette fameuse source du Nil. La querelle promet d'être houleuse, la tension monte, comme avant un grand match de boxe. Il y aura un gagnant et un perdant. Pendant les jours qui précèdent la confrontation, on ne parle plus que de ça. Richard Burton, excellent orateur et jaloux de la gloire de John Speke, devrait dominer son adversaire dès le premier round. Les bookmakers prennent les paris et les tickets d'entrée se vendent trois fois leur prix au marché noir. Mais, la veille du spectacle, John Speke se tue dans un accident de chasse. Il dérape et se tire une décharge de chevrotine dans le cœur, ou bien il se suicide de peur de perdre la face. Le débat est annulé et le mystère des sources du Nil attendra encore quelques mois ou quelques années avant d'être définitivement percé.

Ici, Livingstone se promène les mains croisées derrière le dos, il pense à cette région qu'il ne connaît pas. Peut-être qu'éventuellement, sur un malentendu... Mais non, ce n'est pas pour lui. Il ne fait plus le poids. Il n'a plus guère de crédibilité, il est fini. Il a 51 ans, ce n'est plus tout jeune. D'autant qu'il n'est jamais allé dans cette partie de l'Afrique, c'est plus au sud qu'il a mené ses précédentes excursions. Et puis c'est une question géographique. Or il ne faut pas oublier qu'il est missionnaire, même s'il n'a pas attrapé beaucoup de cloques dans les mains à distribuer des Bibles. Non, il veut passer du temps avec Agnès et il y a aussi les cadets, qu'il connaît si peu. Il doit enfin terminer la rédaction de son récit du Zambèze, le temps que ça prend d'écrire des livres. Il passe huit ou neuf heures par jour à son bureau, à relire ses carnets souillés de terre rouge, à mettre en forme les notes qu'il a prises sous le soleil, à enjoliver la réalité. Anna-Mary vient parfois le regarder travailler, elle le contemple gravement, comme s'il était n'importe quel étranger, un étranger à qui il aurait manqué des dents. Elle le contemple sans rien dire, peut-être qu'elle en est secrètement fière, peut-être qu'elle en est affreusement déçue. Même avec elle, il est maladroit. Au moment de lui dire qu'il l'aime bien ou qu'il l'aime tout court, sa bouche tremble et on ne sait jamais s'il va se mettre en colère ou s'il va détourner la tête. Car il est dur dans ses paroles, il déteste les questions dérangeantes et il déteste qu'on le contredise. Alors il s'emporte. Alors il devient humiliant et il décourage. Peut-être qu'il ne s'en rend pas compte, mais ça met soudain un vernis de glace sur le cœur et les sentiments se figent pour longtemps.

Au mois d'octobre, David Livingstone reçoit une lettre de son fils Robert. Ce n'est pas trop tôt. Une longue lettre dans laquelle le jeune homme décrit sa vie de soldat, les charges à la baïonnette, les batailles dans la boue et le bruit des canons qui fait sonner les oreilles. *J'essaie de ne jamais tuer personne pendant les combats, je vise toujours un peu plus haut,* précise Robert. Dans sa missive, il semble bien plus raisonnable et courageux que son père ne l'avait jamais imaginé. Il raconte comment il s'est retrouvé aux États-Unis, après une succession d'évènements malheureux et sans le moindre sou en poche, comment il s'est engagé sous le drapeau américain, qui ne comprenait que trente-cinq étoiles à l'époque. Il regrette maintenant toutes ses années sauvages, ses années d'errance, quand il fuguait de l'école ou de chez sa mère pour courir les tourbières, les rues mal pavées des faubourgs. Il espère que ce besoin impérieux qu'il avait eu de vagabonder sous le soleil ne l'aura pas définitivement égaré, et on ne sait pas très bien s'il parle de lui ou de son papa. La lèvre du père tremble. La lèvre du père tremble encore plus quand il lit que Robert a changé son nom de famille en arrivant aux États-Unis, il n'est plus un Livingstone désormais – même son fils le désavoue, alors ? Et ce n'est pas tout, à la place de la signature, Robert écrit : *Ton ancien fils*. Et la lèvre tremble encore plus, les mains tremblent, la lettre tremble, tout tremble.

Quelques semaines plus tôt, Livingstone se répandait encore en invectives contre son dépravé de fils, qui devait sûrement être en train de profiter de son nom, de son nom devenu célèbre, pour manigancer de nouveaux coups. Et voilà qu'il prend le large, voilà qu'il rompt toutes les amarres pour aller jusqu'où ? Jusque très loin, jusque dans le ciel ou au moins jusque sous la terre, puisque Robert meurt quelques semaines plus tard. Sérieusement blessé aux tripes lors d'une escarmouche en Virginie, il voit le sang se répandre sur son uniforme, il n'y croit pas, jamais il n'avait envisagé de terminer sa vie de cette manière, jamais il n'avait eu aussi peur. Il meurt le 5 décembre 1864, quatre semaines avant de fêter ses 19 ans. Est-il enterré à côté d'autres enfants qui ont grandi sans père eux aussi, ou sans mère, et qui ont échoué à la guerre car ils n'avaient nul autre endroit où aller ? Se tiennent-ils au moins chaud dans la fosse commune ?

Livingstone se frotte tristement le coude en regardant l'écorce des arbres par la fenêtre. Ou bien il triture sa moustache en repensant à ses premières explorations du désert du Kalahari, Robert dans les bras de Mary, Robert à califourchon sur un bœuf dont la sueur avait trempé le fond de culotte, Robert qui s'amusait à se cacher sous une couverture grise, pleine de vermine. Les rides de son front se creusent, il entend une plainte s'échapper de son corps, un long cri d'épouvante qui mettra des semaines à s'éteindre. Des mois. Des années, en fait. Ses épaules tressaillent, on dirait qu'il sanglote. Il frotte encore son coude. On dit qu'il y a toujours Dieu dans ces cas-là, mais ça ne suffit pas à le consoler. Robert est mort moins de trois ans après Mary. Si le père avait été là pour son fils aîné, s'il avait su lui donner un tout petit peu de confiance, pas beaucoup, les enfants n'en demandent pas tant que ça, s'il ne l'avait pas obligé à venir le rejoindre sur le Zambèze, alors l'adolescent ne serait pas parti se faire tuer à la guerre. Les prières semblent inutiles pour ce genre de regrets. On voudrait tout faire pour que ça n'arrive pas mais ça arrive quand même, on ne sait pas aimer comme il faudrait. Et puis ça lui fait beaucoup d'échecs à encaisser, quand il fait le calcul. Échec d'un père. Échec d'un mari. Échec d'un missionnaire. Échec d'un explorateur, qu'est-ce qu'il va devenir ? Les quelques pièces d'or qu'il a pu glaner à son retour sont déjà dépensées, il a intérêt à vite trouver un moyen de gagner sa croûte. Son frère lui conseille d'épouser une riche veuve. Oui, on ne voit pas trop ce qu'il pourrait faire d'autre.

Ou bien si, retourner en Afrique.

D'autant qu'il y a du nouveau, au sujet des sources du Nil. Samuel Baker, un autre aventurier britannique, vient de découvrir un lac – baptisé Albert, comme le prince consort – dans le prolongement de la grande limace du Tanganyika. Il a même envoyé un télégramme pour annoncer que le cours d'eau qui en sort, tout au nord, est le Nil, *assurément*. On attend son retour avec impatience, pour connaître les détails. Déjà, Livingstone sent des fourmis lui trotter dans les jambes. Il se rappelle les vagues propositions que lui avait faites Roderick Murchinson, le boss de la Royal Geographical Society, d'aller sur place pour régler cette controverse des sources. Il recommence à rêver d'Afrique. Un peu, d'abord. Puis beaucoup. Mais oui, c'est là-bas qu'il doit aller – où d'autre pourrait-il guérir son chagrin ? Il est trop plein de larmes, dans la froide Angleterre. Livingstone essaie de rassembler sommairement les connaissances dont on dispose sur la région, il se penche quelques minutes ou quelques heures sur la carte de l'Afrique et quand il se redresse, il a tout décidé.

Ce ne sera pas sur le lac Victoria qu'il faudra chercher la source du Nil, ni au nord du Tanganyika, mais au sud, en amont. Le quinquagénaire aventurier trace des cours d'eau imaginaires qui pourraient venir irriguer la grande limace, serpenteraient ensuite jusqu'au lac Albert et deviendraient le Nil blanc tel qu'on le connaît. Pourquoi pas ? Il y croit, en tout cas. Il les voit déjà. Et puis ça enterrerait la gloire posthume de cet impertinent de John Speke qui, avant son malheureux coup de fusil, avait reproché au vieux missionnaire de gommer les découvertes des précédents voyageurs sur le Zambèze pour tirer la couverture à son avantage, pour se placer en pole position. Il avait osé ! Livingstone ne l'a pas oublié, cet affront de Speke, d'autant plus blessant que le jeune homme touchait juste. Mais surtout, ça clouerait le bec de ce débauché de Richard Burton, que le stoïque missionnaire déteste pardessus tout. Il déteste la légèreté avec laquelle ce pervers se fiche de la morale puritaine et il condamne ses appétits sexuels gargantuesques – la légende raconte que Burton voyage dans les pays arabes avec un harem de femmes et on le soupçonne même, crime suprême, de pédérastie. Livingstone est révulsé par la liberté avec laquelle le dépravé mène ses explorations, presque par amusement, alors que lui, le vertueux, ne manque jamais d'avancer sa caution religieuse lors de ses voyages – des âmes à sauver, l'esprit de l'Évangile à faire rayonner, des missions à bâtir.

C'est d'ailleurs ce qui l'embête un petit peu. S'il part uniquement en quête des sources du Nil, il n'est plus du tout en position de missionnaire. Il adopte la position du géographe ou de l'explorateur, appelez-la comme vous voulez, beaucoup moins convenable pour un pasteur veuf. D'un autre côté, maintenant qu'il est décidé à partir, ce serait mal le connaître que de le voir prendre un air résigné en disant qu'il ne peut se permettre un nouveau voyage dans ces conditions. Livingstone retourne jeter un coup d'œil sur ses cartes froissées, il trace du doigt les pistes qu'il pourrait emprunter, il imagine des paysages à partir de ses souvenirs du lac Nyassa, il reprend ses carnets et tout coule de source. N'est-ce pas sur ce lac qu'il avait découvert l'ampleur de la traite arabe – qui lui avait paru dix fois, cent fois plus importante que la traite portugaise ? N'est-ce pas dans la région qu'il prévoit d'explorer, entre le lac Nyassa et le Tanganyika, que cette traite est la plus visible ? Don Quichotte va affronter de nouveaux géants, il piaffe d'impatience. Ce n'est pas seulement la source d'un fleuve qu'il part découvrir, on le verra aussi enquêter sur ces ignobles trafics qui déshonorent l'humanité. Le voilà reporter, maintenant. Missionnaire, médecin, explorateur, botaniste, géographe, cartographe, géologue, zoologue, astronome, linguiste, écrivain, progressiste et reporter. Sauveur de l'humanité. Il rapportera suffisamment d'informations sur la traite arabe pour bouleverser la reine et sa découverte des sources du Nil redorera son blason. Le missionnaire déchu retrouvera sa respectabilité, sa légitimité, sa gloire. On écoutera à nouveau sa ritournelle du commerce comme rempart à la traite négrière. On ne le prendra plus pour un vieux schnock. Il tiendra sa revanche.

Il doit trouver de l'argent. Il grappille 500 livres à la Royal Geographical Society et part faire la quête au Foreign Office. Le ministre des Affaires étrangères le reçoit sans égard, comme s'il s'agissait d'un vulgaire emmerdeur et lui cède 500 livres mais lui interdit de retourner en territoire portugais – le vieux follet serait capable de déclencher un incident diplomatique avec tous ses griefs antiesclavagistes. On le pousse vers la sortie, comme on raccompagnerait virilement un malpropre. Évidemment, l'irascible Livingstone prend la mouche de toutes ces humiliations qu'on lui inflige, alors que, tout de même, il retourne risquer sa vie sous les soleils furibonds pour faire rayonner la civilisation britannique. *Il était déterminé à ne plus remettre les pieds en Angleterre tant qu'il n'aurait pas trouvé la source du Nil*, écrit Tim Jeal. Quand il aura accompli sa découverte, alors les hommes regretteront le peu de considération qu'ils lui ont accordée, alors ils verront quel courageux chevalier il est. Ça leur apprendra.

Mais il lui faut encore de l'argent. Disons mille livres, de quoi faire tenir son expédition pendant une année supplémentaire, peut-être même davantage. Il va voyager au moins cher et cette fois il n'aura pas besoin de coûteux navires. Tout se fera à pied. Le secret d'un voyage réussi, c'est de partir léger. Livingstone cherche partout. Il regarde sous le sabot des chevaux, touche la bosse des bossus, prie le ciel, il met toute sa détermination à constituer sa cagnotte et finit par trouver son mécène – James Young, un de ses rares copains de fac à Glasgow, devenu millionnaire après avoir déposé le brevet de la paraffine. Il obtient enfin la somme nécessaire, hourra. D'autant que son deuxième livre va sortir et qu'il pourra peut-être empocher quelques royalties supplémentaires. La tête lui tourne, il ne pense plus à soigner ses ulcères aux intestins et n'a même pas le temps d'aller chez sa mère quand elle vacille puis lorsqu'elle s'éteint au mois de mai 1865. Ou peut-être en avait-il assez de voir tous ces morts autour de lui. Oui, sans doute en avait-il assez de ce monde qui lui apportait tant de tristesse et de déception, qu'il avait cessé de comprendre, qui changeait trop vite pour lui. Ce n'est plus le moment de s'appesantir, ce n'est pas le temps de se dire qu'il y a seulement un an, dans la même maison, il tremblait de retrouver ses enfants, son sachet de papier brun à la main. Livingstone monte au grenier, ouvre sa malle en peau d'hippopotame, sort ses vêtements de serge, râpés aux coudes et aux genoux, mais qui pourraient encore servir. Il coiffe sa casquette et se regarde dans le miroir, bombe le torse, rentre son ventre. En avant !

Un long vendredi de fiançailles

« Alors je suis monté et je l'ai trouvée, la fille aux yeux purs et innocents, que j'avais toujours recherchée, que je cherchais depuis si longtemps. Cette nuit-là, je lui ai demandé de m'épouser et elle a accepté, elle a consenti. Cinq jours plus tard, on se mariait. »
Jack Kerouac, *Sur la route*

L'air est moite, de plus en plus visqueux : si ça continue, nous nous déliterons complètement dans la pourriture de la forêt et personne n'entendra plus parler de nous. En attendant, nous avançons sous la canopée, avec de la boue sur nos chevilles, avec de la boue sur nos mollets ; de la boue sur nos genoux, et encore sur nos cuisses, sur nos sacs, sur nos bras, des giclures de boue qui fondent dans notre sueur. Nous avançons parmi les cris insolents des insectes excentriques, qui foisonnent partout autour de nous et dont je ne saurai jamais les noms. Leurs stridences se dilatent, se boursouflent, s'étreignent, c'est la voix de la forêt, l'unique voix de la forêt maintenant que les gros mammifères ont été exterminés. Il reste donc ce boucan, il reste cette escalade de bruits qui se déforment et prolifèrent au point d'en devenir inquiétants, voilà donc les fameux murmures de ce chemin imprécis. Mais puisque l'on s'habitue à tout, paraît-il, on s'habitue aussi à ce vacarme, comme on voudrait s'habituer à la chaleur et à la fatigue. Derrière nous, Joël vient de se prendre le pied dans un fourré, il tente de s'en défaire à coups de machette. Nous nous arrêtons pour l'attendre, j'embrasse un peu Belange car je ne peux m'en empêcher, et puis nous continuons notre odyssée, il ne faut pas perdre la cadence. Nous marchons comme un seul homme et je sens des bouffées de ravissement me caresser, me conquérir et me submerger. Je suis heureux de tout, du moment que je suis avec la femme que j'aime ; heureux de cette beauté qui nous est offerte, heureux d'avoir fait confiance à notre instinct puisque tout va bien pour l'instant, heureux de nos âmes qui se tricotent l'une avec l'autre. Des papillons s'envolent en fanfare, ils nous montrent le chemin, ils sont nos éclaireurs.

Le layon est sinueux comme une pelote de ficelle qu'un chat aurait déroulée lui-même, nous effectuons d'invraisemblables courbes, des lacets, des voltes et même des demi-voltes. Nous marchons, nous butons sur des racines, il ne faut jamais renâcler. Nous traçons notre chemin dans ce décor originel qui est celui de la profusion. Profusion d'humidité, profusion de chlorophylle, de chaleur, de mousse, de feuilles, de parfums, de vie, de bêtes, d'arbres, vivants ou morts, de lianes, de bruits sauvages, d'eau, de vie. Profusion de verts : vert bouteille, vert absinthe, vert chartreuse, vert menthe à l'eau, vert anis, comme cela donne soif.

Soudain, une odeur de fumée humide. Des voix se faufilent entre les troncs et s'embrelicoquent dans les feuillages.

Nous nous arrêtons aussitôt, nous nous concertons à voix basse, ou plutôt par gestes. Personne ne moufte. Ce n'est pas vraiment par inquiétude que nous nous tenons aux aguets, plutôt par goût du mystère ou parce que nous avons vu trop de films d'aventure. Mais, quand même, je pense aux trafiquants de drogue dont nous a parlé Elvis, aux esclavagistes, aux hors-la-loi de ce pays sans lois. Vais-je me retrouver comme Livingstone à leur faire la morale, Tu ne traiteras pas ton prochain comme une bête de somme ? Vont-ils nous loger une balle dans le front, ou découper nos têtes à la hache et les faire voltiger au bout de pieux, de lances ? On ne va pas tarder à le savoir puisqu'ils nous ont entendus, ils ont cessé de parler et l'un d'eux a repéré ma chemise orange. Ils nous hèlent, ils nous parlent dans la langue de la province, en kikongo. Ils nous invitent autour de leur feu. Ce ne sont pas des pirates, mais des chasseurs qui font boucaner l'antilope qu'ils ont tirée ce matin – une toute petite antilope de rien du tout, pas plus haute qu'un lévrier afghan. Il y avait du gros gibier quelques années plus tôt, des okapis, des phacochères et même des éléphants. Aujourd'hui, il ne reste que des antilopes ou des macaques, quelques cochons sauvages, d'éventuels porcs-épics. Dans leur besace, les chasseurs n'ont que des rongeurs à peine plus grands que leurs mains.

Ils sont trois. Dépenaillés au possible, équipés seulement pour la chasse. Leurs fusils sont rudimentaires, ils les ont fabriqués eux-mêmes. Ils ont une machette et des couteaux très bien affûtés. Leurs chemises et leurs pantalons ont pris la même couleur de mousse brune, la couleur de la terre ou des écorces. Ils sentent la brousse et la liberté, mais leurs dents sont gâtées. Ils pourraient nous braquer s'ils voulaient, ils connaissent la forêt mille fois mieux que nous et j'en vois un qui promène nerveusement ses doigts sur la gâchette de sa carabine. Au lieu de ça, le plus vieux nous propose une cuisse – une cuisse d'antilope, s'entend. Il la prélève de leur butin et l'offre à Joël, qui la met aussitôt à rôtir au-dessus des flammes. En échange, nous leur laissons trois chikwangues et des arachides, ils semblent emballés par ce troc ou bien simplement sont-ils très polis. La conversation porte maintenant sur les filiations qu'ils partagent, ils vont bien se trouver une connaissance en commun. Oui, ça ne rate pas : l'épouse de Joël est la nièce du mari de la fille d'une tante de la femme du vieux, c'est magnifique. Puisqu'on est en famille, Joël pose toutes les questions qu'il a sur le cœur, il se renseigne sur la route à prendre, sur le nombre de kilomètres qu'il nous reste à accomplir, sur les dangers potentiels. Les chasseurs sont très intrigués de voir ce Mundélé en chemisette orange. Ça les fait bien rigoler. Et ils rigolent encore plus quand Joël leur raconte que nous prenons ce chemin simplement pour aller rencontrer les Pygmées, que nous n'avons rien à vendre ni à acheter, rien à prendre et pas grand-chose à perdre, que c'est la simple curiosité qui m'amène alors que je viens d'un pays où tout le monde dispose de la sécurité sociale.

Oh, je ne suis pas le premier Mundélé à traîner par ici. Il y en a eu d'autres dans le passé – dans le passé infâme, odieux, sordide et triste du Congo. Car dans cette jungle incommensurable, peut-être à l'endroit même où nous sommes, cent ans plus tôt, cent dix ans plus tôt, c'était une horrible tragédie qui se répétait chaque mois, chaque semaine, chaque journée. Des Blancs venaient avec leurs fusils et leurs carnets de comptes, obéissant au délire d'un roi qui n'avait qu'un objectif : accroître son profit personnel. Ils arrivaient par surprise avec leur armée de soudards noirs, avec leurs sbires impitoyables – des anciens esclaves, des enfants soldats, des repris de justice – et transformaient les villages, les champs, la brousse en immense plaie béante, sanguinolente, dégueulatoire. Pendant vingt ou trente ans, à la fin du XIXe siècle et au début du XXe siècle, tout s'est mélangé dans une ignoble mélasse de brutalité, de cruauté, d'ivoire, de larmes, de sang, de caoutchouc, de dégoût, d'indignation, de suffocations, de fièvres, de fureur, de peur, de monstruosité. D'horreur. Oh, toutes les souffrances qui ont jailli, qui ont giclé aux pieds de ces troncs hagards et qui ont été oubliées, qui ont été dissimulées parce qu'elles étaient trop dures à raconter, qui se sont logées quelque part sous les écorces, en attendant leur jour. L'histoire est courte, mais elle est effroyable. Les premiers Européens débarquent à la fin du XVe siècle. Au début, ce sont des navigateurs portugais. Ils installent un comptoir sur le littoral, apportent des étoffes et quelques missionnaires, repartent avec de l'ivoire, de l'huile de palme, du café et, tant qu'à faire, quelques dizaines d'esclaves ou quelques centaines. Mais aucun ne s'aventure dans les terres. Il faut attendre l'audacieuse traversée d'Henry Morton Stanley, qui fut le premier Blanc à descendre le fleuve depuis le cœur de l'Afrique jusqu'à l'embouchure, pour que le Congo se matérialise sur les atlas. Pour que l'on commence à comprendre de quoi il retourne. Pour que l'Occident se rende compte que cette luxuriante forêt recèle un potentiel économique considérable et qu'il est temps de le mettre à profit. C'est Léopold II, le roi des Belges, qui se fourre le premier cette idée dans le crâne, lui qui rêvait tant d'agrémenter son modeste royaume d'une colonie exotique. Il avait cherché du côté de l'Argentine, sans succès. Il avait posé des pions vers l'océan Pacifique, la Chine, le Japon, le Vietnam, les Philippines, les Fidji, Bornéo, Java, Sumatra, on lui avait répondu jarnicoton. Rien pour lui. Pas d'exotisme. En fait, ce n'est pas tant l'exotisme qu'il cherchait.

Il avait bien compris combien pouvait rapporter une colonie, il avait vu le train de vie des Anglais depuis les Indes et celui des Français depuis qu'ils occupaient l'Afrique du Nord en plus de leurs îles des Caraïbes, il avait vu les Portugais avec leur Brésil, les Espagnols avec leur Mexique. Il ne voulait pas rater le coche. Alors, quand Stanley revient de son extraordinaire expédition, en janvier 1878, Léopold le prend par la manche, lui flatte l'épaule, lui met le grappin dessus. Il ne lui parle pas de ses projets exubérants, il essaie juste de s'informer. Le grand roi barbu et le petit explorateur moustachu parlent devant des planisphères, un crayon à la main. Léopold pose beaucoup de questions, Stanley répond, il ne voit pas bien où veut en venir ce monarque d'un si petit royaume. Ils se rencontrent à plusieurs reprises et chaque fois les yeux du cupide roi s'écarquillent davantage. En 1885, c'est la conférence de Berlin : quatorze États européens se partagent, avec beaucoup d'amabilités, ce filon très prometteur – une belle imposture pour rafler, dans les règles de la loi, les richesses d'un continent fabuleux. Ils règlent *dans un esprit de bonne entente mutuelle les conditions les plus favorables au développement du commerce et de la civilisation dans certaines régions d'Afrique.* Léopold II manœuvre pour se faire attribuer le Congo. Il parle de mission civilisatrice, il invoque des raisons humanitaires, il s'indigne de la traite encore pratiquée sur la côte et promet le libre-échange. Les plénipotentiaires opinent du bonnet, rien à dire, de toute façon le gâteau est si grand qu'on peut bien lui donner cette part, il a l'air de tant y tenir. Et voilà. C'est signé. Le 26 février 1885, Léopold obtient les deux millions de kilomètres carrés qui composent ce territoire inexploré, et même un peu plus, et il essaie encore de glaner d'autres collines supplémentaires au sud et à l'est, et il aurait bien aimé disposer aussi du littoral au nord du fleuve Congo, qui est finalement accordé aux Français. Le roi des Belges s'arroge un jardin grand comme quatre-vingts Belgique. Quand on dit s'arroger, ça veut dire s'approprier. S'accaparer. Le Congo devient sa propriété privée. Ce sera son lopin de terre, son terrain de jeu pour lui tout seul, ce n'est même pas pour son minuscule royaume. Comme c'est étrange, que c'est étrange. Une nouvelle forme de colonie, une colonie personnelle, si on veut, jamais personne n'y avait songé sérieusement. Un dixième de l'Afrique transformé en société anonyme pour le compte d'un seul homme – qui ne s'y rendra jamais, c'est trop loin, c'est trop risqué. Mais qui concocte déjà des plans, des idées, des projets. Enfin, un projet, un seul projet : tout rentabiliser, au maximum. Les frontières ne sont pas encore clairement définies ? Ça n'a aucune importance. Les habitants ne sont pas au courant de ce qui est en train de leur arriver sur le coin de la figure ? C'est leur problème. Léopold baptise son nouveau territoire État *Indépendant* du Congo, car il ne manque pas de cynisme, et les travaux peuvent commencer. Le moins possible de travaux, les coûts doivent être minimums. Il n'est pas question d'investir mais d'obtenir des bénéfices élevés. Et immédiats. Il n'est pas question de construire des écoles, des hôpitaux, non non non. Il s'agit de rendre le commerce plus efficace que n'importe où ailleurs. On dira ensuite que Léopold a poussé la mentalité capitaliste à son paroxysme – du moins pour l'époque.

Jusqu'à la fin des années 1880, les quatre ou cinq cents Blancs du Congo sont embauchés surtout pour entasser les défenses d'éléphants rapportées de la brousse. Leurs comptoirs sont principalement installés sur l'embouchure, ils surveillent la construction du chemin de fer le long des terribles chutes qui empêchent toute navigation sur les 400 derniers kilomètres du fleuve. Le pari du monarque est risqué. D'ailleurs il n'est pas du tout rentable, les premières années. Léopold doit débourser trois millions de francs or par-ci, cinq millions par-là. Presque toute sa fortune va y passer, si ça continue, et les bénéfices sont encore bien modestes. L'État *indépendant* frise la banqueroute, le roi est presque ruiné. Il doit emprunter à son gouvernement, qui lui accorde, en rechignant, vingt-cinq millions supplémentaires. Mais les résultats restent médiocres. Il faut encore augmenter les quotas, ce sont maintenant tous les indigènes qui doivent travailler pour le roi, sans quoi on les fouette, sans quoi on les tue. Un jour, le marché de l'ivoire commence à saturer – c'est-à-dire que l'on s'aperçoit que la ressource est limitée. Quarante mille défenses par an, combien cela fait-il de pattes et d'oreilles ? Combien d'éléphants sacrifiés pour remplir les carnets de comptes, pour fabriquer des touches de piano, des boules de billard, des peignes ? Vingt mille par an ? Cinquante mâles tués tous les jours ? Léopold a intérêt à inventer un nouvel impôt pour se refaire, sans quoi il va être obligé de céder son caprice à la Belgique pour éponger ses dettes.

Et c'est alors que survient un miracle. Du moins, un miracle pour Léopold. Car ce miracle est une malédiction pour tout le Congo. Et cette malédiction, c'est quelque chose de blanc qui devient noir ; quelque chose qui coule des arbres et qui va aider la révolution industrielle à faire un grand bond en avant. En Europe, c'est l'époque des entrepreneurs visionnaires et des inventions radicales, c'est l'époque du développement de la bicyclette et des premières motocyclettes, l'époque des premières automobiles. En 1888, l'Écossais John Boyd Dunlop dépose le brevet du pneu à air, fabriqué avec du caoutchouc.

Magnifique innovation. Qui améliore le confort, le bruit, la vitesse et l'adhérence des véhicules sur les routes, mais qui va plonger le Congo dans une insondable détresse – et le Brésil, et toute la jungle amazonienne, et l'Indonésie. En quelques mois, le cours du *bois qui pleure* dépasse largement celui de l'ivoire, d'autant qu'il sert aussi à gainer les fils électriques, puisque l'électricité va arriver dans les villes ; à gainer les fils du télégraphe qui corsète tous les points de la planète et à gainer les fils du téléphone. À fabriquer des bottes en caoutchouc ou des préservatifs, les premiers préservatifs qui étaient lavables et garantis cinq ans. Il en faut de plus en plus, les taux continuent de monter, débrouillez-vous comme vous voulez, je veux mille tonnes de plus l'année prochaine. En 1890, l'État indépendant du Congo produit cent trente-trois tonnes de latex. Dix ans plus tard, on est à cinq mille tonnes. Des navires repartent toutes les trois semaines du port de Banana, du port de Boma, du port de Matadi, chargés à bloc de cette substance élastique, imperméable, aussi précieuse que l'or.

Pour tenir les hallucinantes cadences, Léopold a constitué une Force publique, une armée de salauds chargés de faire respecter les consignes, sans quoi ils ne sont pas payés. Ce sont ces grognards, ces zouaves, qui brûlent les villages lorsque les indigènes n'ont pas assez bien travaillé ou quand ils se sont carapatés dans la forêt. Ce sont eux qui maintiennent les femmes en otage tant que tous les paniers ne sont pas remplis de sève blanche – ou qui les violent. Eux aussi, les coups de chicotte. Trente coups de fouet, cinquante coups de fouet, cent coups de fouet. La Force publique fait régner la terreur dans la jungle. Des soldats noirs obligés de torturer d'autres hommes noirs pour équilibrer les comptes du pompeux monarque. Mais, au fait, la mission civilisatrice avancée pendant la conférence de Berlin ? Tintin. Le bienfait pour l'humanité ? Foutaise. La lutte contre la traite ? Classement vertical. L'esclavage est remplacé par le travail forcé et c'est encore pire, finalement. Les indigènes sont dépossédés de leur sol, ils doivent désormais employer toutes leurs forces, toute leur énergie, toute leur vie pour satisfaire leur nouvel employeur. Ceux qui ne ramènent pas leur quota sont battus, fouettés, humiliés. Ceux qui renâclent sont exécutés sommairement, ceux qui travaillent docilement meurent de fatigue. Et ceux qui survivent n'ont plus le temps de cultiver leurs champs, ils ont faim, ils fuient, ils tombent malades, ils ne font plus d'enfants. C'est une hécatombe. Les morts sont innombrables, c'est-à-dire qu'on ne peut pas les dénombrer, puisqu'il n'existait pas de statistique à l'époque – puisqu'on s'en foutait royalement, pour tout dire. Mais il y a tout de même eu des estimations, des estimations basses et des estimations hautes, qui se chiffrent toutes en millions. En millions de morts, uniquement pour l'argent. En 1903, l'Irlandais Roger Casement adresse un rapport accablant au Foreign Office britannique, pour dénoncer les atrocités qu'il a découvertes dans l'État Indépendant du Congo alors qu'il servait comme consul de Grande-Bretagne à Boma. Il parle de trois millions de morts. Cent ans plus tard, le journaliste américain Adam Hochschild reprend tous les calculs, dans son livre *Les Fantômes du roi Léopold*. En comptant les malades, les épidémies, la famine, la chute de la natalité, il affirme que la délirante politique du rendement du roi des Belges a causé dix millions de victimes. Deux fois plus que la Shoah. Pour de l'argent.

Et puis, les mains coupées. Ah ! Les mains coupées. Ceux qui fuient et qu'on rattrape, on les tue. Pour l'exemple. Ceux qui ne remplissent pas les quotas de récolte, on les tue. Les sentinelles sont armées de bons fusils, qui fonctionnent même par temps de pluie, et chacune reçoit sa poignée de munitions tous les jours ou toutes les semaines. Mais ce sont des Noirs, il ne faut pas trop leur faire confiance, ils seraient capables de s'amuser à braconner avec leurs cartouches, ils pourraient les revendre. De l'ordre, de la discipline, sinon on ne va pas s'en sortir. C'est alors qu'un petit lieutenant a l'idée d'exiger une preuve chaque fois que l'on utilise une balle : les soldats devront justifier de l'utilisation de chaque coup de fusil. Comment donc ? Le lieutenant estime qu'une main droite serait assez efficace. Uniquement des mains droites, hein, pour éviter les doublons. C'est-à-dire qu'on coupe la main du cadavre, on la boucane quelques heures au-dessus du feu pour qu'elle ne pourrisse pas et on a sa preuve. Sa note de frais. Une cartouche, une main. Un coup de pétoire, une main droite. Ce n'est pas trop lourd à porter, dans les expéditions en brousse. On la met dans sa poche ou dans un petit panier réservé et on continue sa tournée d'inspection.

Voilà où nous a menés la folie du caoutchouc.

Et si le coup de pétoire partait tout seul ? Et si le caporal de la Force publique gaspillait une cartouche en nettoyant son arme, ou bien s'il n'avait pas pu s'empêcher de chasser une antilope ? Comment faisait-il, puisqu'il devait quand même ramener une main pour justifier sa cartouche ? Comment s'y prenait-il pour ne pas avoir à rembourser sa munition et à payer une amende ? Il hélait le premier venu, le premier bipède qui passait par là et lui tranchait le poignet d'un coup de machette ? Toi, là-bas, viens par ici j'ai un truc à te dire. Et quels rêves faisait-il la nuit ?

Les mains coupées, c'est une image indélébile, qui restera toujours dans l'histoire du Congo. Qui fait mal, comme l'image des bossus qu'on enfermait dans des cages au Moyen-Âge ou celle des pauvres qu'on laisse crever de froid sur le trottoir, cet hiver. Une image à laquelle on aimerait n'avoir été jamais confronté, mais qui a existé tout de même. Qui montre l'escalade de la terreur et l'engrenage des exigences de rendement impossibles à tenir. Qui raconte comment l'environnement colonial peut engendrer des monstres – des jeunes garçons, des puceaux partis faire fortune ou chercher des aventures sous le soleil des tropiques sans savoir où ça les mènerait, qui voulaient bien faire, qui ne comprenaient pas tout, qui s'ennuyaient, qui perdaient pied, qui gémissaient ou qui s'endurcissaient, qui se laissaient dévorer par le mal, qui devenaient fous, qui mouraient à 25 ou 30 ans.

Je ne sais pas pourquoi Léopold II a mené cette politique, alors qu'il était déjà si riche. Oh, bien sûr, il n'a pas gardé tout pour lui, il en a aussi fait profiter la Belgique, quand les affaires ont marché. Il a remboursé ses dettes. Il a fait construire des avenues, des arcades, des palais, des places, des casinos, des thermes, des monuments, des jardins avec tout cet argent accumulé. Il a garanti la prospérité économique et la fierté nationale de son petit pays. Mais pourquoi pousser si loin le massacre ? On dit qu'il n'était pas au courant, qu'il ne s'intéressait qu'aux chiffres et que le reste lui passait par-dessus la cafetière. Sa maison brûlait et il regardait à côté. Il regardait le carnet de comptes. Il fait bien mine de s'offusquer quand paraît le rapport Casement, alors que le consul britannique n'est pas le premier à dénoncer les exactions commises au Congo. Il rentre les épaules quand le journaliste anglais Edmund Morel lance une campagne internationale de sensibilisation, la première grande campagne humanitaire internationale de l'ère industrielle, pour faire toute la lumière sur ce désastre, pour mettre fin au travail forcé, pour *réparer les maux infligés aux races autochtones*. Léopold résiste comme il peut et puis la pression de l'opinion publique devient trop forte. Éclaboussé de toutes parts, il doit accepter de se déposséder de son bijou. Il doit céder sa colonie privée à la Belgique, qui réglera désormais les affaires courantes et le carnet de comptes. Mais auparavant, le roi ordonne de brûler toutes les archives, c'est plus prudent. Au feu, les informations qui concernent les vingt-trois années où il fut propriétaire exclusif de cette terre si florissante. Le 15 novembre 1908, le Parlement de Belgique vote l'annexion de l'État indépendant du Congo. Le roi des Belges décède un an plus tard.

Tout ne devient pas rose, du jour au lendemain, pour les *races autochtones*. Bien sûr, il y a moins de morts. Mais il faudra attendre vingt ou trente ans pour que la culture de la terreur se disperse, pour que l'angoisse s'apaise – car ce sont les mêmes Blancs qui continuent de travailler au Congo, ce sont les mêmes sentinelles qui pointent à la Force publique. Mais, tout de même, la Belgique construit des écoles et des hôpitaux. Le Congo devient peu à peu une colonie ordinaire. La plaie existe, ensevelie quelque part dans la forêt, l'horreur doit sûrement suinter de temps en temps, et la tristesse. Comment faire pour oublier toute cette folie funèbre ? Comment s'appliquer pour construire de belles routes, après ?

Les chasseurs sont repartis, ils nous ont salués et se sont fondus dans la brousse en direction du sud. Nous, nous avons pris vers le nord-est. Il faudrait que je trouve quoi répondre la prochaine fois que nous croiserons des races autochtones et qu'elles me demanderont quel vent m'amène ici. Il faudrait que je sache leur dire pourquoi je m'entête à réaliser ce parcours impossible. Nous n'avions pas prévu que le trajet serait si compliqué. Nous ne serions sans doute pas partis, nous aurions préféré le bord de mer, à siroter du lait de coco allongés dans nos hamacs. Seulement, maintenant, il est trop tard pour rebrousser chemin, nous n'aurions pas ce courage. Alors, avançons. Sans traîner, puisque nous avons encore beaucoup de kilomètres à accomplir.

Je tiens tant que ça à les voir, ces Pygmées. C'est qu'ils m'avaient fait de l'effet la première fois, avec leurs foutues mélopées. Je voudrais bien les saluer de nouveau, puisque je passe dans le coin. Je voudrais leur dire simplement que je pense à eux. Que je suis triste de voir leur culture s'effilocher, décimée par les forestiers qui ne pensent qu'à faire du profit comme le roi Léopold, pulvérisée par le progrès qui ne leur laisse même plus la liberté de choisir leur avenir. Et puis voilà, j'ai été envoûté, c'est la vie. Je ne me suis pas mis de cire d'abeille dans les oreilles le jour où je les ai entendu chanter pour la première fois et je ne suis pas attaché à un mât. Plaisir de la découverte. Tendresse un peu désordonnée pour les terres inconnues. Après tout, ce voyage, ce n'est que la suite logique de la longue errance que je mène depuis quinze ou vingt ans, pour chercher le monde tel que je me le suis représenté au milieu de l'enfance – dès que j'ai compris qu'il ne fallait pas croire tout ce que disaient les adultes, question de survie. Surtout, ce n'est pas très grave que le trajet soit si ardu. Je suis habitué et Belange n'a pas l'air très impressionnée. Nous savons que ce n'est jamais simple de partir en voyage, puisque tout semble s'organiser pour que nos vies soient sédentaires. Même au Congo. Il faut se lever tôt pour être nomade, depuis que l'on a inventé les frontières. Voilà ce que je leur répondrai. Je n'ai qu'un talent, c'est celui de m'émerveiller, devant les autres et devant les paysages. Peut-être que tout le monde l'a, ce talent, je ne sais pas. En tout cas, c'est celui dont je suis le plus fier. Je leur dirai ça. Ça et que j'aime la forêt, que j'en ai besoin, que j'en rêve. Que parfois je me réveille en me disant : c'est dans cette direction que je dois mener ma vie, sans quoi je ferai tout de travers.

C'est malin, leur question. Je n'arrête plus d'y penser, maintenant. Je marche en me triturant la tête, sur le layon qui se tortille de plus en plus. Que je revienne au Congo, d'accord. Mais pourquoi entreprendre ce voyage insensé alors qu'il y en a partout, de la canopée ? Pourquoi cette forêt, précisément ? Je prends la question par tous les bouts, je la reformule à chaque virage, à chaque bosse. Suis-je tombé amoureux de Belange en même temps que je tombais amoureux du Congo ? Ou bien serais-je tombé amoureux du pays parce que j'étais amoureux de Belange ? Ou étais-je déjà amoureux du Congo quand j'ai rencontré Belange ? C'est sûr, j'avais été bouleversé par la puissance de cet océan de verdure. Troublé aussi par la douceur de sa population, son humour, sa beauté, son courage ; son ironie aussi, sa manière de tout tourner en dérision, et sa créativité, sa débrouillardise qui m'enchante encore aujourd'hui. Touché enfin par la place que les Congolais accordent à l'improvisation et à l'imagination, la part de rêve qui fait partie de chaque existence et qui rend possibles les choses impossibles. Peut-on rentrer au bercail comme si de rien n'était lorsqu'on a voyagé une fois au Congo, dire que c'était intéressant et puis passer à autre chose ? Je n'ai pas su le faire.

Je respire à plein nez l'odeur de pourriture de la forêt, l'humus moisi mêlé à la chlorophylle. Belange a repéré une source, nous nous arrêtons. Je bois deux litres dans le creux de mes mains, pendant qu'elle m'enseigne comment reconnaître les arbres qui poussent près des points d'eau, leurs feuilles, leurs écorces. Joël s'est assis sur un tronc mort, il a sorti son manuel et s'applique à relire un chapitre, le front plissé, l'œil concentré. C'est à ses examens qu'il pense, pendant que je me dandine dans mes méditations, que je me vautre dans mes souvenirs, que je m'introspecte. D'ailleurs, à ce que je vois, mes Congolais n'en font pas un plat, de ce voyage. Belange chante, encore. Elle déballe le sachet d'arachides pour grignoter, elle n'éprouvera pas le besoin d'écrire un livre pour raconter ce petit voyage.

Mais il faut repartir, il faut toujours repartir, ne pas s'arrêter trop longtemps pour que nos muscles gardent leur esprit de compétition. Joël n'a lu que deux pages de son manuel, mais il va les faire mijoter dans sa tête pendant la marche. Je lui demande en quelle année il étudie, il me répond que son école se trouve à Kikwit.

— Et combien d'années te reste-t-il à faire ?

Il ne sait pas trop, il voudrait bien être secrétaire juridique ou fonctionnaire, mais les places sont chères et ça dépend de la note que l'on obtient à son diplôme.

— Justement, c'est un diplôme qui demande beaucoup d'années de préparation ?

Avec un clin d'œil, Joël me répond que le droit mène à tout, monsieur Guillaume. Je n'insiste pas, il faudrait que je songe à me débarrasser de ma rationalité d'Européen, que j'apprenne à mettre un peu de fantaisie dans mes pensées cartésiennes.

Les Congolais sont comme des hommes politiques : ils ont l'art de toujours répondre à côté de la plaque. Par les trouées des cimes, on voit le ciel gonflé par la chaleur, qui se dilate, qui se gondole, on dirait qu'il va éclater. Je marche en tête, je me sens en pleine forme et la route est sûre, les chasseurs nous l'ont attesté. Et puis, c'est toujours pareil, je n'ai pas fait douze pas que mes pensées s'échappent à nouveau, qu'elles se connectent anarchiquement, sans ordre, sans discipline. On ne parle presque plus, pour économiser notre souffle, alors tout se passe dans notre cerveau, qui n'est pas plus gros qu'une mangue et c'est fou, quand on y pense.

Le jour de mes 30 ans, j'étais à Cuba. J'avais longé une route du bord de mer. Je n'étais pas tout à fait seul puisque le sol était couvert de crabes rouges, un parterre de crabes rouges qui traversaient le bitume effrité au coucher de soleil, en bavant, sans doute allaient-ils forniquer dans la mangrove. J'entendais leurs grincements et quelques claquements de pinces, j'entendais leurs carapaces qui s'entrechoquaient, j'entendais la salive mousser dans leurs milliers de bouches, leurs dizaines de milliers de bouches. Je marchais en équilibre, dans leurs odeurs de varech, et ils continuaient de traverser, comme un troupeau de bisons, des bisons qui seraient grands comme la main. Je faisais attention à ne pas les écraser. J'avais peur de trébucher, de tomber et qu'ils se fraient un passage dans mon corps et me dévorent, mais j'étais heureux. Le rouge vif des crabes, le rouge orange du soleil qui allait bientôt disparaître derrière l'horizon, la dune pâle, les herbes jaunes et le bleu profond de la mer. La nature m'offrait ce spectacle, j'étais heureux. J'ai marché un kilomètre ou deux comme cela, puis j'ai entendu un bruit de moteur percer le silence. Un tracteur. Il arrivait tranquillement derrière moi et ses grosses roues aplatissaient les crabes par centaines, shlash, shlash. C'était un vieux tracteur rouge brique, couvert de poussière et de traînées de gazoil, qui crachait une fumée si noire dans le ciel si pur. Le conducteur s'est arrêté à ma hauteur et m'a demandé si je voulais monter dans sa charrette, j'ai répondu que non, car on ne doit jamais négocier avec la beauté du monde, avec sa perfection. J'ai continué de marcher sous l'azur avec mes crabes, avec l'alizé qui caressait ma tête nue, c'était dans les environs de Cienfuegos.

J'ai envie de voyager comme on a envie de faire l'amour. C'est une attirance impérieuse, une chaleur qui monte et qui picote, un désir fondamental qui se répand dans tout le corps et qui fait oublier tout le reste. Et c'est en voyage que j'ai fait l'amour pour la première fois. Elle avait obtenu une bourse pour étudier aux États-Unis, du côté de La Nouvelle-Orléans, j'étais allé la retrouver pendant deux ou trois semaines, sur un coup de tête. J'y avais mis toutes mes économies. J'étais parti avec Alan, mon fidèle compagnon de voyage, le même qui me rejoindrait dans la forêt guyanaise quelques années plus tard, chez les chercheurs d'or – à cette époque, nous allions trimarder n'importe où, en Turquie, en Grèce, en Roumanie, nous dormions dans des granges ou dans des moulins, sur des plages, et nous faisions notre toilette dans les rivières. C'est de sa sœur que j'étais amoureux.

Nous avions marché dans La Nouvelle-Orléans, devant les clubs de jazz, sur les places abruties de soleil, au bord du fleuve, au milieu des odeurs de cuisine sucrée. Des relents d'histoire flottaient dans tous les vieux quartiers, entretenus sans doute à grands soins par l'office de tourisme. Et quand nous en avions eu assez des façades en bois et des patios en fer forgé, nous avions loué une grosse voiture américaine, ne me demandez pas la marque, elle était bleu ciel et ronflait comme dans le livre de Jack Kerouac. Nous étions partis tous les trois sur les routes de Louisiane et du Tennessee, nous nous relayions pour conduire en nous arrêtant seulement quand nous avions faim ou soif, pressés d'arriver à je ne sais quelle destination. J'étais éperdument amoureux de Gwénolée, prénom authentique, mais tellement intimidé par sa beauté que je ne disais rien, ou je racontais des blagues, j'effleurais sa main, j'esquissais des sourires malheureux au paysage, je ne savais pas comment m'y prendre. J'avais posé mes lèvres sur ses lèvres juste avant son départ en Amérique, je ne pouvais pas attendre qu'elle revienne, six mois plus tard : c'était trop long. Seulement, je venais de faire huit mille kilomètres pour la rejoindre et j'avais encore peur qu'elle doute de ma sincérité. La deuxième nuit, il avait fait très froid, nous nous étions emmitouflés sous la couverture à l'arrière de la voiture et puis nous nous étions embrassés, ce n'était pas si compliqué finalement. Nous avions fait escale à Memphis, logés par je ne sais quel miracle dans un atelier d'artiste prêté par des amis d'amis ou des amis d'amis d'amis, je ne sais plus, je ne me souviens de rien d'autre que de l'amour. Nous avions dormi dans une pièce immense avec des baies vitrées qui donnaient sur la ville, un néon nous éclairait par intermittence. Dans mon souvenir, nous étions allongés sur la dépouille d'un ours blanc, très soyeuse, moelleuse, mais peut-être était-ce une vieille couette qui nous servait de paillasse. C'est là que les belles choses ont commencé, le grand mystère de la vie, je la remercierai toujours de m'avoir accueilli en elle avec tant de douceur, comme je la remercie aussi de m'avoir appris, ensuite, à jamais, la dureté de l'amour car il ne faut pas trop y croire – on est rarement aimé comme on voudrait.

Le lendemain, nous étions allés visiter la maison d'Elvis Presley, puisque c'est dans cette ville que le chanteur avait vécu et c'est là qu'il était mort. Il avait travaillé comme chauffeur-livreur pendant quelques étés avant d'embraser toutes les salles de concert des États-Unis, avant de devenir une idole planétaire et de grossir. Sa résidence, qui s'appelait Graceland, contenait des tas de pièces incroyables mais j'étais incapable de me concentrer pendant la visite, tant j'étais ébahi d'avoir fait l'amour. Je me souviens de serviettes de bain à l'effigie de la vedette et de quelques disques d'or, d'un grand lit avec des coussins de soie et d'une salle jaune équipée d'un mur d'écrans bombés, un mur de téléviseurs aux coins arrondis que le chanteur pouvait regarder tous en même temps lorsqu'il s'ennuyait, en buvant du lait, en mangeant des friandises, en prenant des cachets pour rester éveillé puis d'autres cachets pour s'endormir. Les idoles peuvent tout se permettre.

Tchap! Je me donne des claques. Joël aussi, d'ailleurs. C'est l'heure des moustiques sur le chemin des murmures. Intrépides, ils nous tournent autour, nous sucent les bras, les joues, les chevilles, les mollets, le cou, ils sont partout à la fois. J'essaie de marcher plus vite en gesticulant, comme un Italien, ça ne les impressionne pas du tout. Belange avance avec la même grâce altière et la même nonchalance, nullement incommodée par les insectes, elle a de fines feuilles lisses en équilibre sur ses oreilles.

— Ce sont des feuilles de citronnelle, tu ne sais pas les reconnaître?

Elle promène ses yeux autour de nous, se penche pour en cueillir d'autres, et nous les pose autour de la tête comme une maman l'aurait fait à ses enfants. Aussitôt, les moustiques déguerpissent.

— La forêt est une pharmacie gratuite, dit Belange.

Elle avance devant nous, souveraine, radieuse, en chantant le générique de Dallas, en se trompant un peu dans les paroles, ça nous fait rire, ça nous allège le cœur, sur lequel la fatigue commençait à peser. Je suis intrigué par l'odeur de sa sueur, une odeur agréable, rassurante. Une odeur qui me rappelle bien quelque chose, je n'arrive pas à dire quoi, c'est chaud, c'est sucré, c'est doux, bon sang, mais c'est bien sûr, le chocolat. Belange sent le chocolat, le parfum envoûtant du cacao pur. Je voudrais que le voyage jamais ne s'arrête.

Je voudrais que le voyage jamais ne s'arrête, mais je n'aurais rien contre une petite pause. Nous avons marché quarante ou cinquante kilomètres aujourd'hui. Si mes jambes avancent encore, c'est mécaniquement, sans rien comprendre à ce qui leur arrive, et uniquement parce qu'elles me font confiance. L'atmosphère de la fin de journée devient fiévreuse, lourde, Belange a progressivement arrêté de chanter, on ne l'entend que respirer. Elle veut bien être courageuse, mais il y a des limites. Elle ne marche plus très vite et ses yeux sont vides quand je viens la soutenir par le bras. Je découvre alors combien elle est épuisée – elle dit qu'elle a des torticolis dans tout le corps. Il faut continuer d'avancer pourtant, ce n'est pas un bon endroit pour bivouaquer. Je lui prends la main, mais ça ne sert à rien puisqu'on ne peut pas marcher côte à côte, le layon est trop étroit, il faut reprendre la file indienne. Je peux juste la décharger des chikwangues qu'elle porte toujours sur la tête. Ce matin, les chasseurs nous ont parlé d'une auberge à mi-route, nous avons cessé d'y croire depuis longtemps.

Et puis l'œil de Belange s'allume, elle a un joli petit cri d'oiseau et retrouve assez d'énergie pour marcher droit. Elle vient de voir un papayer et elle sait qu'il n'y a pas de papayers sauvages dans la forêt : il y a donc des hommes pas loin d'ici. Cinq lacets plus loin, le plafond de la canopée s'éclaircit et nous débouchons sur une clairière bien balayée, au milieu de laquelle est arrangée une hutte de branches et de feuilles sèches. Une femme s'active devant son feu de bois, elle prépare le dîner en donnant la tétée à son dernier-né. Son mari sort de la cabane et nous invite à nous asseoir sur une bûche. Nous mettrons cinq bonnes minutes à pouvoir articuler un vrai mot, car même nos mâchoires sont au bout du rouleau.

Nous sommes arrivés chez Vainqueur et Brillante – prénoms authentiques. Il est grand et fort, avec une moustache étonnamment bien taillée, comme s'il était une vedette noire américaine de musique soul ; elle a le visage fatigué par la vie en brousse ou par les grossesses successives. Ils vivent ici depuis très longtemps, avec leurs cinq ou six enfants, ce sont les aubergistes du chemin des murmures. Vainqueur nous indique une autre hutte à vingt mètres, encore plus petite que la leur, tellement petite que je ne l'avais pas remarquée en arrivant, et un terre-plein où l'on pourrait aussi dérouler notre natte. Toutes les facilités sont à notre disposition, on pourra même partager le ragoût de rongeur que Brillante est en train de touiller dans la marmite. Vainqueur nous fait la conversation, il nous demande combien de temps nous avons mis pour venir, quel est l'état de la route, quelles sont les nouvelles de Kinshasa, puis il va chercher un peu de bois pour le feu. Nos respirations s'apaisent, la douceur de la fin de journée nous enveloppe précautionneusement pour nous récompenser de tous nos efforts. Inutile de chercher plus loin, nous passerons la nuit ici, c'est la ville étape, dernière station avant la prochaine. Quand Belange a récupéré un peu d'énergie, nous descendons faire un brin de toilette. Brillante nous a indiqué un champ de maïs rabougris et un bosquet derrière lequel nous trouverons un ruisseau et une mare. Ce n'est pas loin, six cents mètres, mais nous nous traînons comme des petits vieux, considérant chaque pas comme une victoire. Serons-nous toujours aussi amoureux lorsque nous aurons l'âge d'être grabataires ?

Cette scène de bain, c'est comme un tableau qui n'aurait pas encore été peint. Tout y est, il n'y a qu'à placer le chevalet. La lumière filtrée par les feuilles, les dégradés de vert, les tremblements de l'air, le clair-obscur, les reflets dans l'eau, la verticale des troncs, l'histoire de ces deux corps nus qui profitent de la quiétude de l'instant et les fleurs bleues tout autour. Belange se frotte consciencieusement avec sa culotte qu'elle a bien savonnée – le cou, les oreilles, sous les bras, entre les jambes et sur le nombril, qu'elle appelle son embryon. Sa peau est douce comme la mousse du lait, comme les ailes des papillons qui volent au-dessus de nous. Et l'amour m'envahit, l'amour infini. Je ne sens plus la fatigue mais l'exaltation, la confiance, le désir, l'incertitude, le cœur qui s'emballe. Je suis tout à ce bonheur de me laver à côté de la femme que j'aime, que j'admire, que je voudrais protéger toute ma vie. Moi Tarzan, toi Jane. Si un léopard venait nous surprendre, je le ferais fuir à coups de tong sur les oreilles, je lui montrerais qui est le chef.

Je ne sais plus comment est arrivée l'idée du mariage. Belange y a sans doute pensé avant moi puisque les femmes sont plus sensibles à ce genre de romantisme, mais ne cherchions-nous pas un évènement à la hauteur des difficultés du voyage ? Ou bien nous arriverions chez les Pygmées, prendrions douze photos, clic-clac, et puis merci les copains, bye bye ? Nous leur offririons quelques savons et nos six boîtes de lames de rasoir, et ce serait tout ? Un peu court. Trop court. Soudainement, dans le souffle de notre épopée minuscule, nous avons commencé à projeter la célébration d'un mariage improbable et illimité chez les Pygmées. Oh, nous n'étions pas complètement sérieux. Nous savions bien que nous n'allions pas à Las Vegas, la ville aux trois cents noces quotidiennes. Ça tenait plutôt du rêve – mais pourquoi ne pas rêver puisque tout notre voyage se déroule comme un rêve, avec d'incroyables accidents de bonheur. C'est une folle inspiration, qui vient se ficher dans notre cœur, dans notre sang, dans notre respiration, qui prend maintenant la place des premières étoiles qui s'allument, une à une, dans le ciel bleu marine. Ce n'est pas raisonnable, de se marier à l'instinct, ou bien est-ce la chose la plus raisonnable que j'aie jamais accomplie de toute ma vie ? Et la raison, est-ce que c'est la vie ? Question du bac de philo. Tout pousse si vite, au Congo : notre amour ne déroge pas à la règle.

Devant la case de Vainqueur, Joël bûche son manuel de droit civil, tout comme s'il était à la bibliothèque universitaire. Il doit bien y avoir quelques informations sur le mariage, dans son livre – ça m'intéresserait de les lire, puisque je suis un peu concerné et que je n'ai jamais pensé à ces choses auparavant. J'explique à Joël notre emballement, notre passion, il accueille la nouvelle avec beaucoup de flegme, comme une évidence, puisqu'il sait bien combien nous nous aimons. Je regarde les pages qui m'intéressent, à la lueur de l'unique bougie, je vois des procédures, des contrats, des engagements. Comme en France, en fait. Je cherche un peu mieux, le chapitre parle du consentement des époux, des effets du mariage et de la communauté de vie. Mais ils n'indiquent pas comment l'homme doit s'y prendre pour demander la main d'une femme. Ce n'est pas une étape anodine. J'ai même l'impression que c'est la question la plus importante que j'aie jamais eue à poser, et ça l'est certainement. J'y pense en douce quand nous mangeons le ragoût de Brillante, j'y pense encore quand nous allons nous allonger dans notre cabane de branches enchevêtrées. Au milieu de la nuit, je sens Belange se serrer plus fort contre moi et je vois ses yeux briller dans le creux de mon épaule. Le désir monte aussitôt, en flèche, on trouve toujours des ressources dans le fond de son corps. La fatigue, c'est psychique, après tout.

Vers 3 ou 4 heures, des rats viennent à la queue leu leu fouiner du côté de nos sacs. Nous avons pendu les chikwangues et les arachides à une frêle solive, ils ne pourront pas les atteindre. Reste notre régime de bananes qui pourrait les intéresser. Je bouge, ils s'immobilisent aussitôt, tous, comme au jeu d'un deux trois soleil. Ils attendent quelques minutes, puis s'impatientent et reprennent leurs explorations, j'entends même leurs dents ronger un sac. Je bouge à nouveau, ils s'arrêtent. J'allume la lampe torche que Vainqueur nous a prêtée, ils déguerpissent. J'éteins, ils reviennent. Je bouge, ils s'arrêtent. J'allume, ils détalent. Je passe le reste de la nuit à faire clignoter la lampe à chaque offensive. La pile, denrée rare, est trop faible pour que je la laisse trop longtemps en marche – la lumière s'étiolerait au bout de quelques minutes.

À l'aube, quand Joël vient toquer à notre porte de branchages pour nous réveiller, je me rends compte que je n'ai presque pas dormi de la nuit. Heureusement, Vainqueur nous a préparé un café pili-pili, une tasse de liquide noir où baignent des morceaux de piment. Une boisson d'homme. Un breuvage qui électrise aussitôt chaque partie de mon corps. Ça tombe bien, il faut partir vite, nous avons onze heures de marche à accomplir, une soixantaine de kilomètres. Je salue tout le monde, y compris les trimardeurs que nous n'avons pas entendu arriver hier soir, six brutes chargées de fardeaux trente fois plus lourds et plus volumineux que mon timide sac à dos, qui s'étaient simplement couchées au pied d'un arbre, un peu à l'écart de la cabane de Vainqueur. Ils transportent du maïs, ils ont appris qu'une barge attendait sur la rivière Kasaï, ils y seront ce soir. Tout se fait manuellement au Congo.

La forêt tremble quand bon lui semble, elle respire, grince, gronde et s'étire jusqu'au ciel en faisant des trémolos avec ses feuilles. Tous ces bruits, on apprend à les reconnaître, à sentir ceux qui en appellent d'autres et ceux qui se suffisent à eux-mêmes. Pas gêné, un insecte vient se poser sur mon bras et me plante ses mandibules sans rien demander, j'ai le réflexe de me donner une tape et voilà, il meurt écrabouillé, une bouillie jaune brun, je ne saurais pas dire à quoi il ressemblait avant. Sa dépouille se décompose dans ma sueur, mais sa morsure prend de drôles de proportions. Ce n'est pas ça qui va m'arrêter, il m'en faut plus. Mais ça démange, maintenant. Et une heure après, j'ai l'avant-bras comme une pastèque. Je montre mon bobo à Belange, qui cherche sans paniquer une feuille bien précise autour d'elle, la cueille, met sa main dans sa culotte pour y prélever quelques glaires et m'applique sa mixture en cataplasme. Dix minutes plus tard, je suis guéri. Trente minutes après, on ne voit plus rien du tout. Qui es-tu, Belange Mampengu ?

Nous reparlons de notre mariage, nous nous imaginons les noces les plus folles, même Joël rigole. C'est bien, ça met de l'ambiance. Mais nos têtes bourdonnent, la chaleur devient redoutable, à la limite du supportable. Elle arrive de partout. Du ciel, des arbres, de la terre. Il faut enjamber des lianes, contourner d'énormes troncs effondrés en travers du chemin, les escalader parfois. Ne jamais s'arrêter, sinon la fatigue nous paralyse et les membres endoloris ne voudront plus repartir. Mon corps commence à se rebeller, à ce petit jeu, je lui redonnerai du courage à la prochaine source miraculeuse. Il faut l'utiliser au goutte-à-goutte, le courage. Comme hier, nous ne parlons plus pour ne rien dire. Nous gardons nos forces. Nous ne pensons plus qu'à la marche, c'est déjà beaucoup : nous pensons à ne pas buter sur les racines, aux fourmis à éviter, à l'horizon qui tangue vingt ou trente mètres devant nous. Nous pensons aux reptiles, une petite alarme interne nous prévient si l'on voit quelque chose qui rampe, qui ondule.

Joël s'arrête. Ce n'est pas un serpent, c'est qu'il n'est plus sûr de la route à prendre. Le sentier se divise en deux branches qui partent dans deux directions différentes. On tente un côté, tout nous dit que ce n'est pas le bon. On revient sur nos pas, mais rien ne nous dit que le second embranchement est plus juste. Et ici, pas de papillons bleus pour nous piloter. Nous sommes perdus. Belange propose de manger, puisque nous sommes arrêtés. Elle est confiante. Elle est toujours confiante et j'apprendrai ensuite qu'elle saura toujours me rassurer. La fatigue devrait tirer les traits de son visage, mais non, elle est aussi fraîche que si elle sortait de deux semaines de thalassothérapie. Moi, j'en profite pour souffler, pour cracher, mes jambes me font plus mal qu'hier. Nous partageons une chikwangue, les yeux dans les yeux, et Belange me fait croquer des fruits rouges et roses qu'elle a ramassés en chemin – on adapte le romantisme aux moyens du bord. Joël, qui était parti en reconnaissance, s'amène avec un franc sourire : le fin limier a trouvé une peau de banane sur la seconde, c'est sûrement par là qu'il faut continuer. Maintenant, il s'agit de ne plus se disperser. Nous rassemblons toutes les miettes de courage qui nous restent, ça ne fait pas beaucoup. Je prends un bâton pour accompagner mes foulées, peut-être qu'il m'aidera à avancer un peu plus vite. Mais si j'avance plus vite, je fatigue plus vite, aussi. C'est le moral qui nous fait tenir ? La fatigue, c'est psychique ? J'aimerais bien le voir à ma place, celui qui a dit ça.

Elle est originale, cette forêt, mais je me dis que nous serions aussi bien à nous laisser bercer par les flonflons d'un bal du 14 juillet. Comme tous les amoureux. Le processus classique : on se trémousse quelques heures, on se revoit deux jours plus tard, on va au cinéma, on s'invite chez l'un ou chez l'autre, on a bientôt une petite place dans la penderie pour y mettre nos vêtements et on lave son linge sale dans la même machine, on finit par s'installer ensemble, c'est plus simple, on va voir du pays la main dans la main, on s'ennuie un peu, on achète un canapé, on se dit qu'on finira bien par avoir un enfant, mais si on se mariait, d'abord ? Nous, on fait tout, tout de suite. Y compris la lune de miel, y compris le voyage de noces. Mais, au fait, j'y repense, je ne sais toujours pas comment je m'y prendrai pour lui demander sa main. C'est intimidant. J'essaie de mettre au point un scénario, il n'y aura personne pour m'aider, là, et puis soudain j'entends des voix. Des voix qui s'avancent vers nous, ce sont d'autres transporteurs. Joël discute avec eux.

— C'est la bonne route pour Oshwé ?

C'est la bonne route.

— Combien de kilomètres ?

— Dix-neuf.
— Sûr ?
— Oui oui.

Ils sont formels tous les trois, ils nous montrent un ruisseau à trente mètres, c'est leur point de repère pour les dix-neuf kilomètres. Je m'organise, je refais mes calculs, en conciliabule avec mon corps. Dix-neuf kilomètres et, en échange, un bon lit douillet dans la villa du pasteur. Je peux les faire. Le soleil est encore haut, nous arriverons avant la nuit – qui tombe à 18 heures au Congo, qu'il pleuve ou qu'il neige. Nous profitons de ce nouvel arrêt pour avaler nos dernières bananes, il faut se donner de l'énergie. C'est vrai que tout est question de moral, de psychisme. D'ailleurs je n'ai même plus besoin de mon bâton pour marcher, je le lance comme une sagaie. Je lisse ma barbe de six jours, bombe le torse, en avant, marche !

Tout de même, c'est dommage que nous n'ayons pas pensé à prendre un podomètre. Cela nous permettrait de mieux évaluer notre rythme de marche. Jambe droite, jambe gauche, jambe droite, jambe gauche. Je ne fais plus le moindre geste inutile. Même tourner la tête pour suivre le vol décousu des papillons, je ne le fais plus. Même quand Belange me montre ce terrifiant serpent vert, lové sous un feuillage aussi vert que lui, qui nous observe, l'air beaucoup plus renseigné que nous. Il est très dangereux, murmure Joël, et sa voix tremble. Nous contournons le monstre émeraude, à petits pas, nous n'aurions pas la force de courir de toute façon. Nous avons cessé de nous raconter des blagues, nous sommes sérieux comme des papes et les charmes de la forêt ne m'intriguent plus du tout. Ce qui m'intéresse, mon unique objectif, c'est d'arriver à Oshwé. Nous avons marché douze ou quinze kilomètres, peut-être davantage. Dans peu de temps, nous verrons les premières paillotes des Pygmées.

Avec Belange, nous nous imaginons une clairière où seraient regroupées quelques minuscules huttes, une marmite au centre, des petits enfants qui tètent leurs mères, quelques chiens, de la fumée, et les hommes qui se préparent à la chasse, qui parlent avec la forêt. Joël se permet de nous corriger, il nous avertit qu'il n'y a pas que des Pygmées à Oshwé, on y trouve même davantage de grands Noirs – c'est-à-dire les Bantous venus du Nigéria ou du Soudan pour coloniser le pays, il y a deux ou trois mille ans, et qui constituent aujourd'hui l'ethnie largement dominante au Congo. Joël dit aussi qu'il y a quinze ou vingt mille habitants à Oshwé, que c'est un très grand village. Et comme les familles font beaucoup d'enfants, la population double tous les cinq ans. Mais nous sommes tellement dans nos imaginations que nous ne l'écoutons pas, nous restons dans notre image de Pygmées du néolithique. J'apprendrai à tirer à l'arc et j'irai chasser avec les hommes, s'ils veulent bien de moi – mais je viserai toujours un peu plus haut, pour ne blesser aucun animal. J'ai du mal à visualiser la villa du pasteur Félicien dans ce décor, mais passons. J'ai repris un bâton, finalement, pour accompagner ma jambe gauche, qui fatigue. Et j'en prends un second, pour aider la droite. Je compte mes pas, quatre-vingts, quatre-vingt-dix, cent et on reprend, dix, vingt, trente. Au bout de mille, ça fait un kilomètre, non ? Seulement, là, ça fait déjà seize ou dix-huit mille pas et toujours pas la moindre paillote pour nous annoncer le village des Pygmées. Ma poitrine brûle et mon sac me scie le dos, alors qu'il est plus léger qu'un nourrisson. Pour m'occuper, je fais l'inventaire de ce que je transporte d'inutile : tout, en fait, puisqu'il n'est besoin de rien d'autre que d'un coupe-coupe et d'un peu de chikwangue. Rien d'autre. Si, un podomètre, éventuellement. Entre mes jambes, la peau de mes cuisses brûle à force de frotter, mais je n'ose pas le dire. J'avance. J'avance comme je peux. Mon corps tire, grince, comme une vieille chaloupe au bout d'une très longue traversée. D'ailleurs, ne devrait-on pas être arrivés à quai, là ?

Voilà plusieurs heures que nous avons croisé les transporteurs. Nous avons marché comme des militaires et toujours aucun signe de village, de clairière, de vie humaine.

— Ça va venir, dit Joël pour me rassurer.

Il n'en sait rien. Mes jambes sont des grelots. Mes muscles sont durs et fragiles comme du cristal, ils tremblent dès que je m'arrête plus de huit secondes et je dois faire attention à ne pas les entrechoquer, ils se briseraient. Alors on repart, puisqu'on ne peut pas s'arrêter, accompagnés par les relents de pourriture et par les centaines de milliers d'arbres qui nous regardent ahaner. Et puis si, voilà de la vie humaine, tout de même. Nous tombons nez à nez avec un autre groupe de transporteurs que nous n'avions pas entendu venir, ils sont tellement pressés qu'ils ne prennent pas même le temps de s'arrêter en nous croisant. Joël leur demande la distance d'Oshwé, le dernier des convoyeurs crie VINGT-CINQ KILOMÈTRES et on ne les entend plus du tout. Un grand silence s'est fait dans la forêt ou dans ma tête, un terrible frisson parcourt nos échines. J'ai sûrement mal compris. Combien a-t-il dit ? Vingt-cinq kilomètres. VINGT-CINQ KILOMÈTRES ? Ah ah. Le coup de grâce. Mon corps se met en alerte rouge. Il s'arrête même de trembler quelques secondes, comme quoi tout ça c'est psych... oui, bon, c'est pas le moment. Je l'ai trahi. Je lui avais promis dix-neuf kilomètres, nous les avons dépassés depuis longtemps, et nous sommes encore si loin du compte.

Ça sent la mutinerie interne. Je voudrais bien m'asseoir pour discuter, faire le point, rassembler les forces vives de ma nation, mais si nous nous arrêtons, nous n'aurons jamais le courage de repartir. De toute façon, le layon est si étroit que nous pourrions à peine nous asseoir. Et puis, il y a beaucoup de fourmis par ici.

Je ne crois plus en rien, je marche au hasard, un bâton dans chaque main, dans le tunnel sans fin de ce tombeau végétal. Belange essaie de chantonner pour nous donner du courage, un air que je ne connais pas mais qui nous donne un peu de courage, oui, je ne sais pas où elle trouve toute cette force. Hier soir, j'étais fier de la prendre dans mes bras pour la rassurer et de lui dire des mots bleus pour la motiver. Cet après-midi, je ne peux même plus parler tant je suis fatigué, tant je suis déçu. Belange voit bien que je suis déçu. Elle propose de prendre mon sac pour m'alléger, puisqu'elle n'a plus de chikwangues à porter sur la tête, nous les avons toutes mangées. Je résiste vigoureusement – un peu de dignité, tout de même, c'est tout ce qui me reste. Non c'est non, n'insiste pas ma jolie. Quatre minutes plus tard, elle avance devant moi, mon sac sur ses épaules, et je me traîne avec mes deux bâtons que je n'arrive même plus à manier correctement, ils se prennent dans les herbes, ils s'embourbent dans la glaise rouge, je trébuche sur chaque racine. Et j'ai toujours mal entre les jambes. Si mal que je lui dis, à Belange, combien ça me brûle, je crois qu'elle lève les yeux au ciel mais elle me répond que c'est normal, avec sa voix très douce. Alors elle s'arrête, ouvre son sac à main et sort sa boîte de talc – la petite boîte de talc qu'elle avait tenu à amener le matin du départ (je lui avais dit : Tu crois que c'est le moment de s'encombrer de talc ? Nous allons en forêt je te signale, pas dans une pouponnière). Elle défait d'autorité mon pantalon et me tamponne l'entrecuisse avec ses doigts magiques. Quand je raconterai ça aux copains.

Le temps ne compte plus maintenant. Mais, plus tard, vers la fin de l'après-midi, nous rencontrons un premier Pygmée. Ç'aurait dû être un évènement grandiose, ces salutations du valeureux Mundélé au noble Pygmée, or je n'arrive même pas à soulever mes paupières mi-closes pour bien le regarder. Il n'est pas grand, mais il n'est pas tout petit non plus, il fait la même taille que Joël. Il porte un short sale et un tee-shirt troué, il est coiffé d'une casquette délavée. Il parle avec un drôle d'accent saccadé, Joël le comprend à peine. Il n'a presque plus de dents, son regard est doux, très doux. Il s'appelle Longomo. Longomo. Il voit bien que nous sommes mal-en-point, surtout le Mundélé appuyé sur ses deux bâtons, la chemise trempée de sueur. Il devine que nous avons soif. Vainqueur nous a appris hier soir que les Pygmées n'avaient pas le droit d'échanger leurs ustensiles de cuisine – on ne sait pas d'où vient cette coutume – mais Longomo arrache une large feuille qui nous servira de récipient et nous verse de généreuses rasades de son eau. Ça va mieux, mais je tremble encore. Joël demande à combien de kilomètres se trouve Oshwé, le Pygmée nous répond très franchement qu'il ne sait pas, qu'il ne s'embarrasse pas trop avec les kilomètres, que c'est plutôt en heures de marche qu'il calcule. Moins de trois heures, dit-il. On pourrait arriver juste après la tombée de la nuit.

C'est jouable.

Mais non, ce n'est pas jouable. Je traîne toujours davantage. Je suis décousu. Belange m'attend pour me réconforter, elle se moque gentiment de mes bâtons qui s'emmêlent partout, seulement je n'ai plus trop le cœur à rigoler. Nous progressons à la vitesse d'une tortue et la nuit vient tout aveugler. Il va falloir bivouaquer. Longomo nous a signalé un endroit à trente minutes de marche, mais ça dépend de la vitesse.

Je dois être allongé près d'un feu. J'entends le bois qui crépite, qui claque, et des bruits de voix – mon cou est si dur que je ne peux pas tourner la tête. J'attends. Je parle à mon corps endolori, j'essaie de me faire pardonner de lui avoir menti, j'essaie de recoller les morceaux. Tiens, Belange est au-dessus de moi. Elle me masse le dos, les épaules, les reins. Dans mon demi-coma, je la vois se lever pour aller arracher les feuilles d'un arbre qu'elle a repéré à l'autre bout de la clairière et les faire chauffer au-dessus des braises. Je respire encore difficilement et tous les bruits semblent ralentis. Belange revient. Elle déboutonne ma chemise et mon pantalon, elle me masse longtemps avec les feuilles chaudes, elle chante une comptine, elle me frotte avec ses feuilles pleines de sève magique et je ne sens plus rien ou bien je m'endors.

La nuit est tombée depuis longtemps. Le ciel clair est clouté d'étoiles, mais elles m'apparaissent toutes floues, il faudrait que je me repose encore. Je respire. Je prends le temps d'exister à nouveau. Mes muscles se sont enfin assouplis, je peux tourner la tête. Je peux même me redresser sur mes coudes, hop. Nous sommes sur une petite clairière en pente, trois autres voyageurs bivouaquent avec nous. Les étoiles m'apparaissent plus nettement, c'est comme si une bonne âme avait allumé des millions de bougies autour de nous. Je vais même essayer de me lever. Je ne tiens pas tellement droit sur mes jambes, mais je n'ai plus mal. J'arrive à mettre un pied devant l'autre. Je suis fier, comme la première fois que j'ai marché dans l'herbe lorsque j'étais enfant. J'essaie même de courir, mais je n'y arrive pas – ce n'est pas grave, une chose à la fois. Je descends vers la rivière, avec ma fée. La vie recommence. Oui, c'est comme si c'était une nouvelle vie qui commençait. Les étoiles sont descendues du ciel pour virevolter entre nous, on pourrait les prendre entre nos doigts si on voulait, ou bien ce sont des lucioles qui nous parlent d'amour. Qui nous disent : la forêt est un palais des mille et une nuits. Ce soir, je n'ai plus d'autre famille que le monde autour de moi, qui grouille, qui grince, qui bourdonne, qui grésille, qui stridule, qui pétille, qui étincelle, qui chatoie et qui rutile. Qui resplendit. Et la lune se dresse au-dessus des cimes, elle fait miroiter les feuilles, elle glisse sur nos peaux, elle fait scintiller la rivière, elle m'enhardit, comme une tante aimante qui viendrait m'épauler dans les limbes de cette forêt enchantée. Le moment est unique, c'est-à-dire qu'il ne se reproduira pas deux fois. Alors, sans réfléchir, poussé par l'exaltation, en laissant venir les mots comme ils arrivent, je demande à Belange si elle veut bien être ma femme, si elle veut bien m'épouser. Elle répond dans un murmure si faible que je ne l'entends même pas, j'ai peur qu'elle ait dit « Tu veux rigoler ? » Mais elle sourit de toutes ses dents blanches et fait jaillir un grand OUI de son ventre, de ses poumons, de son cœur ou de son âme, elle crie OUI et ce oui résonne dans toute la forêt ce soir-là, et il résonne aussi fort aujourd'hui quand je ferme les yeux, il m'accompagne partout où je vais. C'est le plus beau oui. Du moins, je ne pouvais pas en espérer de plus beau.

Zigzags

« Pour la liberté, tout comme pour l'honneur, l'on peut
et l'on doit risquer sa vie. »
Miguel de Cervantes, *Don Quichotte*

La colonne progresse au milieu des herbes jaunes et des chardons mauves de l'immense savane. Le ciel brûle, le soleil tombe à plomb sur les crânes, sur les oreilles et sur les cornes de ce singulier safari : trente-six hommes, dont un seul Blanc, et une harde hétéroclite de six mules et de quatre ânes, de quatre buffles et six dromadaires. C'est une idée de Livingstone, d'emmener toutes ces bêtes avec lui, pour porter les bâts mais aussi, petite expérience, pour étudier leur résistance aux piqûres des mouches tsé-tsé. Seulement, le bétail est si mal traité que tous les animaux vont mourir, de tristesse ou d'épuisement, avant que l'on puisse tirer de valables conclusions scientifiques. Ça beugle, ça blatère, ça brait et les portefaix sont nettement moins motivés qu'au premier jour. Après avoir débarqué son arche de Noé sur la côte de l'actuelle Tanzanie, un peu au nord de l'embouchure du fleuve

Ruvuma, le docteur Livingstone a commencé par la fourvoyer dans une jungle inextricable pendant plusieurs jours avant de gagner cette plaine de fourrés jaunes et de frêles acacias – qui est à peine plus praticable.

Ils sont trente-cinq à suivre l'étonnant voyageur. Il y a douze cipayes, des mercenaires hindous recrutés à Bombay – car le docteur a encore fait un détour par l'Inde, de septembre 1865 à janvier 1866, avant d'aller ficeler ses derniers paquetages à Zanzibar. Il a également ramené de la colonie britannique douze Africains, des anciens esclaves pour la plupart, parmi lesquels Chouma, Souzi, Wikatani et Amoda, qui avaient déjà participé à l'éprouvante mission Zambèze. Enfin, Livingstone a embauché dix costauds des Comores, venus de l'île d'Anjouan, à deux mille encablures du continent noir. Et un guide, qui connaît vaguement la route à prendre, ça peut toujours servir. Le missionnaire aurait préféré voyager avec un minimum de soixante hommes, seulement il n'a pas trouvé davantage de volontaires pour l'accompagner. C'est que la région n'est pas sûre, avec tous les négriers qui sévissent dans les parages et tous les conflits tribaux que ça entraîne. À Zanzibar, au marché aux esclaves, Livingstone a été outré de voir que les affaires se portaient mieux que jamais : vingt mille hommes ont transité par cette lugubre plaque tournante au cours de l'année 1865, vingt mille hommes que de riches Arabes inspectaient de la tête aux pieds, biceps, dents, dos et orteils.

Trente-cinq porteurs, donc. On parlera aussi d'eux, un peu, car c'est tout autant leur exploit d'accomplir ces marches exténuantes, ces inutiles circonvolutions dans l'inconnu, avec trente ou quarante kilos sur les épaules. On parlera surtout de ceux qui resteront jusqu'au bout de cette hallucinante farandole – ils ne sont pas nombreux. La colonne avance en direction du lac Nyassa, que Livingstone connaît déjà puisqu'il avait commencé à en cartographier les berges lors de sa précédente excursion. Le voyageur sue sous sa casquette épaisse, il a soif et ses intestins recommencent à lui faire terriblement mal. Mais, si on regarde bien, on le voit sourire et ses yeux s'égaient quand il les pointe vers la fournaise de l'horizon. *Le plaisir physique du voyage est très grand par lui-même*, écrit-il dans son journal. *Un sang renouvelé circule dans les veines, l'esprit est lucide, l'intelligence active, la vue nette.*

Ce mois d'avril 1866, Livingstone pense à l'inconnu qui s'offre à lui. Il pense aux sources du Nil qu'il a intérêt à débusquer pour redorer son blason. Alors son cœur s'emballe comme il s'emballait devant Catherine Ridley, son premier amour, sur les bancs de l'Anderson's College de Glasgow – peut-être est-ce le seul amour qui aurait pu le faire tenir en place, peut-être n'aurait-il jamais quitté l'Écosse s'il avait eu l'audace de l'aborder, il ne sait pas, mais il se remémore souvent son visage pur, qui doit être flétri comme une vieille pomme aujourd'hui. Et puis le révérend pense à sa femme Mary et à son fils Robert, et ses yeux soudain se ternissent de n'avoir pas su les aimer comme il aurait fallu, de les avoir fait mourir. Ce n'est plus l'exaltation, c'est l'effroi, c'est la mélancolie qui s'installe pendant quelques heures. Mais le plaisir physique du voyage et le sang renouvelé chassent les remords et alors il pense à Agnès, qu'il a hâte de retrouver à son retour – d'ici deux ans si tout se passe comme prévu. Il l'aime bien, sa grande fille, il l'aime mais il la quitte quand même, pour aller marcher avec de rustres compagnons sous le soleil cruel, le plus loin possible de l'Écosse, pourquoi ne sait-il aimer qu'à distance ? Il n'a amené aucun Blanc avec lui, inutile de reproduire la bérézina du Zambèze. À l'arrière de la colonne, une des mules s'écroule à cause de sa charge trop pesante ou à cause du cagnard. Son meneur lui donne des coups de trique, sur la croupe pour la faire relever et sur la tête pour lui faire mal, mais la mule ne bouge pas, son dos saigne, plein de croûtes et plein de pus. Livingstone s'approche du tortionnaire, il voudrait bien le sommer d'arrêter, seulement il ne peut plus crier avec ses douleurs au ventre, et puis il a perdu toute autorité. La mule se laisse mourir, c'est sans doute ce qu'elle a de mieux à faire, et le missionnaire hausse les épaules, en se disant qu'il est pénible de côtoyer des brutes. Les fardeaux devront être répartis sur les autres bêtes et sur les hommes, ça va encore nous retarder.

Que transporte cette équipée polyglotte ? Des vivres pour plusieurs mois, des instruments de mesure, quelques fusils, des fioles d'apothicaire et des présents pour servir de monnaie d'échange – des étoffes, des miroirs, des baguettes de cuivre, des coquillages, qui sont plus volumineux à transporter que des billets de banque. Il faut bien ça pour s'avancer dans le parfait inconnu, dans le redoutable inconnu. Ce n'est que plus tard, quand le continent sera plus ou moins cadastré, mesuré, quadrillé, googlemapisé, que les touristes exaltés s'amuseront à le traverser en tongs, avec deux slips de rechange dans leur baluchon, un tube de crème solaire, un pagne, une brosse à dents.

Le plan de Livingstone est simple, pour une fois : tracer plein ouest jusqu'au lac Nyassa, qu'il traversera en boutre, puis rejoindre d'un trait le Bangwelo, un lac d'altitude dont il a beaucoup entendu parler. La région regorge de sources, pourquoi n'y trouverait-on pas celle du Nil ? C'est ce que voudrait croire le docteur depuis qu'il s'est mis en tête d'y tremper ses orteils, depuis qu'il s'est engagé à démontrer que le fleuve s'épanche généreusement à travers tout le cœur du continent, de lac en lac, dans un système de vases communicants. Il lui suffit alors de remonter le chapelet vers l'amont pour dénicher la source initiale, ce n'est pas plus compliqué. David Livingstone veut enfin prouver qu'il n'est pas un demi-sel, en matière d'explorations, il a l'honneur terni de l'expédition Zambèze à reconquérir. Mais, au fond, franchement, il s'en fichait pas mal de la source du Nil, quelques mois plus tôt. Ça ne l'a jamais empêché de dormir, pendant cinquante ans. D'ailleurs, on dirait qu'il va entreprendre sa quête comme s'il ne voulait surtout pas la mener à son terme, ou bien c'est qu'il est trop optimiste dans ses calculs. Ou trop maladroit. On ne peut pas avoir toutes les qualités. David Livingstone est déjà plus que courageux : il est téméraire. Il a une volonté d'acier. Il est en avance de quelques générations sur son époque, puisqu'il est un des premiers Blancs à considérer les peuples autochtones avec autant d'attention, avec autant d'empathie, avec autant de respect. Puisqu'il est un des premiers explorateurs à considérer les Africains comme des hommes. Mais il a 53 ans et il sait qu'on s'use plus rapidement en Afrique. Il doit faire vite.

Hélas, et comme toujours, les ennuis ne vont pas tarder à s'agglutiner, comme des cellules cancéreuses. Les vrais ennuis. C'est d'abord son équipe qui lui donne du fil à retordre : les cipayes sont fainéants et voleurs, en plus d'être cruels avec les animaux, qui succombent un à un. Quand sa colonne passe un village, Livingstone doit surveiller que les Hindous ne chapardent pas de poules ou de chèvres, c'est déjà arrivé plusieurs fois. Et, dès qu'il a le dos tourné, les éléments perturbateurs tirent au flanc. Ils fument de la marijuana, ralentissent leur marche au maximum, s'inventent des blessures. Ils vont voir les prostituées et tentent de corrompre le guide pour les faire bifurquer dans une direction qui les ramènera plus vite sur la côte. Ou bien ils engagent les indigènes des hameaux traversés pour porter les charges à leur place, en leur promettant que c'est l'homme blanc qui paiera – quand l'homme blanc découvre l'entourloupe, il voit rouge, il donne des baffes et des coups de canne, lui qui a pourtant les châtiments corporels en horreur. Il regrette, ensuite, mais il ne voit pas d'autre moyen pour faire respecter la discipline, pour maintenir la cadence. D'autant qu'ils déambulent en pleine zone de sécheresse, où la famine est épouvantable. Ils ont mangé leur dernier buffle, ils doivent se contenter de fruits sauvages et de racines pour ne pas crever d'inanition et, par-dessus le marché, accomplir de terribles marches pour espérer arriver dans une région plus fertile.

Ce qui les emmène en plein dans la zone de traite. La colonne débouche sur des villages razziés, dépasse des cadavres d'esclaves abandonnés au bord des sentiers parce qu'ils étaient trop lents ou qu'ils étaient malades. Parfois, les villageois des environs réussissent à en sauver quelques-uns. Ils les libèrent de leurs chaînes, ils les requinquent et puis les revendent à la prochaine caravane : Livingstone découvre que les indigènes sont, en grande partie, responsables de la mise en esclavage de leurs frères. Il erre maintenant comme Don Quichotte errait dans sa Sierra Morena, à la recherche de scélérats à pourfendre ou de malheureux à secourir. Mais ses hommes ont faim, certains sont déjà malades, toutes sortes de fièvres les assomment, leurs pieds saignent. Le 14 juillet 1866, une caravane arabe s'arrête pour assister l'équipée en loques, elle est menée par Saïf Rubi, qui est un homme d'honneur. Livingstone aussi se targue d'être un homme d'honneur.

Alors, quand l'esclavagiste lui propose un bœuf et quelques sacs de farine, on voit forcément l'ombre d'une hésitation sur la triste figure de l'Écossais. Corruption de missionnaire? L'Écossais accepte, finalement, en se disant que les principes ne valent que lorsqu'on a le ventre plein, en s'inventant toutes sortes d'excuses, car il faut bien rentrer vivant pour témoigner de ce qu'on a vu et il faut bien côtoyer ces coquins pour leur soutirer des informations. Il dîne avec l'Arabe, qui lui apprend que ses *clients* exploitent leurs esclaves avec davantage d'humanité que les Occidentaux – rien à voir avec les plantations des Amériques, où les nègres meurent à la tâche avant 30 ans. Les sultans du golfe Persique et de l'océan Indien ne font pas systématiquement de leurs hommes des bêtes de somme. À bien y regarder, ceux-ci vivent peut-être moins mal que beaucoup d'employés des fabriques de Grande-Bretagne. La philosophie orientale est encore épargnée par la quête assoiffée du profit qui se développe avec la révolution industrielle, le capitalisme dur n'a pas commencé à broyer ces sociétés. Mais, tout de même, on les vole à leur vie et on les prive de liberté, s'insurge Livingstone. Ces esclaves des Arabes, ils sont enchaînés pendant leur trajet vers la côte, ou bien leurs négriers les font transporter d'éprouvantes charges et les récalcitrants sont fouettés, parfois jusqu'à la mort, pour l'exemple. Tout ça, le bon missionnaire ne peut pas l'accepter. Après avoir mangé tout son saoul, il remercie Saïf Rubi avec le flegme qui lui reste et continue son calvaire avec ses porteurs, qui complotent toujours, qui regimbent, qui traînent la patte, qui lambinent, qui flânent exprès en route. Les cipayes tuent le bœuf offert par Saïf et le découpent en steaks pour se remplir la panse, puis ils vont raconter que c'est un tigre qui a emporté l'animal. UN TIGRE? Oui, jurent-ils, ils ont bien vu les rayures noires sur le pelage fauve, sans savoir qu'il n'existe pas de tigres en Afrique – nous ne sommes pas en Inde. C'est la goutte d'eau qui fait déborder le vase. Les douze Indiens sont virés pour faute lourde, on ne s'en portera pas plus mal. Livingstone leur laisse un sac de farine et les renvoie, avec une lettre de licenciement à produire devant le consul britannique. À leur décharge, ils sont avant tout des militaires, qui avaient cru que leur mission consisterait à escorter et protéger l'expédition, pas à faire les pue-la-sueur, bâtés comme des mulets.

Seulement, la colonne se retrouve sacrément éclaircie. Quatre mois seulement après le départ, elle ne compte plus que vingt-trois hommes. Qui tracent quand même leur chemin, de moins en moins rassurés, qui franchissent des gués et gravissent des collines de rhododendrons, qui croisent des éléphants, des gnous, des zèbres, des antilopes et des lions, qui avalent des kilos de poussière grise ou rouge, qui se font becqueter par les moustiques et qui arrivent enfin jusqu'au lac Nyassa, au mois d'août. Sur la berge, que des boutres de trafiquants arabes. Ou bien des pirogues aux coques poreuses, trop fragiles pour accomplir les quatre-vingts kilomètres de traversée jusqu'à la rive ouest. La colonne éclaircie bivouaque au bord des eaux translucides, Livingstone essaie tous les stratagèmes pour troquer une embarcation ou pour convaincre un passeur de les prendre à son bord. Mais sa réputation de libérateur d'esclave l'a précédé, aucun arabe ne veut négocier avec ce fouille-merde. Et la plupart des riverains ont déserté les lieux. Reste un vieux chef inconsolable, qui accueille la troupe et confie ses tourments à l'homme blanc : une de ses épouses l'a quitté.

— Combien de femmes vous reste-t-il ? demande le missionnaire, par curiosité.

— Vingt.

— C'est encore dix-neuf de trop.

— D'accord, mais qui fait la cuisine, chez vous, pour les voyageurs qui débarquent en nombre ?

Le vieillard a l'esprit vif, mais il ne pourra pas les aider à traverser le lac. Inutile de se tourner les pouces plus longtemps, il faut contourner l'obstacle, c'est-à-dire marcher quatre cents kilomètres dans les collines et la poussière. Au moment de partir, ce sont les Anjouanais qui se rebiffent. Ils ne veulent pas risquer leur vie plus loin, ils ont peur de se faire embrocher par les indigènes ou de se faire capturer par les négriers, ils voudraient une prime exorbitante pour rester, ça sent de nouveau la mutinerie ou l'abandon de poste. D'ailleurs, un matin, les dix Comoriens prennent la poudre d'escampette, ils laissent leurs ballots au coin du bivouac et disparaissent sans dire au revoir. *Ils sont tellement voleurs que je ne les regrette pas,* se venge Livingstone dans son journal, en tout petits caractères parce qu'il va falloir commencer à économiser le papier. Arrivés sur la côte, les déserteurs répandront la fausse nouvelle de la mort de l'Écossais, afin de couvrir leur fuite, et c'est ce bobard qui sera à l'origine de l'expédition de Stanley, quelques années plus tard. Mais nous n'y sommes pas encore.

En attendant, l'hémorragie continue dans le personnel. Même Wikatani, un fidèle, un qui avait accompagné Livingstone jusqu'à Bombay à la fin de l'expédition Zambèze, puis qui l'avait attendu vingt mois en Inde avant de signer pour cette nouvelle expédition, même Wikatani l'abandonne. On est à quelques lieues de la terre où il a grandi, de sa famille et de ses ancêtres, peut-être de la reine de beauté qu'il aimait secrètement, on ne peut pas lui en vouloir de rentrer après trois ans d'absence, il aura vu du pays, il aura des choses à raconter sous l'arbre à palabres. Fin septembre 1866, la colonne se réduit à onze porteurs. Ça n'effraie pas Livingstone, qui s'est toujours accommodé des conditions spartiates, qui était somme toute adepte de la frugalité volontaire, de la sobriété heureuse. Mais les pluies ralentissent les marches, pendant deux mois, et le précoce apôtre de la décroissance tombe malade, son corps part à vau-l'eau, tout se détraque. Le 6 janvier 1867, un porteur glisse dans la boue et la caisse contenant les instruments d'observation s'écrase au fond d'un ravin : toutes les mesures seront faussées, désormais. Un autre succombe de fièvre ou de consomption, un troisième prend la fuite en emportant les médicaments. *C'était pour nous la chose la plus précieuse,* s'inquiète le docteur dans son journal. *J'en suis ému comme d'une sentence de mort.*

Les galères s'enquillent : les deux années qui suivent sont à l'avenant, tout aussi pathétiques. Dur d'oreille, Livingstone prend un moment le Tchambézé pour le Zambèze et s'embrouille définitivement dans ses calculs. Il poursuit sa marche confuse dans des marais hostiles, guidé par ses instruments déréglés, sans repère fiable, affaibli par la faim, de plus en plus fébrile. Il crache du sang et il chie du sang, il ne tient plus debout, il n'a plus ses médicaments. Les jours de pluie, son bras gauche le fait souffrir, souvenir de 1844, quand il s'était fait croquer par le lion. Il croise une caravane d'Arabes en route pour la côte et leur confie un précieux paquet de lettres à déposer à Zanzibar – dans l'une, il demande au consul britannique de lui acheminer des vivres, des étoffes et des médicaments au village d'Ujiji, sur la rive est du lac Tanganyika, qu'il espère pouvoir atteindre dans quelques mois, dès qu'il aura réglé ses petits problèmes géographiques.

Car il ne trouve pas sa source convoitée sur le Bangwelo, pas non plus sur le Moero, qui est un lac voisin, si l'on veut. Son pressentiment des vases communicants n'était finalement pas une bonne piste. Il reconnaît son erreur d'autant plus facilement que lui vient une nouvelle idée : on oublie la route des lacs et on s'intéresse à la grosse rivière qui naît du Bangwelo, qui sinue vers le Moero, puis qui remonte vers le nord-ouest. Ne pourrait-elle pas abreuver le Nil ? À force d'y penser, cette option crédible devient une certitude, il y pense constamment, même la nuit en dormant à la belle étoile. Il ne sera pas venu pour rien. Il va poursuivre cette nouvelle quête à partir de novembre 1867, sans se poser plus de questions, et sa route zigzague sans trêve dans ses longitudes imprécises. Il n'a plus aucun scrupule à voyager avec les caravanes arabes. Il noue même de solides amitiés avec des marchands d'esclaves comme Hamed Mohammed el-Marjebi, qu'on appelle aussi Tippo Tip. L'Arabe de Zanzibar a 29 ans, c'est déjà un homme riche. Il est intrigué par ce curieux Européen qui se passe si bien du confort, par cet honorable excentrique qui affronte tous les dangers sans se plaindre. Et cela, même pas pour s'enrichir, même pas pour acheter ou vendre, simplement pour découvrir le tracé des rivières – pour découvrir la source d'un fleuve qui coule mille deux cents kilomètres plus au nord. Qui prend le pouls des enfants malades, dans les villages, et les guérit parfois. Tippo Tip chaperonne Livingstone et le protège et le soigne, c'est grand-chose que l'hospitalité musulmane. Jamais il n'interrompt le vieux lorsqu'il se met à professer ses rengaines anti-esclavagistes, ce sont des sérénades inconséquentes, car il faut être bien sénile pour s'attaquer à une manne aussi rentable. Pourquoi pas protéger les éléphants, tant qu'on y est ? Ou les arbres de la forêt.

Livingstone suit Tippo Tip et d'autres caravanes. Il se glisse là où on veut bien de lui avec sa suite qui s'est encore réduite, puisque cinq autres porteurs viennent de déclarer forfait. Ils ne sont plus que quatre, derrière lui. Au lieu de regarder le désastre en face, le voyageur s'émerveille de la beauté des femmes et fait l'éloge des paysages enchanteurs aux abords du lac Bangwelo. *Nous avons trouvé dans la forêt un tombeau, un tertre au sommet arrondi. C'est le genre de sépulture que je préférerais entre toutes : reposer dans ces grands bois si calmes, où personne ne troublerait mes os.* Il ne croit pas si bien dire.

Il va et vient, il passe quelques mois de convalescence dans une case, part dans une direction, tombe malade à nouveau, guérit, s'en retourne ailleurs, lancé dans une formidable course de désorientation dans un panorama encore plus vert que son pays natal. Il vit sa vie comme une boule de billard. Toujours il tousse et crache. Il prend des coups de soleil et ses vêtements sentent mauvais. Quand il est trop épuisé, deux hommes le transportent sur un palanquin de fortune. Il croit pouvoir annoncer très bientôt une découverte fracassante concernant le cours du Nil et s'en réjouit intérieurement. Le 14 mars 1869, presque trois ans après le départ de sa colonne de bras cassés, Livingstone arrive à Ujiji, sur la rive est du lac Tanganyika, pressé de trouver les vivres qu'il a demandés à Zanzibar, le vin et les conserves, et les médicaments, et toutes les lettres d'Europe qu'on a dû lui faire suivre. Il est en lambeaux.

En débarquant dans ce charmant port lacustre de deux mille habitants, c'est la douche écossaise. Le ravitaillement demandé a bien été expédié, mais tout a été pillé, ou presque

– il reste une dizaine de pots de thé, un peu de café et quelques vieux journaux, juste de quoi s'octroyer de cordiaux petits-déjeuners. Les marchandises avaient été acheminées depuis plus d'une année et entreposées à une extrémité du village, attisant les curiosités, forcément. Livingstone est furieux, mais va-t'en mettre la main sur les coupables. Livingstone est furieux et il a le blues. Il espérait se remettre sur pieds avec les médicaments demandés, il devra se contenter d'un bol de café. Le voyage en Afrique est toujours un exercice d'humilité. Il pourrait tout envoyer promener et rentrer prendre sa retraite, mais nous le connaissons assez maintenant pour savoir qu'il n'en fera rien. Le vieux loup a trop d'orgueil. Il a son compte à régler avec le Foreign Office et ne retournera pas en Angleterre avant d'avoir résolu la grande énigme du Nil, avant de leur signifier qu'ils n'auraient jamais dû le traiter comme un guignol.

Dans le village d'Ujiji, on lui dégotte une case de boue séchée, on lui arrange une couche de branchages. Le voyageur sans bagages se repose quelques semaines, il soigne ses blessures et boit du lait de chèvre pour faire cicatriser ses intestins, il remet ses connaissances à plat. Qu'a-t-il appris, concernant le Nil ? Pas grand-chose, en fait. D'abord, rien ne prouve que le fleuve coule aussi loin dans l'hémisphère Sud. Et si c'était John Speke qui avait eu raison, dès 1862, en établissant qu'il prenait sa source dans le lac Victoria ? Livingstone préfère ne pas y penser. Il a tort, car Speke avait eu la meilleure intuition, avant tout le monde. Mais les images satellites n'existaient pas encore pour départager les hypothèses : il faudra attendre la fin du XXe siècle pour déterminer de manière définitive que le Nil naît du grand lac – et même d'un peu plus bas, si on veut chipoter, d'une petite rivière qui s'y épanche depuis les montagnes du Burundi.

Le docteur préfère fouiller dans le passé, qui lui fait moins peur, convaincu qu'il a une vérité mystique à y découvrir. Il griffonne quelques noms, se remémore des dates, cherche des parallèles ou des coïncidences. Alexandre le Grand s'était posé les mêmes questions vers l'an 331 av. J.-C., après s'être fait proclamer pharaon à Memphis – l'ancienne capitale de l'Égypte, pas la ville d'Elvis Presley. Avant lui, Hérodote avait établi que les quatre grands fleuves d'Afrique prenaient leur source au sein d'une seule et même montagne sacrée, au cœur du continent : il avait dessiné à main levée quatre cours d'eau, quatre fontaines miraculeuses que l'explorateur obstiné se met en tête de retrouver. Dans sa case, Livingstone déroule la copie d'une carte de Ptolémée, que le géographe grec dessina cent ans avant notre ère. Il traque le moindre indice sur ce planisphère de brocante. Il caresse des chimères et suit du bout de l'index la route de James Bruce, un autre Écossais parti cent ans plus tôt, en 1770, à la découverte du Nil Bleu – c'est-à-dire l'autre source du grand fleuve, celle qui coule depuis les hauts plateaux de l'Éthiopie et rejoint le Nil Blanc à Khartoum. Bruce ne réussira jamais à s'engager en aval du Nil Blanc, tant la zone est marécageuse, impénétrable. Quelques Français s'y sont essayés, aussi, après la malencontreuse campagne d'Égypte menée par le futur empereur Napoléon Bonaparte au début du XIXe siècle. Louis Linant de Bellefonds, par exemple, un Breton de Lorient qui dessinait de jolis croquis des monuments dédiés aux pharaons. En 1827, l'Association pour la promotion des découvertes dans l'intérieur de l'Afrique, un club anglais, l'appointe pour enquêter sur le grand fleuve. Mais l'expédition tourne court, bloquée par des tribus hostiles (à la suite de cette équipée, le Breton réfléchit sérieusement à la construction d'une percée entre la Méditerranée et la mer Rouge, pour permettre aux navires d'accéder à l'océan Indien sans avoir à contourner l'Afrique, il ficelle son projet tellement bien qu'il convainc l'entrepreneur Ferdinand de Lesseps et les travaux du canal de Suez commencent en 1859). Dans les mêmes années 1820, Jean-François Champollion change la face de l'Histoire en déchiffrant les premiers hiéroglyphes, ce qui relance la fascination des Européens pour l'Égypte, et continue de faire rêver des millions de collégiens, mais ne dit rien sur l'emplacement des sources. Sur la carte, Livingstone dessine des systèmes fluviaux là où ça lui plaît, là où ça l'arrange, comme s'il était Dieu. Les après-midi, il reste des heures à contempler les eaux du Tanganyika, qui sont grises et brillantes comme du mercure. Il se récite des poèmes avant de s'endormir, il rédige quarante-quatre lettres – à sa famille, à la Royal Geographical Society, aux administrations. Une seule arrivera jusqu'à Zanzibar.

Au mois de juillet 1869, une caravane arabe se prépare à partir vers le Maniéma – qui fera partie du Congo de Léopold II, seize ans plus tard. Le Muzungu, comme on l'appelle ici, est volontaire pour l'accompagner, avec les trois boys qui lui restent : Chuma, Souzi et Amoda. Le Muzungu, c'est-à-dire l'homme blanc en swahili, est toujours fragile, pourtant. Il résiste moins bien aux fièvres, ses pneumonies lui dévorent les poumons et il a du mal à marcher plus de trois heures d'affilée, mais il ne veut pas laisser filer cette occasion. D'autant qu'il noue une franche amitié avec Mohamed Bogharib, qui dirige cette expédition. Les hommes s'enfoncent plein ouest dans la ténébreuse forêt, Livingstone voudrait gagner au plus vite la Lualaba, la grande rivière, puisque c'est sa nouvelle lubie, et suivre sans faiblir son cours jusqu'au

Nil. Ensuite, il espère rentrer victorieusement en Grande-Bretagne – entrevoit-il seulement que son plan n'a que très peu de chances d'aboutir ? Un an plus tard, en juillet 1870, il est toujours bloqué à mi-route de la Lualaba, dans le village de Bambaré. *Le pays est encombré de jungles et d'herbes impénétrables, il n'y a que l'éléphant qui puisse traverser de pareils fourrés,* écrit-il, certainement découragé. Mais il garde ses capacités d'émerveillement : *Les forêts sont d'une richesse indescriptible. Des lianes de la grosseur d'un câble y suspendent leur réseau à des arbres gigantesques. Partout, des fruits inconnus, des oiseaux étranges et des singes.* Il s'est arrêté ici parce que Mohammed Bogharib a des affaires à régler dans le coin, de l'ivoire à récolter, des esclaves à acheter pour porter les défenses jusqu'à la côte. De toute façon, le vieux missionnaire est si mal en point qu'il ne pourrait pas faire un pas de plus. Ses pieds, couverts de plaies infectées, ne sont pas beaux à voir. *Les écorchures se sont chargées en ulcères tenaces, qui me rongent de plus en plus.* Des insectes y pondent leurs œufs. Le traîne-savane devra rester immobilisé pendant trois mois pour que toutes ses peaux cicatrisent. Il regarde le temps passer, l'oisiveté forcée l'ennuie plus que tout. Il discute des heures avec ses boys qui deviennent ses seuls amis, il se débrouille en swahili depuis le temps qu'il flâne dans la région. Le Muzungu leur confie que c'est en Afrique qu'il voudrait être enterré, que c'est là qu'il aimerait laisser reposer son cœur. Il mange avec eux des chenilles dodues, du porc-épic et du chimpanzé. Et puis il reluque les femmes, dont *le jupon est singulièrement exigu,* ou qui se promènent complètement nues, carrément – ce qui n'est pas pour lui déplaire. *Beaucoup de ces jeunes filles sont jolies et admirablement faites. Si les Européens étaient nus, ils feraient triste figure à côté de ces corps bien découpés, aux membres élégants.* Livingstone se sent bien dans cet exotisme touffu – à se demander s'il n'est pas, plus que tout, un touriste enthousiaste et philanthrope. A-t-il toujours résisté à la tentation de caresser la peau de ces Vénus noires, comme il les appelait ? L'idée de s'éterniser au milieu de ce peuple qu'il aime du fond du cœur commence à le turlupiner, il en oublierait presque sa mission d'aller trouver la source du Nil, sa quête absurde. Les jours de pluie, il relit la Bible pour essayer de donner une explication à sa vie et, parfois, les fièvres lui font mélanger les saintes écritures avec les quatre fontaines d'Hérodote, la réalité avec ses rêves ou avec ses hallucinations. C'est là qu'il cesse définitivement d'assembler ses idées de manière rationnelle et logique, et plus personne ne comprend ce qu'il cherche, au juste. Il note ses considérations sans queue ni tête au dos des bouts de papier qui lui restent. Il fabrique son encre avec les graines d'une plante que les femmes broient pour fabriquer leur maquillage. Il ne pense plus à l'Europe. Il ignore que les journaux ont publié sa nécrologie en 1866, quand les déserteurs comoriens ont fait courir le bruit de sa mort. Il ignore que la Royal Geographical Society a dépêché une mission de recherche pour vérifier l'information – une expédition qui a tourné dans le vide au sud du Tanganyika, puisque c'est là que devait déambuler le missionnaire explorateur, mais qui a tout de même ramené quelques indices troublants, une cuillère, un livre de prière, un rasoir de facture britannique. On pouvait supposer que le vieux était encore en vie, *quelque part*. Mais le pauvre hère n'intéresse plus grand monde : l'Angleterre est en train de découvrir la modernité. Tout va plus vite désormais, il y a d'autres stars à aduler. Pour la forme, la Royal Geographical Society voudra bien sponsoriser une dernière expédition de recherche, à condition de rogner sur le budget : celle-ci sera commandée par le plus jeune fils de Livingstone, William Oswell, qui n'a que 19 ans en 1870. Le temps qu'elle s'organise, un autre homme s'est lancé à sa recherche, un homme autrement plus déterminé, autrement plus résolu. C'est un jeune journaliste plein d'ambition, qui ne sait pas encore que cette équipée va détourner le cours de sa vie, il signe ses articles Henry Morton Stanley.

Quand ses pieds sont guéris, quand il n'a plus d'explorations à faire dans les environs, quand il est las d'attendre le passage d'une prochaine caravane arabe, le Muzungu repart, seul, avec sa minuscule colonne de rien du tout, dans la masse compacte de la jungle – il se retourne pour faire un dernier sourire, un maladroit signe d'adieu à ses Vénus noires. Il s'engouffre dans les layons tracés par les éléphants qui l'amènent, miraculeusement, six semaines plus tard, devant les eaux cuivrées de la Lualaba : *C'est un fleuve majestueux, avec beaucoup d'îles et qui, nulle part et en aucune saison, ne peut être passé à gué,* écrit-il le 9 mars 1871. La minuscule troupe fait halte dans le village de Nyangwe, un carrefour commercial, un caravansérail. Le pèlerin doit s'aliter quelques jours avant de recouvrer assez de forces pour se promener sur les berges, en faisant toutefois attention aux crocodiles et aux hippopotames. Il balance des pierres attachées à une ficelle pour évaluer la profondeur du fleuve, fait bouillir de l'eau pour en déterminer l'altitude. Il se promène comme un vacancier et consigne toutes ses observations. *Dans la plupart des cases, les piliers et l'encadrement des portes sont en ivoire.* Une fois de plus, il constate que ce n'est pas parce que ses coreligionnaires blancs ne savent pas cartographier un territoire qu'il est vierge pour autant. C'est tout un monde qui vit là, avec ses façons de dodeliner de la tête, ses jeux de société, ses chants, ses idoles, ses canailles, ses imposteurs, ses animaux de compagnie, ses secrets, ses joies, ses inquiétudes, ses conflits, ses rêves, ses amours, ses trahisons et ses malentendus.

Les indigènes se demandent ce que le Muzungu vient faire ici : s'il a de la nourriture chez lui, pourquoi venir dépenser des perles pour en acheter si loin ? Pourquoi venir regarder couler de l'eau puisqu'il en coule également dans son pays lointain ? Ils lui assurent que la Lualaba ne trace pas sa route vers l'est, vers le Nil, mais vers l'ouest. Livingstone aimerait ne pas les croire, mais il faudrait tout de même aller vérifier. Seulement, tout le monde lui déconseille de s'aventurer sur le cours d'eau avec sa trop petite équipe, ils ne survivraient pas dans ces territoires hostiles, ils se feraient transpercer par les bordées de flèches. Comme il n'a pas les moyens de se payer une escorte, le routard fauché guette l'occasion de se greffer à un convoi – il n'y aura pas d'occasion, puisque personne ne prend cette route. De toute façon les trafiquants arabes de Nyangwe se méfient de cette espèce d'espion, qui leur fait des sourires mais qui n'est pas de leur bord.

L'Écossais reste accroupi sur la grève, au milieu des hautes herbes et des roseaux, à se demander où file toute cette eau beige. Aurait-il assez de santé pour entreprendre un si long voyage ? Si Livingstone avait descendu la Lualaba, s'il avait eu l'opportunité de monter dans une pirogue et de suivre le courant nonchalant du roi des fleuves, s'il avait pu épouser l'arc de cercle de l'immense Congo jusqu'à son embouchure située deux mille kilomètres plus bas, sur l'océan Atlantique, ne serait-il pas devenu le géographe le plus reconnu pour son flair imparable, l'aventurier le plus célèbre, celui qui aurait accompli, presque seul, le plus périlleux des voyages ? Peut-être que l'Angleterre aurait plus volontiers investi cette forêt immense, aussi grande que l'Inde, et peut-être que l'histoire aurait été changée, peut-être qu'il n'y aurait pas eu toutes les mains coupées sous le règne de Léopold II ?

Mais le sort s'acharne sur l'explorateur. Le 15 juillet 1871, une algarade entre un Arabe et un vendeur de poulet tourne à l'hécatombe. Il y a d'abord un coup de mousquet, puis les protestations des indigènes. L'Arabe panique et tire dans le tas. La foule s'affole et le marché devient une grande bousculade, d'autres Arabes se mettent à faire feu, sans trop savoir pourquoi, ni sur qui. C'est le ball-trap. En quelques minutes, Nyangwe ressemble à un étal de boucherie. Quatre cents personnes meurent en une heure. Peut-être cinq cents, peut-être davantage. Livingstone est décomposé. D'autant qu'il était sur le point d'obtenir un arrangement avec le représentant des Arabes à Nyangwe, au sujet des embarcations. Après le bain de sang, le missionnaire se dit qu'il n'acceptera jamais plus de dépendre des Arabes. Il ne pourrait pas. Il a été coulant jusque-là, mais cette fois, trop c'est trop. Il ouvre les yeux : Oh ! Des trafiquants d'esclaves ! Il s'en veut d'avoir eu la faiblesse de pactiser avec eux, les regrets lui font plus mal que ses ulcères. S'il n'avait pas été non-violent, il se serait foutu des beignes, tiens. Tous les efforts qu'il a entrepris pour arriver jusqu'à la Lualaba et pour descendre le fleuve se noient ce 15 juillet. Livingstone n'a plus qu'à rentrer à Ujiji, où il espère que le consul de Zanzibar lui aura expédié un nouvel approvisionnement de marchandises. Il pourra alors retrouver son autonomie de géographe européen et retourner explorer la Lualaba à sa guise. Seulement, il ne fait plus trop confiance à la providence.

D'ailleurs, quand il arrive à Ujiji, le 23 octobre 1871, toutes les marchandises ont été volées, une fois encore. Il sait bien que l'histoire a une fâcheuse tendance à se répéter, mais là, tout de même… Il a l'impression désagréable qu'on le prend pour un branquignol, une fois de trop. Il toise le ciel et serre les mâchoires sur les dix ou onze chicots qui lui restent, avant de s'enfermer dans sa case où ont élu domicile des hirondelles et des araignées. Il a envie de pleurer. Pourtant, il n'est pas au bout de ses surprises. À cent kilomètres, un jeune homme avance dans sa direction, le visage poupin, le buste bien droit. C'est un ange gardien, chaussé de jolies bottes en cuir brun. C'est un roi mage, il porte un costume de flanelle blanche et ses cheveux bouclés sont coiffés d'un joli casque colonial. Derrière lui, trente ou quarante hommes, qu'il mène à la baguette.

Noces, suivi de l'Été

«Ah, si vous êtes venu pour le tam-tam,
vous vous êtes pas trompé de colonie!»
Louis-Ferdinand Céline, *Voyage au bout de la nuit*

Le ciel est gris, presque noir, le vent froisse toutes les feuilles au-dessus de nos têtes. Nous avons repris notre marche dès l'aurore pour distancer l'orage qui menaçait, mais l'ondée nous rattrape: elle commence à s'abattre silencieusement, modestement pour cette latitude. Belange dit qu'il pleut à petit feu, et la forêt d'émeraude devient jade, ou céladon. Quelques gouttes plus épaisses, dodues, s'amusent à tomber dans nos cous, sur nos fronts, sur nos paupières. Leur tic-tac mat engloutit tous les autres sons de la forêt. Le sentier monotone nous aspire sournoisement, nos sandales s'y enfoncent un peu plus à chaque pas. Les oiseaux font contre mauvaise fortune bon cœur: ils profitent de la grâce matinale bien à l'abri dans leur nid, ou bien ils en colmatent les brèches.

Le paysage semble livide sans les papillons, sans les libellules. Le décor est triste, ce matin. Mais c'est une tristesse douce, rassurante. Rien de grave. Nous sommes en vie, après tout – et la vie nous ménage, dans l'ensemble. Alors, c'est comme si la forêt voulait prendre soin de notre bonheur. Belange marche en tête, avec son tee-shirt First Lady et son avant-bras glissé dans la poignée de son sac à main léopard. Hier, étendus sur le sol inégal de la clairière, nous nous sommes échangés des milliers de mots d'amour, des mots qui ne sont pas dans les dictionnaires. Nous frissonnons quand une rafale de vent se faufile entre les troncs. Il faudrait que je noue mon pagne en turban pour me protéger la tête des gouttes effrontées, mais je devrais alors ralentir pour le sortir du fond de mon sac et on ne ralentit pas comme ça quand on marche sur des longues distances, puisque tout est affaire de cadence, de rythme à soutenir. Je songe aussi que c'est grand-chose, pour un garçon qui se prenait pour un cheval sauvage, pour un partisan des embardées solitaires, de demander une femme en mariage. Que c'est un bouleversement de renoncer à la liberté, qui ne m'avait jamais trahi, que c'est une révolution de la mettre dans une petite boîte par amour, pour la beauté, pour la curiosité ou pour la grâce. Sous la mitraille liquide, je pèse le pour et le contre. Je n'ai aucune idée de ce que sera notre avenir, je connais simplement le bonheur de notre présent.

Oh, je pourrais encore me défiler. Mais j'entrevois bien le chemin que prendrait alors ma vie de célibataire, de garçon perdu qui laisse les amours lui couler entre les doigts comme la pluie. Sans doute pourrais-je tenir plusieurs années qui se décalqueraient, à broyer mon bonheur quand je crois le serrer, à tellement rêver du paradis que j'en oublierais de vivre – que je blesserais de belles personnes, que je ferais pleurer des diamants parce que je ne sais pas ce que je veux – à toujours courir derrière des illusions qui ne manqueront pas de se ternir, de sombrer, jusqu'à ce que mes dents poussent de travers et qu'elles jaunissent et qu'elles tombent. On a la liberté et on l'honore tous les matins et tous les soirs, mais soudain il manque quelque chose d'invisible, c'est un vide dans la région du cœur. C'est la chose la plus simple et la plus précieuse, celle qui nous rend orphelins des sentiments quand on ne l'a pas eue dans son enfance, celle qui suffit à perpétrer nos destinées. Et cette chose que l'on n'a pas toujours eue dans son enfance, qui s'est défilée ou que je n'ai pas su retenir parce que je ne savais pas ce que c'était, cette chose qui est la plus importante que l'on puisse accomplir, je la trouve en présentoir dans cet impromptu sylvestre, dans cet écrin de mousse et d'écorce, c'est à prendre ou à laisser. Alors je prends. Je prends car j'en ai assez de rêver ma vie et qu'il est temps de l'accomplir, maintenant, débarrassé de tout, léger, fragile mais entier. David Livingstone voulait offrir son cœur au continent noir : moi aussi, j'ai envie de donner mon cœur à l'Afrique, et je ne sais même pas dire pourquoi. Mais faut-il tout expliquer ? Dans une ravine, une colonie de grenouilles entame un fameux concerto. Pour elles, c'est la fête.

Joël estime qu'il nous reste treize kilomètres à parcourir. Ça pourrait être seize, quand on aime on ne compte pas. Seulement, j'espère que ce ne sera pas beaucoup plus, mon cœur a beau être baigné de lumière, je ne sais pas s'il tiendra encore longtemps. D'autant que la pluie redouble. C'est une pluie franche et virile, maintenant, qui nous pilonne de la tête aux pieds. J'ai finalement sorti mon pagne que j'enroule autour de mon crâne, mais il est à tordre au bout de quarante secondes. Trois fois je le dénoue, trois fois je l'essore, trois fois je le remets, et nous tombons sur un nouveau miracle : des huttes. Quelques familles vivent ici, trois cases le long d'une minuscule clairière, nous courons nous abriter sous un auvent en feuilles de palmiers. Comme nous grelottons tous les trois, une maman nous invite à nous asseoir autour de son feu. Elle parle avec Joël et avec Belange, elle demande nos noms, elle rigole, elle nous sert un breuvage chaud qui pourrait bien être du thé. Ses poules picorent à nos pieds et quelques-uns de ses enfants viennent nous observer, avec leurs grands yeux humides, brillants, nous partageons avec eux les dernières arachides qui traînent au fond de nos poches – nous pourrions être des extraterrestres, ils feraient la même tête ahurie. La maman apporte une bûche pour raviver le foyer puis elle retourne piler son manioc, sans cesser de chantonner, pendant que la pluie dégouline partout autour de nous. Un jeune homme passe, un fils aîné qui tient une guitare artisanale par le manche. Il discute un peu avec Joël, ils se trouvent des ascendances communes, au douzième degré, nous lui demandons de jouer quelques notes en attendant l'éclaircie. Alors la case se transforme en bulle d'harmoniques, alors une mélodie limpide et sautillante s'échappe de l'instrument rudimentaire, sous les doigts agiles du fils aîné. Et quand il a terminé sa démonstration, c'est déjà l'accalmie. Il faut en profiter pour reprendre notre chemin, car n'oublions pas que nous avons un mariage à célébrer. Le virtuose de la jungle nous assure qu'Oshwé n'est plus qu'à deux heures, et toute la famille nous fait de généreux signes de la main. Notre marche nuptiale touche à sa fin, nous le savons maintenant. Sous l'ondée qui redémarre, nous ne tenons plus que par un seul espoir : le lit confortable, les draps propres sous lesquels nous nous blottirons dans la villa du pasteur.

Voilà des champs de maïs et des cultures de manioc, voilà quelques cases dispersées, voilà la forêt qui s'éclaircit et le chemin qui s'élargit : le village n'est plus loin. Il pleut toujours, nous sommes à bout de forces, nous sommes fiers. Pour un peu, nous aurions déjà la nostalgie du voyage. Quand nous passons devant l'école, tous les élèves reluquent cet étrange trio surgi de la jungle ruisselante et le professeur sort de la classe pour nous accueillir. Je lui montre le papier sur lequel Elvis a noté l'adresse du pasteur Félicien.

— Bon, je vais vous accompagner, dit-il en faisant une petite grimace.

Le maître d'école abandonne ses quarante élèves pour guider les trois brebis égarées. Il s'appelle Ben-Hur, c'est un Bantou grand et mince. Il est un peu polyvalent, il enseigne l'anglais, les mathématiques et la biologie. Il connaît bien le pasteur Félicien, qui donne des cours de catéchisme et de génie agricole dans le même établissement. Seulement, il nous explique que le pasteur a été victime d'un petit problème, sans en dire davantage. Nous le suivons, hagards, par les petits monts et les petits vaux du village, battus par les bourrasques qui sont plus violentes en terrain découvert. Partout des ravines, partout des érosions, puisque les racines des arbres de la forêt ne sont plus là pour retenir la terre orangée. Au sommet de la plus haute colline, Ben-Hur s'arrête devant une case magnifiquement ouvragée, avec une large terrasse qui domine le village et la rivière :

— Voici la maison du pasteur.

Une partie du toit de tôle est effondrée, l'autre est arrachée.

— Une tempête nous a surpris la semaine dernière. Le

pasteur n'habite plus ici, mais je crois qu'on lui a trouvé un logement provisoire. Je vais demander où il a déménagé.

Pendant que nous attendons sous la pluie battante, les yeux ronds devant le palace guillotiné, Ben-Hur s'entretient quinze longues minutes avec une femme avant d'en venir au fait. Elle ne sait pas où s'est réfugié le pasteur, mais nous amène chez un autre voisin, devant qui nous poirotons un autre quart d'heure avant d'obtenir la localisation du révérend Félicien. C'est très simple, commence par dire le voisin, puis il s'embrouille dans des explications confuses que personne ne saisit. Finalement, il va nous guider : nous effectuons une nouvelle traversée d'Oshwé sous les trombes d'eau. Quand cesse le déluge, juste à la dernière goutte de pluie, le voisin pointe du doigt une masure misérable aux murs effrités.

— C'est ici.

La case est minuscule, le toit coiffé de tôles rouillées, mal retenues par des bouts de ficelle rose. Nous entrons dans un salon singulièrement exigu, encombré du mobilier sauvé du déluge : une table trop grande, un buffet couvert de Bibles gondolées, un canapé poussiéreux sur lequel est assis un quinquagénaire au dos très droit, qui dissimule son début de bedaine sous une large chemisette à motifs colorés. C'est le pasteur Félicien. Quand nous lui annonçons que c'est Elvis qui nous envoie, il remercie le ciel et nous fait entrer sans plus de cérémonies. Nos tongs sont toutes crottées mais le sol en terre battue en a vu d'autres. Nous grelottons, peut-être est-ce la fatigue qui nous fait flageoler, ou l'émotion qui nous fait vibrer. Le pasteur demande à son épouse, une femme très élégante qui s'appelle Grâce, de nous apporter du thé sucré et une miche de pain. Puis il prend des nouvelles d'Elvis auprès de Joël, avant de se tourner vers le Blanc. Il n'arrive pas à croire que j'ai fait tout ce chemin à pied, rien que pour venir à Oshwé.

Je lui raconte que c'est d'abord pour venir saluer les Pygmées que nous avons accompli ce trajet. À ce propos, nous n'en avons pas encore vu un seul dans le village – Félicien nous rassure, il y en a, mais ils vivent dans une sorte de ghetto, comme les Noirs de New York étaient relégués à Harlem au XXe siècle. Je lui annonce aussi que nous venons nous marier et son visage s'éclaire, c'est une très bonne nouvelle.

— Mais pourquoi ici même ?

— Euh, pour les Pygmées, justement.

— Alléluia.

Félicien nous informe de la procédure à suivre pour officialiser notre relation et propose même de nous prêter son église, le temps de la cérémonie – c'est la grande case rectangulaire, percée de jalousies, que l'on voit à cinquante mètres. La conversation va bon train, Félicien nous hébergera volontiers dans sa masure misérable où il a justement un appentis qui pourra nous servir de chambre. Quant à Joël, il dormira chez le voisin, qui vit seul dans une case encore plus petite. Notre hôte se désole de ne pouvoir nous loger dans sa villa majestueuse, il s'excuse pour son toit envolé, le climat se dérègle ici aussi, ici surtout. Les vents sont plus forts depuis que les compagnies forestières exploitent à outrance les arbres de la région. La forêt – rongée, rognée, grattée, dépecée – n'est plus assez dense pour protéger Oshwé, mais il n'est pas là pour nous faire un cours d'écologie. Il appelle bruyamment Grâce afin qu'elle prépare notre chambre et s'enquiert d'une dernière chose :

— Combien de temps souhaitez-vous rester ?

Nous n'en savons rien, nous sommes encore trop

stupéfaits d'avoir accompli ce long périple. Joël nous a laissé entendre que de petits bimoteurs à hélices atterrissent de temps à autre, c'est peut-être la meilleure option pour rentrer à Kinshasa, si elle se présente, si le vol ne coûte pas trop cher.

— Oui, justement, monsieur Guillaume. Il en vient un lundi matin. Vous avez de la chance, l'avion ne passe que tous les deux mois.

Effectivement, c'est de la chance. Mais nous sommes samedi, il est bientôt midi et il faut se dépêcher pour organiser la noce.

— Il faudrait célébrer votre union dès aujourd'hui car tout sera fermé dimanche, conclut le pasteur.

C'est le branle-bas de combat. Un tourbillon.

Le bourgmestre, c'est-à-dire le maire, arrive douze minutes plus tard chaussé de grosses bottes en caoutchouc. Nestor, c'est son prénom authentique, se montre très flatté que nous ayons choisi son village pour nos noces. Il est enthousiaste à l'idée de célébrer notre union. Plutôt en début d'après-midi, car ensuite il a un rendez-vous important.

— Disons, 15 heures ?

Nous devons maintenant trouver des témoins. Nous prendrons le glorieux Joël, bien sûr, qui nous a menés jusqu'à Oshwé avec une héroïque abnégation. Mais nous aurions aimé avoir un ou deux Pygmées, pour ne pas oublier le peuple qui vit dans cette forêt depuis vingt ou trente mille ans. Le pasteur Félicien a une idée : il va aller à moto en parler à leur chef, dans le ghetto. Pendant ce temps, Grâce aidera Belange à se mettre en beauté, c'est-à-dire qu'elle va essayer de la rendre encore plus belle. D'abord, il lui faut une robe. Les deux femmes vont voir à l'épicerie, qui fait également pharmacie et magasin de prêt-à-porter. Quant à moi, j'échange des amabilités avec l'officier de la DGM, qui vient de faire son apparition par une autre porte, comme dans les vaudevilles. Il s'appelle Papa Malou, c'est auprès de lui que je dois régulariser mon séjour dans le village – il sera aussi mon chaperon tout au long de la cérémonie, il représentera ma famille puisque je suis un étranger ici. Lorsque j'ai vu son uniforme bleu délavé, j'ai pensé à ce qui m'attendait : le formulaire à remplir et l'outrageuse taxe à payer, qu'il faudra marchander habilement pour ne pas y laisser trop de plumes. Cette fois, comme nous sommes de la même famille aujourd'hui, Papa Malou ne me fait rien payer. Nous mettons au point les dernières questions administratives, il s'assure que Belange a bien un consentement écrit de sa famille.

— C'est nécessaire et je dirais même plus, c'est obligatoire, monsieur Guillaume.

Le point mérite réflexion. Nous n'avons pas de consentement familial pour ce mariage impromptu qui a jailli de nos cœurs en pleine forêt, comme une source d'eau claire. Et impossible de communiquer avec Kinshasa puisqu'il n'y a ni électricité, ni réseau téléphonique. Je médite tout ça dans le salon trop étroit quand Belange arrive avec sa nouvelle robe, un écrin de satin bleu ciel qui va magnifier sa silhouette, presque une authentique robe de mariée. Elle me tend un paquet où sont pliés un pantalon anthracite et une chemise verte, les seuls vêtements qui correspondaient à ma taille.

J'expose rapidement la condition suspensive de Papa Malou, pendant que Belange enfile sa jolie robe. Elle répond qu'on va arranger ça.

— Oui, mais comment ?

— Bah, avec la phonie.

Dans tous les villages du Congo, on utilise ces émetteurs

radio qui servent à relier les points les plus reculés du pays, quand il n'y a aucun autre moyen de communication – dans cet océan de verdure, on est coupé du monde comme si on était perdu en pleine mer. Belange contactera un de ses frères, Jérôme par exemple, qui est un aîné. Il donnera un consentement oral et tout ira bien. Papa Malou accepte et les deux pressent le pas vers le poste de TSF, installé un peu plus loin sous un manguier. Je reste chez le pasteur pour m'habiller à toute vitesse, dans le salon exigu. Pendant ce temps, Joël a repris son manuel et bachote dans la cour, imperturbable.

Mon pantalon anthracite n'a pas de bouton et je constate que la fermeture de la braguette est enraillée quand deux Pygmées débarquent avec Félicien. Ils s'appellent Grandiose et Célestin, ils sont venus toutes affaires cessantes et mesurent un mètre cinquante, ce sont des seigneurs de la jungle. Ils sont d'accord pour être mes témoins, ils apprécient ce geste symbolique que je fais en faveur de leur peuple, je leur réponds qu'il ne faut rien exagérer mais comme nous n'avons pas le temps de parler davantage, nous nous donnons rendez-vous devant la chapelle du pasteur. Belange rit quand elle voit combien je suis empêtré avec mon problème de braguette, avec mon pantalon qui glisse sur mes hanches. Elle emprunte une aiguille et un peu de fil pour me raccommoder à la hussarde, puis trente-quatre enfants viennent nous chercher bruyamment car tout le monde nous attend. En sortant de la cour, un malabar de cent kilos roule des mécaniques dans notre direction, d'un air torve. Il est vêtu d'un gros anorak alors que la température est de trente degrés, il tremble comme un fétu de paille : c'est le photographe du village, il veut être de la fête. Seulement, l'homme de l'art a une crise de paludisme et frissonne tellement qu'il n'arrive même pas à tenir son œil dans le viseur de son appareil, il vaut mieux retourner se coucher, mon vieux. C'est finalement Joël qui sera notre photographe officiel, je lui confie mon téléphone portable et lui montre comment fonctionne l'option photographique tout en m'engageant dans le sentier de sable clair qui mène à l'église, Belange à mon bras. Elle n'a même pas eu le temps de me raconter comment s'était passée la conversation avec son frère, la ribambelle claironne et s'époumone derrière nous, profitant de l'aubaine pour rompre la monotonie du samedi après-midi. Des vendeuses de maïs et d'arachides se lèvent de leur petit tabouret pour nous acclamer, elles aussi. Le pasteur et les témoins nous attendent à l'entrée, entourés d'une foule bigarrée qui n'arrivera jamais à entrer tout entière dans cette crypte en terre sèche de quinze mètres de long. Nestor le bourgmestre a enfilé son splendide uniforme de coton blanc, ceint d'une écharpe bleu, rouge et or, aux couleurs du drapeau congolais. Un homme trapu, engoncé dans un veston à manches courtes caca d'oie, se présente comme «l'officier d'état civil». Je serre toutes les mains qui se tendent devant moi et je guide Belange vers l'autel, vers les deux chaises en plastique qui nous sont réservées. J'entends des tam-tams, de furieux roulements de tambour, je me retourne deux ou trois fois avant de comprendre que c'est dans mon cœur qu'a lieu le tintamarre. L'assemblée se tasse sur les bancs usés, pouffe, piaffe, piaille jusqu'à ce que le pasteur y mette un peu de discipline.

Les deux maîtres du protocole prennent place en face de nous, derrière leur table en plastique, et commencent la lecture du code de la famille, en lingala et en français pour que le marié comprenne. Quand le bourgmestre lit que les époux se doivent mutuellement secours, assistance et fidélité, le pasteur Félicien, qui aime bien plaisanter, me fait discrètement le geste de refermer le cadenas qu'il a gardé dans la main, en souriant de sa facétie, pour me dire fini la liberté. L'église est comble et je vois des dizaines de têtes se presser à l'extérieur, devant chaque lucarne, chaque soupirail, chaque meurtrière. Quant à Joël, il prend très au sérieux son rôle de photographe, variant les angles, préférant les gros plans, l'œil toujours aux aguets – après la cérémonie, nous aurons la mauvaise surprise de découvrir qu'il a malencontreusement mis l'index devant l'objectif à chaque cliché : seules deux ou trois photos seront récupérables.

Maintenant, le bourgmestre nous invite à nous lever de nos chaises pour le consentement mutuel. La mécanique de nos corps est si endolorie par les premières courbatures que nous avons bien des difficultés à nous mettre debout. Mais l'amour donne des ailes, il faut croire : j'arrive à me redresser, Belange aussi, sa robe couleur de diamant resplendit dans la case trop sombre. Soudain, l'officier d'état civil pousse un cri d'exaspération, m'ordonne d'approcher et me signifie que le mariage ne peut pas être célébré compte tenu de l'âge de la mariée, qui n'est pas majeure, article 352 du code de la famille.

— Comment ça, pas majeure ?

— Écoutez, je crois que je sais aussi bien compter que vous. La mariée est née en octobre 1984, n'est-ce pas ? Or nous sommes le 19 février 2011. Elle n'a que 16 ans, nous sommes bien d'accord ?

Le bourgmestre Nestor toussote et pousse du coude son collègue pour lui conseiller de recommencer son calcul. L'officier d'état civil n'est pas convaincu, il prend théâtralement un crayon pour effectuer une rapide soustraction, à voix haute, sur la marge du code, s'y prend mal, sue, souffle, recommence, à voix basse cette fois, avant de reconnaître sa distraction.

— Bon, d'accord, effectivement, la mariée a 26 ans.

Et l'on enchaîne. Elle dit oui, je dis oui, on nous déclare mari et femme, pour le meilleur et pour le pire. Comme nous n'avons pas apporté d'alliances, le bourgmestre propose d'entourer nos deux mains droites dans son écharpe rouge et or pendant quelques secondes, pour le symbole. Joël mitraille la scène, l'assistance applaudit, et quand nous nous embrassons, l'enthousiaste tohu-bohu s'entend jusque loin dans la jungle. D'après le registre d'état civil, c'est la première fois qu'un Blanc convole avec une Noire dans la commune.

Nous sortons à la lumière, éblouis par tout ce qui nous arrive, acclamés par l'assistance. Une délégation de Pygmées vient nous proposer de boire un vin d'honneur en fin d'après-midi, après que nous nous serons un peu reposés. Nestor commence déjà à déboutonner son costume blanc, il est pressé par son prochain rendez-vous, qui est le même pour tous les hommes du village : c'est la retransmission d'un match de football, une demi-finale régionale, et personne ne plaisante avec ça. Pas même le pasteur Félicien, qui nous ramène dans son salon trop petit et nous abandonne sur son canapé poussiéreux avant de filer rejoindre quelques amis pour écouter les commentaires sportifs à la radio. On n'entend plus que le pépiement des oiseaux, quelques mouches voler et de très lointaines descriptions du match, crachotées par des transistors aux piles engourdies. Deux heures plus tard, le bourgmestre nous réveille en nous touchant l'épaule : il vient nous apporter notre extrait de mariage, l'acte officiel qui prouve que nous n'avons pas rêvé pendant notre délicieuse somnolence, et il repart aussitôt, dans ses grosses bottes en caoutchouc. Je pose les yeux sur le document, qui est cousu d'erreurs. Vite, je me lève pour rattraper l'élu, pour qu'il corrige au moins l'orthographe, mais Belange me retient.

— Laisse, c'est la meilleure preuve que l'acte est authentique. Dans les villages, aucun bourgmestre n'écrit sans faire de fautes.

Nous sommes assis au milieu de la cour de Grandiose, notre témoin. Autour de nous, trois ou quatre cents petits hommes de la forêt nous dévisagent de leurs grands yeux en amande. Nous étions venus voir les Pygmées, ce sont finalement eux qui nous scrutent, qui se pressent autour de nous, qui nous examinent, qui nous observent sans ciller. Une femme nous apporte du vin, du vin de palme dans des tasses en plastique. On nous traite comme des chefs assis sur leur trône – d'ailleurs Belange me glisse qu'elle a l'impression d'être une femme de ministre en visite officielle. Nous buvons le breuvage un peu amer, mon épouse me raconte sa conversation avec son frère, à la phonie : depuis la baraque qui abrite le poste TSF, il a fallu contacter une autre ville qui captait le réseau téléphonique et, de là, appeler sur le portable de Jérôme, qui s'apprêtait à boire quelques bières avec son frère Zéphirin. La liaison fut incroyablement mauvaise, mais les deux ont dit oui à tout, ils connaissent assez bien leur petite sœur pour lui faire confiance.

Grandiose et Célestin viennent nous retrouver et nous leur donnons nos présents – quelques savons et des lames de rasoirs – qui nous semblent dérisoires : ils les acceptent avec beaucoup de cérémonie et je me retiens de leur dire, une fois encore, qu'il ne faut rien exagérer. Ensuite, nous leur décrivons la longue route qui nous a menés jusqu'à eux. Ils nous répondent qu'ils savaient que nous viendrions, qu'ils étaient au courant de notre venue par Longomo, le premier Pygmée que nous avons croisé hier.

— Mais il n'y a pas de réseau, comment vous a-t-il prévenus ?

— Pas besoin de téléphone, nous avons les tam-tams pour communiquer.

Justement, ils arrivent, ces fameux tam-tams. Un premier groupe s'installe en ligne pour chanter devant nous. Une longue plainte, puis une autre, sur un autre ton, et encore une autre. Des incantations qui se répètent, s'additionnent, se superposent, le rythme magnétique semble sortir des profondeurs de la terre. Ce n'est pas ficelé comme du folklore, chaque morceau se déroule dans un semblant d'anarchie, mais nous sommes envoûtés, hypnotisés. C'est la voix de la forêt, c'est la fanfare du crépuscule, ce sont maintenant des danseurs qui nous entraînent dans leur transe, qui font voler la poussière en tourbillons vers la lune. Les tam-tams palpitent plus fort, un Pygmée a revêtu une tenue de policier pour assurer le service d'ordre. Le spectacle est brouillon, décousu, puissant. Nous sommes encore bercés par le rythme de notre longue marche, nos paupières ont du mal à rester ouvertes, mais nous voulons emmagasiner le plus d'images possible, sans bien savoir pourquoi, peut-être parce que ce peuple est en train de mourir, que sa culture sera bientôt siphonnée par celle des Bantous et qu'il n'en restera que des amulettes.

À mon mariage, je n'aurai donc pas eu le cortège de klaxons à travers la ville au sortir de la mairie, comme j'ai vu faire les copains en France, mais j'aurai la nouba des Pygmées. Ça me va. Quelqu'un met un seau au milieu des danseurs, c'est l'heure des offrandes, chacun y dépose un billet symbolique. Alors Belange s'échappe de sa chaise en cabriolant comme une gazelle, elle virevolte au milieu des particules de terre jaune ou rouge, elle est plus légère que l'air, elle tourne, elle sautille sur la piste et fait des arabesques avec son corps, elle leur montre à qui ils ont affaire avant de déposer notre offrande avec une grâce inouïe, avec une délicatesse éblouissante. Les danses redoublent, les chants pourraient ne jamais s'arrêter, la nuit transpire de magie. Les Pygmées sont enivrés par le vin de palme ou bien un autre alcool, ils sont tout-puissants, ils sont chez eux.

Quand nos paupières sont trop lourdes pour veiller davantage, Grandiose nous raccompagne à la lueur de la lune. Nous découvrons l'appentis que nous ont préparé Grâce et le facétieux Félicien : une cellule adjacente à leur masure, meublée d'un sommier artisanal qui occupe toute la pièce. Une natte est jetée sur le mauvais treillis de branchages inégaux, pour donner l'idée d'un matelas. Nous tâchons de nous serrer sur cette couche de creux et de bosses, sur ce lit qui doit être le plus mal foutu de toute la création – cela n'arrangera pas nos courbatures. On me croira, on ne me croira pas : jamais je n'aurais imaginé que je passerais ma nuit de noces dans une case africaine, perdu au creux de la jungle, dans un village qui recèle tant de mystères à découvrir.

Papy fait de la résistance

« Comment oses-tu me parler de mettre pied à terre, et encore moins de dormir ? Suis-je par hasard de ces chevaliers qui prennent du repos à l'heure du danger ? »
Miguel de Cervantes, *Don Quichotte*

C'est la poignée de main la plus célèbre de toutes les explorations africaines, de tous les voyages insensés, de toutes les entreprises humaines. Voilà deux Blancs, deux Anglo-Saxons que le hasard et le destin font se rencontrer au cœur de l'Afrique, dans la brousse la plus reculée, dans le pays des terres à découvrir. Ils sont harassés par leurs marches interminables et les fièvres les rendent certainement fébriles. Mais ils sont là, debout, ils sont vivants tous les deux, le reporter américain et l'explorateur écossais : c'est déjà un exploit, c'est tout un symbole. Celui de la jeune Amérique venue secourir la vieille Europe, c'est-à-dire un peu de l'histoire du siècle à venir. Ils ne savent pas qu'ils foulent cette même terre où les premiers hommes et les premières femmes ont commencé à se tenir debout sur leurs jambes et à batifoler, il y a trois ou cinq millions d'années, ils ne savent pas que c'est par ici qu'a commencé à s'ébrouer la race humaine. Ils se doutent à peine qu'après cette fameuse accolade, l'Afrique ne sera plus un continent secret. Ou qu'elle le sera de moins en moins.

Le docteur Livingstone vient tout juste de rentrer de sa dernière expédition ratée dans le Maniéma, il est malade et épuisé, plus mort que vif. Ses pieds sont striés de mauvaises écorchures, ses os lui font mal et il ne sait plus quoi faire pour arrêter les saignements de ses entrailles. Toutes les caisses qui lui avaient été acheminées de Zanzibar ont été dérobées pendant son absence. Il n'a plus rien pour assurer sa subsistance et pourrait bien crever du jour au lendemain. Il pourrait mourir au milieu de ce peuple qu'il aime tant, mais qui continuera toujours de le regarder comme un étranger, un illuminé, un fada. Qui se soucie encore de lui ? Personne, presque personne. La case qu'il occupe, dans le village d'Ujiji, au bord du lac Tanganyika, n'est que chiures d'hirondelles et toiles d'araignées, misère et désespoir. Alors on peut imaginer son regard incrédule, forcément incrédule, quand il voit s'amener une petite troupe, une cohorte commandée par un Blanc qui a si fière allure sous son casque colonial immaculé. *Le drapeau des États-Unis, à la tête de la caravane, indiquait la nationalité de l'arrivant. Je vois des ballots de marchandises, des bouilloires, des marmites et des casseroles, des bassines, des tentes, etc. Je me dis que c'est un voyageur luxueux.*

Luxueux mais fatigué. On dit que le reporter a fait trente fièvres au cours de ses sept mois de marche – ce qui fait une fièvre par semaine si je ne me trompe pas dans mes calculs. C'est un rescapé. Il a survécu au bizutage mortel du continent noir, il a montré de quel bois il se chauffait. Dans son journal, Stanley dissimule son émotion en faisant le bucolique : *Trop ému pour saisir les détails, je vis seulement de gracieux palmiers, des terrains plantés de légumes et de petits groupes de cases entourés de frêles palissades,* écrit-il à son arrivée, le 10 novembre 1871. Ou peut-être était-ce quelques jours plus tôt, Livingstone note que la poignée de main a lieu le 29 octobre. On serait déboussolé à moins.

C'est Souzi qui accourt pour prévenir son patron : UN ANGLAIS ! JE L'AI VU ! Sur le pas de sa case, entouré de quelques Arabes à qui il déplore ses infortunes, Livingstone trouve l'information saugrenue. Mais le voyageur étonné n'a pas le temps d'encaisser la nouvelle qu'il remarque déjà de splendides bouffées de poussière s'élever derrière les palissades, qu'il entend une rumeur nerveuse se mêler à d'autres bruits – de toux, de crachats, de cliquetis – et qu'enfin il voit surgir cet homme blanc, cet ange ou ce démon. Livingstone brosse du revers de la main sa gabardine toute râpée et met vite de l'ordre dans sa chevelure grise, sous sa casquette délavée, il sourit ou bien il est trop surpris pour sourire, il a ce regard incrédule. C'est ici que le reporter lance sa tirade mythique, lorsqu'il fait les derniers pas qui le séparent du vieux missionnaire ; c'est ici que Henry Morton Stanley demande, pour l'histoire :

— *Doctor Livingstone... I presume ?*

La phrase laconique détonne comme une fausse note, comme la réplique d'un mauvais théâtre de boulevard. D'ailleurs, Stanley n'aurait-il pas plutôt balbutié des paroles plus spontanées ? Mais quelle importance, au fond ? À Londres ou à New York, quand les commentateurs urbains ont narré la rencontre, ils ne se sont pas gênés pour moquer la tirade maladroite, qui convient davantage aux intérieurs feutrés des clubs philanthropiques qu'à la brousse africaine. Tous ont répété la même chose, tous ont raillé le maniérisme ridicule. Il faudrait pardonner à ces folliculaires, qui n'avaient jamais quitté les tristes frontières de leur pays : pour eux, l'Afrique était une terre extravagante et sauvage, sans civilisation, pourquoi le reporter américain aurait-il dû s'encombrer d'inutiles civilités ? Les perroquets étaient bien trop ignorants pour imaginer que le continent à découvrir était pétri de codes, de la même manière que n'importe quelle autre civilisation, sans doute y avait-il même davantage de coutumes à respecter que dans la vieille Europe – seulement, les indigènes allaient torse nu et portaient des dents de crocodile autour du cou, au lieu de lavallières et de cols cassés.

Cela n'a pas d'importance que Stanley se soit annoncé d'une manière ou d'une autre puisque, ce que l'on retiendra, ce sera la formule qui fait mouche. Le reporter ne possédait pas que des qualités, mais il avait le goût et le talent pour ce genre de tirades. Et il avait eu le temps de ruminer son texte, au cours des cent trente-six jours de marche, sous la pluie furieuse ou le soleil flamboyant, à travers les savanes, les forêts, les vallées, malgré les insectes, les fauves, les guerres tribales et les fièvres hebdomadaires. Tous les jours, il pensait au missionnaire qu'il partait retrouver et son excitation grandissait à chaque nouvel indice. Dans son adolescence, Stanley avait dévoré le livre de Livingstone – et c'était l'auteur de cette formidable traversée à travers l'Afrique qu'il allait interviewer ? Parfois, il n'y croyait pas, il n'arrivait pas à y croire. D'autres fois, il soupirait d'aise. Toujours, il se disait qu'il faudrait penser à se tempérer lorsque la rencontre se produirait. S'en tenir aux convenances, surtout ne pas trahir ses émotions. Mais Stanley ne les connaît pas, les convenances, personne ne les lui a enseignées. Il s'habillera avec élégance le jour de la rencontre et, pour le reste, il essaiera de singer le flegme des Britanniques.

Cet automne 1871, Henry Morton Stanley a 30 ans. Il écrit depuis 1868 au *New York Herald,* quotidien moderne qui, le premier, envoie ses reporters partout où l'actualité brûle, partout où il y a des histoires d'hommes à raconter. C'est le plus gros tirage de l'époque – cent mille exemplaires, avec deux bureaux principaux à New York et Paris. Le journal est dirigé par le tempétueux James Gordon Bennett junior, qui cherche à faire des coups médiatiques pour renforcer sa position. C'est lui qui a fait venir Stanley dans son bureau pour lui suggérer d'aller interviewer Livingstone, dont on n'avait plus de nouvelles depuis les dernières rumeurs de sa mort – ou bien c'est Stanley qui a, habilement, fait en sorte que le rédacteur en chef lui octroie une lettre d'accréditation pour s'engager dans cette folle aventure. Depuis sa lecture des *Missionnary Travels,* depuis qu'il avait rêvé d'expéditions en terres inconnues, Stanley considérait le missionnaire explorateur comme un héros, comme un modèle. À La Nouvelle-Orléans, avant de s'engager dans l'armée, avant d'être journaliste, il rêvait de remonter tout le fleuve Mississipi, le plus en amont possible, poussé par la curiosité. Pour faire quelque chose de sa vie, lui qui était si mal parti.

Car Stanley n'a pas toujours été ce reporter américain à qui tout semble réussir. Il n'a pas toujours été Américain, d'ailleurs. Et il ne s'est pas toujours appelé Stanley. C'est au Pays de Galles qu'il a vu le jour, dans la commune de Denbigh. Sur le registre paroissial, sa naissance est enregistrée le 21 janvier 1841 au nom de John Rowlands, et il n'a jamais connu son père – sans doute un ivrogne du comté. Sa mère l'abandonne quelques semaines après sa naissance, il est placé dans un orphelinat, dans une sombre maison de travail où les familles pauvres entassent les rejetons qu'elles n'ont pas les moyens de nourrir. Là-bas, le petit John étudie bien, il a une jolie écriture, il est élevé à coups de blâmes et de torgnoles, il cache comme il peut sa blessure de grandir sans famille. À 15 ans, il s'échappe de la sévère institution pour tenter sa chance dans le monde, pour prendre un nouveau départ. Il traîne sur les docks de Liverpool et finit par se faire recruter comme mousse sur une goélette qui va traverser l'Atlantique au début de l'année 1859. Il a 18 ans quand il débarque à La Nouvelle-Orléans, mûr pour se rêver une nouvelle vie. Il travaille au port, change son nom : John Rowlands devient soudainement Henry Stanley – le Morton intercalaire viendra un peu plus tard. Il voudrait bien se trouver un père adoptif, mais il est enrôlé pour aller combattre avec une carabine à baïonnette lorsque la guerre de Sécession éclate en 1861. Il fait le soldat des deux côtés, d'abord pour les Sudistes, ensuite pour les Confédérés, il est blessé et obtient la nationalité américaine, puis il devient reporter dans le Far West car il a toujours sa jolie écriture. Et beaucoup, beaucoup d'ambition. En 1868, il réussit à se faire embaucher au *New York Herald* et part voyager partout où les empires se créent ou s'effondrent. On l'envoie en Éthiopie, dans la vallée du Nil, à Jérusalem, à Constantinople, en Crimée, en Perse, en Inde… Nulle part il ne trouve la consolation de ne pas avoir eu de père ni de mère.

À Zanzibar, au début de l'année 1871, Stanley contrôle tous les paquetages lorsqu'il prépare sa grande mission. Il veut tout prévoir, les lampes à pétrole, la table pliante pour ses dîners dans la brousse, les fioles de sauce Worcestershire, les couteaux à viande, les fruits secs, les biscuits, les théières, les tasses, les coquetiers. Les bâches huilées, les étoffes de couleur, les perles bleues ou rouges, la pacotille, les haches, les vivres pour cinq mois, les médicaments et les armes. Le champagne, pour célébrer la rencontre, avec deux coupelles d'argent. Au total, six ou huit tonnes de matériel, qu'il fait transporter par cent quatre-vingt-douze hommes. Mais peut-être exagère-t-il la taille de son expédition, pour se donner de l'importance et parce qu'il a toujours été un peu vantard – ou bien alors, les cadences imposées ont été si infernales que la plupart des caravaniers se sont évaporés en cours de route, dans la savane ou dans la chaleur, que beaucoup sont morts de fièvre ou d'épuisement. Car les porteurs ne sont plus que trente-quatre lorsqu'ils arrivent à Ujiji, devant la case de Livingstone. Le 29 octobre ou le 10 novembre 1871.

La nuit tombée, les deux explorateurs trinquent au champagne tiède et les commerçants arabes leur font préparer un dîner prestigieux – de la viande d'hippopotame, un poulet, du mil, des haricots, des arachides. Livingstone n'a pas parlé à un autre Blanc depuis plus de cinq ans, l'incrédulité des premières minutes se transforme en curiosité insatiable pour les actualités du monde. Stanley fait son travail de journaliste, en tête-à-tête : il raconte l'achèvement du chemin de fer transcontinental entre l'est et l'ouest des États-Unis, en mai 1869, et l'ouverture du canal de Suez quelques mois plus tard ; il raconte la pose des premiers câbles télégraphiques au fond des océans, la terre commence à rétrécir. Peut-être raconte-t-il aussi les petits pamphlets de Karl Marx qui dénoncent, déjà, les contradictions du capitalisme. Le reporter signale enfin l'existence de cette autre mission de recherche que tarde à mettre en place la Royal Geographical Society pour retrouver l'honorable missionnaire, et qui doit être commandée par le propre fils de l'explorateur, William Oswell. Livingstone en avale de travers sa bouchée d'hippopotame – mais oui, son dernier fils est grand maintenant, il a 20 ans. Mais alors, pourquoi n'est-ce pas lui qui est venu à sa rencontre au lieu de ce journaliste, fort sympathique au demeurant ? Le révérend n'aura su qu'être déçu par ses fils et puis il sent des bouffées d'amertume ou de chagrin – mais il n'arrive pas encore à parler de Robert, son aîné mort à la guerre de Sécession.

Stanley ressert un petit coup de Sillery et Livingstone sent d'autres larmes faire briller ses yeux, des larmes d'euphorie ou de soulagement. Vous m'apportez une nouvelle vie, répète-t-il deux ou trois fois, tout en lorgnant la montagne de marchandises qu'amène le Gallo-Américain. Sans Stanley, son sort était scellé : il serait mort. Alors, ce soir, il se prend pour Lazare le ressuscité et se promet de faire quelques prières pour remercier le seigneur. Il écrit aussi dans son journal : *C'est bouleversant, je me sens d'une extrême gratitude et en même temps un peu honteux de n'être pas digne d'une pareille générosité. M. Stanley a accompli sa tâche avec une énergie inébranlable.* Il sait de quoi il parle. Le pauvre Lazare est flatté de découvrir qu'on s'intéresse encore à lui au point de financer une si riche expédition pour le secourir. Stanley envoie un messager à Zanzibar, pour télégraphier au monde que le vieux a bien été retrouvé, sain et sauf, sur la rive est du lac Tanganyika. Une première dépêche sera publiée dans le *New York Herald* du 22 décembre 1871. Mais l'histoire n'est pas terminée.

Car Livingstone est très clair avec Stanley : il lui est immensément reconnaissant d'avoir mené cette expédition de secours, mais ne comptons pas sur lui pour rentrer au bercail. Il a sa tâche à accomplir auparavant, son honneur à laver, ce n'est qu'auréolé de la gloire d'avoir cartographié la source du

Nil que le Foreign Office le reverra. *Rentrer sans achever ma mission, ce serait pour une vie de disgrâce et de misère,* note-t-il, assez lucidement, sans dire quelle était précisément sa mission – mais le savait-il encore ?

Au lieu de ça, le vieux retourne la question au jeune : Livingstone propose à Stanley de rester avec lui, de l'accompagner dans sa *mission.* Ce serait un avantage, pour le papy des explorations : grâce à la caravane du *New York Herald,* il ne serait plus obligé de dépendre des trafiquants d'esclaves. Mieux, la présence du reporter donnerait davantage de résonance à son combat contre les esclavagistes, le plus grand journal des États-Unis, le plus gros tirage du monde... Il confie à Stanley son rêve secret : que l'Afrique accomplisse sa propre guerre de Sécession pour mettre un terme au trafic d'êtres humains, tout comme l'Amérique a fait la sienne quelques années plus tôt. Stanley décline la proposition. Il doit rentrer à Zanzibar, il doit câbler son article et justifier ses notes de frais, qui s'élèvent à quelques milliers de dollars. Donc, c'est non. Ou bien alors, quelques semaines, mais pas plus. Ce serait tout de même dommage de ne pas faire une petite expédition avec le missionnaire, ça donnerait du sel au reportage. Les deux hommes conviennent d'aller cartographier le nord du Tanganyika, Livingstone est convaincu depuis le début de son expédition, cinq ans plus tôt, qu'un cours d'eau sort du lac pour rejoindre le lac Kivu un peu plus haut, puis le lac Albert – toujours ces vases communicants pour expliquer la source du Nil. Ils partent à deux canots, *aux frais de M. Stanley,* le 16 novembre. Sur les eaux d'argent, ils observent des bergeronnettes, toutes sortes de martins-pêcheurs, des tisserins, des hérons, des aigrettes, des cormorans, des aigles, des balbuzards, des vautours, des colibris, des oiseaux qu'ils ne savent pas nommer. Ils longent des villages aux tons fauves, s'ébaubissent devant les nappes de sorgho d'un vert si éclatant, devant les gracieux mimosas qui couvrent les berges harmonieusement découpées. Le 28 novembre, ils accostent sur l'embouchure qu'ils cherchaient. Seulement, au lieu de couler vers le lac Kivu, le cours d'eau se jette dans le Tanganyika. *C'était dès lors une question résolue : le Roussizi entre dans le Tanganyika et ne lui sert pas de débouché comme on aurait pu le croire. Le seul trait remarquable qu'il nous ait offert est l'abondance de ses crocodiles,* conclut Stanley. Encore une hypothèse qui s'écroule. Soudain, le vieux docteur prend conscience d'une chose : s'il avait commencé sa quête par cette vérification simple, cela lui aurait épargné cinq années de galères éprouvantes, cela lui aurait évité d'avoir à se corrompre avec les négriers arabes. Il n'a plus qu'à avaler sa casquette, il n'a plus qu'à jeter son dévolu sur la Lualaba ou bien sur une nouvelle foucade. L'expédition sur le Tanganyika est un échec mais, quand ils rentrent à Ujiji, le 13 décembre, une amitié sincère s'est nouée entre les deux hommes. C'est même un peu plus que de l'amitié. Livingstone approche des 60 ans, Stanley en a 30 : les deux pourraient être père et fils.

N'est-ce pas justement ce que cherchait Stanley, dans toutes les entreprises de sa vie ? À La Nouvelle-Orléans, il s'était inventé une figure paternelle, un homme bon, juste et admirable, qui s'appellerait Stanley, qui l'aurait tellement aimé qu'il l'aurait adopté et qu'il lui aurait donné son nom. Plus tard, quand le journaliste deviendra une vedette à son tour, quand les biographes tenteront de comprendre sa vie impossible, on s'apercevra que le jeune homme s'imaginait beaucoup d'histoires pour colorer son existence, puisque jamais personne ne lui avait tendu la main. Alors, dans la touffeur d'Ujiji, Livingstone prend la place de l'adulte que

Stanley aurait aimé avoir eu près de lui dans son enfance. Le vieux apprécie la fougue du jeune, le jeune admire la détermination du vieux.

Stanley raconte à sa figure tutélaire comment il a fui les austères institutions pour aller traîner la savate dans le monde, comment il s'est retrouvé soldat aux États-Unis, comment il a changé de nom avant de se faire blesser à la guerre. Livingstone pense à sa tête brûlée de Robert, qui aurait presque le même âge que Stanley, qui a accompli presque le même parcours, à ceci près que sa blessure de guerre lui a été mortelle, mais il n'arrive pas encore à en parler. Au cours des seize ou dix-huit semaines qu'ils passent ensemble, Stanley nuance parfois ses élans, il entrevoit ce que pouvait être le Livingstone dur et intraitable de la mission Zambèze, il le regarde s'entêter dans ses projets saugrenus. *J'ai l'impression que Livingstone n'est pas d'un tempérament aussi doux que je l'avais d'abord imaginé.*

Les deux hommes se réjouissaient de passer le réveillon de Noël ensemble, mais Stanley est brûlant de fièvre. Livingstone lui fait boire de l'eau à la petite cuillère, comme il l'a fait avec Mary lorsqu'elle était mourante, comme il le faisait avec Robert lors de ses premières expéditions approximatives, dans le désert du Kalahari. Stanley tremble, Stanley délire et perd connaissance : Livingstone a peur, alors il abandonne toute retenue, il s'épanche dans la case poussiéreuse, il dit tout haut combien il aurait aimé que Robert soit à l'image de cet ange gardien venu le sauver, ou combien il aimerait que Robert soit encore en vie auprès de lui, il parle toute la nuit pendant que Stanley dort.

Et puis Stanley guérit. Il veut rentrer, maintenant. Encore un peu fébrile, il affirme être soulagé d'en avoir fini avec l'Afrique : cette terre sans livres, sans journaux, sans restaurants, sans pâtisseries, sans lieux de distraction et sans femmes blanches n'est pas faite pour lui, il a autre chose à faire de sa vie. Laissons-le dire, il est jeune. Il ignore encore qu'il s'embarquera, deux ans plus tard, dans une des plus périlleuses de toutes les explorations africaines, il ignore encore qu'il cartographiera intégralement le lac Victoria et le Tanganyika, qu'il descendra la Lualaba qui est le plus puissant des fleuves du continent, triomphant de tous les dangers, devenant un titan de l'exploration, une légende vivante, lui qui cherchait tant la reconnaissance. Mais ce n'est pas pour tout de suite.

Le futur titan ficelle ses derniers paquetages le 27 décembre, Livingstone lui propose de l'accompagner un bout de chemin, quatre ou cinq cents kilomètres vers l'est. Les deux Anglo-Saxons cabotent sur le Tanganyika puis cheminent quarante-deux jours en direction de la vallée de la Kouihara, au milieu de l'actuelle Tanzanie, vers la ville d'Unyanyembe qui sera rebaptisée Tabora. Stanley, encore un peu convalescent, est juché sur un âne ; Livingstone, qui préfère la marche à pied, avance altier, l'œil ombrageux, les joues creuses, brave parmi les braves, orgueilleux parmi les orgueilleux, à ruminer ses prochaines aventures, toujours en quête de la perfection. On la tient enfin, l'image de Don Quichotte escorté de son écuyer Sancho Panza – lequel essaie encore de raisonner son compagnon. *Monsieur Stanley emploie les arguments les plus pressants pour me décider à revenir avec lui en Angleterre,* écrit l'Écossais dans son journal. Mais le promeneur de la jungle a encore ses utopies à concrétiser. S'il a survécu à toutes ces années d'Afrique, c'est davantage la chance que l'astuce qui l'a protégé. Ou bien c'est la fertilité de son imagination, de sa folle imagination, c'est la poésie qu'il entendait, partout, dans le glouglou des rivières ou entre les herbes jaunes de la savane, au coucher du soleil. Jusqu'au bout, Livingstone restera un bucolique, un génial amateur, un extravagant qui rêve d'un monde meilleur. Il ne vit que pour ses élucubrations. Alors que Stanley est plus réaliste, plus efficace. Plus américain.

C'est bientôt l'heure de se quitter. Stanley selle son âne et Livingstone scelle les exemplaires de ses carnets, à la cire d'abeille ou à la paraffine de bougie. Il les remet ensuite, solennellement, au journaliste qui s'en retourne à la civilisation. Il lui abandonne son sextant déréglé et lui confie un article rédigé pour le *New York Herald* dans lequel il pourfend la traite négrière et les préjugés sur les Africains : *Quiconque vit longtemps parmi eux oublie qu'ils sont noirs et ressent qu'ils sont juste des camarades. (...) Je préfère vivre parmi eux qu'avec, au hasard, des membres de la Société d'anthropologie de Londres.* Le 14 mars 1872, les deux compagnons se serrent la main, ils se disent au revoir, encore qu'on ne sait jamais trop si on se reverra dans ces occasions. Ils s'étaient trouvés et voilà que leurs destinées les séparent déjà. Ils se sont tout de même transmis des choses invisibles. Et puis, la postérité va les réunir, mais le vieux missionnaire ne sera plus vraiment concerné.

Livingstone se fait plus anachorète que jamais. L'ermite se retire définitivement dans la contemplation, il serre la main de Stanley puis le regarde s'éloigner avec ses hommes. Le jeune reporter a laissé tout ce qu'il pouvait : douze balles de calicot, du fil de laiton, une baignoire, une bouilloire, une tente, des médicaments, des munitions, quelques carnets vierges, et il a promis d'envoyer une caravane chargée de tout ce dont l'escogriffe aura besoin pour terminer son expédition : entre autres, de la confiture, des boîtes de sardines, un chronomètre, de la farine et des textes de John Greenleaf Whittier, poète américain, ardent défenseur de l'abolition de l'esclavage. Ici, Livingstone pourrait encore se raviser, rattraper la colonne et rentrer se soigner, puisqu'il a trois ou quatre maladies à traiter de toute urgence ; mais allez raisonner un chevalier errant.

Au lieu de ça, l'incurable géographe retourne à ses vieilles cartes. Il médite sur ses prochaines pérégrinations. Il a abandonné l'idée de descendre la Lualaba : le téléphone arabe lui a appris que la région était en train de sombrer dans le chaos, que de nouveaux conflits s'y déclaraient toutes les semaines. Le vieil homme préfère aller se balader vers l'amont, c'est-à-dire vers le sud. Sur son carnet tout neuf, il écrit : *Quatre grandes sources jaillissent de la ligne de faîte, à huit jours de marche de Katanga (...) Il est possible que ce ne soit pas les quatre fontaines dont le trésorier de Minerve a parlé à Hérodote, mais elles ne méritent pas moins qu'on les découvre.* Voilà son nouveau plan de route. Il y croit dur comme fer. Il y croit comme Don Quichotte s'accrochait à ses rêves d'archipels.

Stanley, arrivé en temps record à Zanzibar, croise William Oswell qui s'apprêtait à mettre en branle sa colonne de la Royal Geographical Society – c'est trop tard, lui dit le reporter, le job est fait et ton père va bien, ou disons plutôt qu'il est encore en vie. Il est reparti loin, bien loin, par la nature, puisqu'il est un peu bohémien. Et puis William Oswell tombe tellement malade qu'il faut le rapatrier de toute urgence en Angleterre. Au mois de juillet, le *New York Herald* publie *in extenso* le récit de la rencontre entre son journaliste vedette et le papy des grands lacs. C'est le début de la presse à grand tirage, tous les journaux parlent de ce scoop – le premier à être relaté simultanément des deux côtés de l'océan Atlantique.

Stanley traverse l'Europe à la vitesse du train, répondant à toutes sortes d'interviews, puis il va donner des conférences aux États-Unis où il continue de flatter la stature de son père putatif. Dans la foulée, il publie *How I found Livingstone*, un succès de librairie encore plus retentissant que les *Missionary Travels* du vieux pasteur. Sous la plume de Stanley, le grand homme devient une célébrité internationale. Un brave qui fait primer sa mission divine sur sa vie de famille ou son confort personnel. Un *working class hero* dont l'abnégation séduit les foules. Le journaliste américain réhabilite complètement le missionnaire écossais, son portrait est si enthousiaste qu'on oublie ou qu'on pardonne ses échecs du passé, son abominable mission sur le Zambèze. Le reporter en rajoute un peu sur l'humanité de Livingstone, il en rajoute sur son combat héroïque et impartial contre l'esclavage, à l'avant-garde, tous derrière et lui devant. D'un point de vue journalistique, ça donnait une plus jolie histoire d'auréoler un bon, un pur, un auguste vertueux, plutôt qu'une tête de mule empêtrée dans ses calculs incohérents. Sans rien en savoir, le révérend de la brousse retrouve la gloire, celle qu'il avait touchée du doigt à son premier retour d'Afrique, en 1856, après qu'il eut traversé le continent de part en part, et puis qui s'était affaissée par la suite. Avant Stanley, Livingstone était en marge de la légende : s'il était mort de faiblesse dans le Maniéma, qu'aurait-on retenu de lui ? Aurait-il seulement eu son nom dans les dictionnaires ? Avant Stanley, Livingstone n'était plus rien. L'Angleterre se foutait de lui. Après Stanley, il devient un mythe. Un mythe entretenu par des générations de bondieusards, qui exploiteront cette figure de légende, cette manne tutélaire, qui en feront un grigri pour justifier leurs incursions, parfois émancipatrices, parfois détestables.

Anachorète, Livingstone ne veut plus trop avoir affaire avec les hommes. Du moins, il se libère de la civilisation occidentale – qu'il n'a jamais eu le temps de comprendre. Il est convaincu d'être plus brave que les autres et se sent blessé par tous ceux qui ne lui ont pas accordé leur confiance. Il part accomplir la seule chose qu'il a su faire, vraiment bien faire, au cours de sa vie : poursuivre des chimères. Il est en train de se retirer du monde, tout comme Arthur Rimbaud partira trafiquer dans l'inconnu des plateaux abyssins, quelques années plus tard, après qu'il aura rédigé ses poèmes fulgurants.

La caravane promise par Stanley arrive à Unyanyembe le 14 août 1872. Soixante hommes, des ânes, des ballots. Des caisses de nourriture, du sel, du papier, des armes, des poèmes. Des instruments de précision, une longue-vue qu'il met aussitôt dans la poche de sa veste. Du goudron, pour calfeutrer les embarcations. Des bouteilles de brandy, ça peut toujours servir. Livingstone n'a jamais été aussi bien ravitaillé. Il reprend sa route incohérente avec ce nouvel équipage, plein sud dans l'immensité pas encore bornée du dernier continent sauvage. Il n'a plus d'étoile pour le guider dans le ciel, mais il est toujours illuminé de l'intérieur. Il n'appartient plus au monde de ses contemporains, il vit dans son propre univers : il n'a pas raté sa vie, alors.

La colonne coupe à travers la savane pour aller ausculter une montagne fantôme, celle des quatre fontaines d'Hérodote. Livingstone marche encore en tête, mais plus pour longtemps. C'est un dinosaure. Un dinosaure en quête de sources miraculeuses. Il s'embrouille dans ses mesures, il s'enfonce dans les limbes de la forêt, qui devient son refuge pendant la saison des pluies, malgré les moustiques, malgré la boue et les nuits passées à grelotter dans ses vêtements mouillés. Les attaques de dysenterie sont toujours plus douloureuses, ses intestins deviennent une longue plaie de six mètres, tire-bouchonnée dans son abdomen. Il ordonne tout de même de reprendre la marche. À partir de maintenant, plus personne ne connaîtra la position du missionnaire.

Mais il se raconte encore dans son journal. 7 décembre 1872 : *La faim est pressante.* 25 décembre : *Jour de Noël. Temps froid. Pluie nuit et jour. On ne sèche pas.* La nuit, les perce-oreilles courent sur ses cheveux blancs ou dans son cou et les chauves-souris volent en ellipse au-dessus de sa natte. Il rêve des crapauds-buffles qu'il a croisés, de serpents, de crocodiles, de fourmis rouges ou d'hyènes affamées. Le jour, les mouches tourbillonnent autour de ses yeux humides et des guêpes l'attaquent. Elles s'en prennent à toute la colonne, qui doit s'éparpiller dans tous les sens pour échapper à l'essaim meurtrier. Plus personne ne comprend ce drôle de zèbre. Même Souzi et Chouma, qui le suivent depuis tant d'années maintenant. Même Jacob, débarqué avec la dernière cohorte envoyée par Stanley, qui sait lire et écrire, et qui est devenu le secrétaire particulier de Livingstone. Tous voient le vieil homme se déliter ; ses viscères commencent à pourrir et le vent de l'aurore le fait grelotter, son corps se détraque. Il a chaud, il a froid, toujours il ordonne d'avancer car il est imperméable au découragement. Est-il si pressé de rejoindre le cœur des ténèbres ? Son fond de pantalon est taché par les coliques, déchiré par les fourrés. Le 8 janvier 1873, la troupe approche du lac Bangwelo : *Marais, sangsues, de l'eau jusqu'aux hanches. Odeur de putréfaction.* 24 mars : *Tout est mouillé, on a froid.* Ils pataugent dans une mer envahie d'herbes, ils s'enfoncent dans la boue et dans les trous d'eau. Le zélé cartographe voudrait borner un lac aux rives imprécises, noyées par les marais. Folie chevaleresque ! Il troque une pirogue contre du fil de laiton, mais l'embarcation se retourne avec les instruments de précision, avec les munitions et les fusils qui se détériorent, encore un coup d'épée dans l'eau. Alors il voyage à dos d'âne, à cru puisqu'il a perdu la selle. C'est Don Quichotte sur la monture de Sancho Panza. *La situation est très misérable, mais rien sur terre ne me fera abandonner mon œuvre*, écrit-il encore. Car le missionnaire fou est plus têtu que l'ingénieux gentilhomme – au moins, l'errance absurde du héros de Cervantes prend fin quand il abandonne la lecture de ses romans de chevalerie, quand il cesse de vouloir conformer sa vie aux écritures. Livingstone ordonne de continuer la marche, puisqu'il continue de croire à ses archipels, à ses terres promises, à ses sources miraculeuses.

Certains jours d'éclaircie, quand il chemine dans la jungle exubérante et riante, quand son corps ne le fait pas trop souffrir, l'éternel voyageur répète à ses ultimes compagnons que c'est au milieu de cette symphonie pastorale qu'il voudrait bien être enterré. Que c'est sur la terre africaine que son cœur a trouvé sa place dans le monde. Pas ailleurs. Il leur déclame combien il a aimé marcher dans les savanes et dans la forêt, que c'est là qu'il a découvert le bonheur, l'harmonie, l'apaisement. Mais, jusqu'au dernier jour, c'est à l'aune de la distance Blantyre-Glasgow qu'il continue de mesurer le chemin parcouru et le chemin à parcourir. Trois heures de marche, dix miles, seize kilomètres qu'il accomplissait à pied chaque lundi matin et chaque vendredi soir, pendant ses années d'étude. Malgré toutes ses expéditions tropicales, c'est toujours à ça que David Livingstone pensait quand il devait évaluer son parcours : à la distance Blantyre-Glasgow.

Nouvelles marches à travers les collines et les prairies inondées ; tout est cloaque, tout est bourbier, comme si cette terre africaine voulait l'engloutir. Aucun indigène, dans aucun village traversé, ne connaît la montagne magique d'Hérodote. Personne n'a entendu parler des quatre rivières légendaires qui pourraient y prendre leur source. Comme le vieil homme semble déçu, les habitants lui montrent des colibris pour le consoler : il les regarde à peine. Derrière lui, la troupe épuisée, mais toujours obéissante, contourne docilement les marais du lac Bangwelo. Un matin, le ciel devient anthracite, il n'est pas midi et le ciel devient soir, puis c'est un terrible orage qui éclate, les éclairs tombent à pic, immédiatement suivis de craquements effrayants, comme si l'on déchirait d'immenses toiles à matelas et que des tonnes de pièces de métal, clous, fers à cheval, clés à molette, bric-à-brac de forgeron, s'écroulaient violemment sur la terre, qui tremble à chaque impact. Le ciel craque, la forêt gronde, le vent gueule et la pluie arrive, bile noire crachée par les cieux. C'est de nouveau la tempête et c'en est fini des journées de chaleur écrasante et de poussière, c'en est fini des aubes roses et des crépuscules délicats. 19 avril 1872 : *Je suis excessivement faible. Sans mon âne, je ne ferais pas cent mètres. C'est à peine si je peux tenir un crayon.* Va-t-il s'enfoncer à jamais dans le sol liquide, va-t-il pourrir sur pied ? À partir du 21 avril, le grabataire voyage en kitanda, c'est-à-dire en tipoye, c'est-à-dire en brancard, sur une litière d'herbes humides portée par deux costauds qui se relaient. *Ce n'est pas du tout plaisir que cette exploration,* note finalement Livingstone, comme il l'avait sûrement noté dans les carnets de ses autres explorations mal ficelées. Combien de temps lui reste-t-il à vivre ? Il implore Dieu de lui laisser un sursis, mais il est tout cassé, il chancelle, il vacille de toutes parts.

Tristes tropiques

« Dans un hameau où nous avons demandé notre chemin, se tenait un couple nouvellement uni. Ils étaient enlacés très tendrement et personne ne plaisantait. »
David Livingstone, *Dernier Journal*

La lumière entre directement par les orifices du toit de tôle, j'observe le petit jour s'installer dans notre misérable cabane. Ce sont quatre murs, rien de plus. Quatre murs de briques ocre et une large planche pour unique ouverture. Pas de fenêtre. Mais le toit est tellement troué qu'il fait déjà clair aux premières lueurs. Quelques clous sont plantés dans les joints de terre glaise, nous y avons suspendu nos sacs et attaché la moustiquaire que nous a prêtée le pasteur Félicien. Le lit inconfortable occupe toute la surface de la pièce. Belange se sert de mon bras comme d'un oreiller et les premières flèches du soleil dorent sa peau noire et s'emberlificotent dans sa toison minuscule, plus noire encore. Voilà donc le relief de notre chambre nuptiale. Je savoure mon bonheur, le dos tordu sur les branches disparates de la literie cabossée. Je repense aux polyphonies des Pygmées, à l'extase de cette nouba qu'ils nous ont offerte hier soir. Nous l'avons accomplie, notre longue route. Et, cerise sur le gâteau, nous voilà mariés, ce n'était pas si compliqué finalement. J'enseignerai à Belange tout ce que je sais faire : je lui apprendrai à nager, à cuisiner des lasagnes et à monter à cheval. Nous voilà mariés et nous allons donc nous brosser les dents au-dessus de la même bassine, au-dessus du même lavabo jusqu'à la fin de nos jours ? J'ai 38 ans, c'est-à-dire que je suis à la moitié de ma vie, s'il m'échoit de vivre vieux. Au même âge, Livingstone n'avait pas encore accompli sa première traversée de l'Afrique, mais il avait déjà l'habitude de s'avancer loin dans le désert du Kalahari. Neil Armstrong venait d'être sélectionné pour marcher sur la Lune. Et Arthur Rimbaud était déjà parti beaucoup plus haut : dans les étoiles.

Pour la première fois, j'ai le sentiment d'être allé au bout d'un voyage, d'avoir vécu l'aventure jusqu'à son accomplissement, et je sens l'apaisement se distiller dans mon corps – ou bien ce sont les courbatures qui se réveillent. J'écoute les chants effrontés des oiseaux de la jungle, les susurrements obstinés de la collection de bestioles exceptionnelle qui s'y cache, j'ai ce matin la drôle d'impression d'avoir trouvé ma place sur la Terre. Tout est limpide, tout est clair. J'ai passé la moitié de ma vie à traîner mes espadrilles sur les sentiers poussiéreux de la planète, à m'émerveiller du spectacle du monde, il n'y a rien d'anormal à ce que j'aie rencontré ma femme sur mon lieu de travail. Comme tout un chacun, en somme.

Le ravissement est de courte durée. Soudain, ma paix intérieure est bousculée par une cacophonie de chants liturgiques, puis le moteur d'un groupe électrogène se met en branle et la voix d'un pasteur crie dans un micro – ce n'est pas celle de notre pasteur Félicien, que j'entends se retourner en rouspétant dans son lit, de l'autre côté du mur (son office aura lieu un peu plus tard). C'en est un autre. C'en sont des dizaines d'autres. Rien que dans notre allée, nous avons trois cérémonies religieuses. Et j'entends d'autres échos s'échapper de plus loin, qui expriment tous à peu près la même chose : la religion devient facilement l'occupation principale, quand il n'y a pas d'autres livres à lire que la Bible, quand il n'y a pas d'autre espoir de vie meilleure, quand il n'y a même pas de bars pour lier des amitiés. La prière, la prière, la prière. Et le sexe, tout de même, unions officielles ou officieuses. J'ai appris hier que la population d'Oshwé n'en finissait pas de s'étendre : le village comptait deux mille personnes dans les années 1980, le dernier recensement fait état de dix-sept mille habitants, trente ans plus tard. Les Congolaises sont très fertiles, m'a prévenu le pasteur Félicien.

Arrive alors un escadron de moustiques, déterminés à nous sucer, rituel de bienvenue. Ils détectent rapidement une fente dans le tulle et taquinent nos épidermes, ils frôlent nos parties les plus intimes et se mettent à l'ouvrage, sans cérémonie. Belange dort toujours, blottie contre moi, la bouche un peu ouverte. Ma femme. Mon épouse. Je chasse les anophèles qui s'en approchent un peu trop près, je dois la défendre maintenant. Je m'y prends si maladroitement que je la réveille – mais la sono des célébrations religieuses n'y est pas pour rien non plus.

Nous allons nous débarbouiller au fond du petit jardin, dans la salle de bains à ciel ouvert, avec un morceau de savon blanc – Belange dit que nous allons nous barbouiller. C'est un enclos de bambous plus ou moins bien rafistolés, un petit carré d'un mètre sur un mètre, on y va avec son seau, on s'asperge le corps à l'aide d'un gobelet en plastique, on se frotte, on se décrasse, on joue, on a encore des courbatures qui nous font trembler, qui nous fragilisent. Belange manque de glisser, je la rattrape, je la prends dans mes bras, elle est à peine plus lourde qu'un bouquet de fleurs. Le soleil nous sèche avant que nous ayons le temps de remettre nos tongs.

— Le déjeuner vous attend, nous lance la femme du pasteur.

Nous ne nous faisons pas prier. Grâce nous indique le canapé poussiéreux et la table trop grande, couverte de casseroles, de plats, de marmites, de poissons, de bananes plantain, de riz, de mangues, d'un pot de piment et bien sûr de semoule de manioc que l'on appelle le foufou. C'est notre repas de noces. Avant de commencer, elle propose tout de même que nous fassions une petite prière, ce qui lui permet de remercier Dieu de nous avoir menés jusque-là et de le féliciter de nous avoir donné ce repas, tout ça dans la même phrase. Puis nous nous jetons sur la nourriture.

Ensuite, comme les courbatures et le soleil nous empêchent de marcher, comme nous avons quelques heures de sommeil à rattraper, nous retournons dans la chambre nuptiale. Mais nous ne dormons pas, du moins pas tout de suite. À peine avons-nous dénoué nos pagnes que tout devient tendresse, caresse, douceur, volupté. Nous repartons dans nos explorations préférées, nous cheminons à travers nos corps, nos jungles ; j'apprends à connaître ses doigts, ses lèvres, sa langue, ses dents en diastème, ses cils, le grain de sa peau et ses jambes autour de ma taille ; sa poitrine généreuse où pointent deux petits capuchons durs comme des boutons de rose. La voix de Belange m'est déjà si familière, son souffle aussi. J'aime son air sage quand elle fait l'amour, son air sage qui devient parfois sauvage.

Ça, nous en avons passé, des heures, sur ce lit immense mais si malcommode. Il occupe toute la pièce, si bien que l'on ne peut même pas s'allonger sur la terre battue, qui semble bien plus confortable – de toute façon, il vaut mieux éviter le sol, m'avertit Belange, à cause des serpents. Nous entendons le pasteur rentrer bruyamment de sa cérémonie de culte ; il allume sa radio grésillante pour écouter un nouveau match. Notre lit grince un peu, il nous demande si tout va bien les jeunes mariés et sans doute s'endort-il aussitôt après, car nous ne l'entendons plus du tout ou plutôt nous l'entendons ronfler. Belange finit par s'endormir, elle aussi. Sous le toit de tôle, la masure va se transformer en four. Ce sont les heures chaudes. Les torrides pointes de lumière se fichent dans nos épidermes, plus cruelles que les flèches de Cupidon. Le soleil, qui est considéré comme une récompense en Europe, n'est qu'une punition en Afrique.

Je compte les briques de notre appentis, puisque le sommeil ne vient pas cet après-midi – mon cœur bat bien trop fort pour que je puisse m'endormir. Je repense à ce matelot qui m'avait prédit de grandes choses dans un bar du port, à Brest, où j'avais fait l'étudiant avant de prendre la route. Le marin tenait son verre dans sa main rouge, zébrée de lignes violettes, son corps semblait tanguer et ses pupilles brillaient dans la pénombre de la taverne, elles luisaient, humides, vives, perçantes, noires. Ce soir-là, il m'avait raconté mon avenir. Rien de précis, des images, des impressions, des choses qui ne prennent leur sens que des années plus tard, des choses que je n'avais pas retenues. Il devait être ivre, car la table sur laquelle nous posions nos chopes tanguait avec son corps, comme si nous étions en pleine mer. Je ne sais plus de quelle manière il m'a annoncé que je verrais cent pays et que je vivrais mille aventures, car j'avais surtout ri en écoutant ses sornettes, il n'était pas sérieux, il disait n'importe quoi – comment le croire, quand mon seul horizon était bouché par la rade et le mauvais temps ? Je partageais ma soirée avec une jolie danseuse à la peau très fine, aux yeux très bleus, c'était plutôt elle qui devait vivre un destin exceptionnel, non ? Mon prophète s'était arrêté de soliloquer en prenant un air triste. Non, c'était moi. Je verrais bien. Il avait dit encore que c'était toute sa vie de n'être jamais cru, avait payé ses consommations et s'en était allé sous la pluie. Finalement, il marchait droit.

Par la suite, je n'avais repensé qu'une fois à cet oracle. C'était après avoir été poursuivi par trois chiens furieux en Mongolie – alors que je traversais la steppe au petit galop, mon cheval avait dû s'approcher un peu trop près de leur territoire. Les trois molosses nous avaient aussitôt pris en chasse, sans sommation, sans même aboyer, avec un seul dessein : nous sauter à la gorge. Si nous avions trébuché, si j'avais été désarçonné, j'aurais été dévoré, déchiqueté. *Oulan-Bator. Un touriste mangé par des chiens jaunes.* Mon cheval a galopé, silencieusement lui aussi, surveillant parfois la progression de nos poursuivants enragés, regardant droit devant lui le reste du temps. Nous étions dans une situation de vie ou de mort et je n'avais même pas eu le loisir de voir ma vie défiler, tant j'étais concentré sur la technique, les trous d'eau à franchir, les pierres à contourner. J'entendais juste nos respirations, celle du cheval et la mienne, les bruits de sabots sur la terre sèche et les grognements hargneux derrière nous. Quand nous avons été suffisamment loin, nous nous sommes arrêtés au bord d'une rivière, pour souffler et pour boire. Alors j'ai pensé que c'était peut-être cela, le destin exceptionnel qui m'avait été prédit, mourir englouti par les mâtins d'un pays du soleil levant. Mais j'y avais échappé, j'avais survécu. Toutes les heures que j'ai passées auprès des chevaux dans mon enfance, à les regarder, à les promener, à les soigner, à les caresser, à les nourrir, à les monter, auront au moins servi à me sauver la vie.

Il fait un peu moins chaud, les rais de lumière se sont déplacés sur l'autre mur. Dans le salon minuscule, le pasteur Félicien tente de réparer sa radio. Toutes les pièces du transistor sont étalées devant lui, il n'a pas l'air dépassé par la technique, par les vis, les ressorts et les fils emmêlés sous ses yeux. Il m'apprend qu'il a été électricien dans le passé, après avoir effectué des études de droit à Kinshasa.

– Je voulais être fonctionnaire international, mais Dieu en a décidé autrement.

Vêtu d'un costume cravate, il aurait été très crédible dans les couloirs de l'ONU. Je lui demande son âge :

— Cinquante-sept ans, à peine.

Nous parlons, nous parlons, et lorsque je veux me lever pour aller visiter Oshwé, il fait déjà nuit car les journées tombent comme des troncs morts, ici aussi. Et il n'y a pas d'ampoule, ni de courant, pour éclairer le salon : le pasteur électricien doit remettre la poursuite de sa réparation au lendemain.

Ce matin, Joël rentre chez lui, à Youki. À pied. Il vient nous saluer avant de reprendre le chemin des murmures. Notre poignée de main est digne de celle que Livingstone échange avec Stanley lorsqu'ils se quittent pour de bon, dans la vallée de la Kouihara. Je lui glisse 60 dollars, c'est-à-dire rien, compte tenu des efforts qu'il a accomplis pour nous, mais je ne suis pas venu avec des mallettes pleines de billets et ça lui permettra tout de même de payer son droit d'examen. Il me serre encore la main très chaleureusement, et celle de Belange, et celle du pasteur, et celle de la femme du pasteur qui lui a préparé un paquet de provisions pour la route, et il retourne dans la forêt, son petit sac sur le dos et les mains dans les poches.

L'avion doit atterrir à 14 heures, le pasteur me propose une promenade à l'arrière de sa moto neuve, qu'il manie fort maladroitement, dérapant souvent dans les virages. Étrangement, il se retourne pour me crier : JE CONDUIS BIEN, HEIN ? Je réponds qu'il faut regarder la route et nous avançons cahin-caha entre les femmes qui reviennent de la rivière, leurs provisions d'eau sur la tête. Parfois, un grand arbre, un rescapé de la forêt vierge qui s'étendait jusqu'ici vingt ans plus tôt, trône comme un pylône au bord du chemin et je tourne la tête pour le contempler tandis que Félicien fait ronfler son moteur. Mais le soleil recommence à cogner de toutes ses forces et le pasteur ne cesse de s'éponger le front avec les pans de sa chemisette. Il est pressé de rentrer. Je dois insister pour que nous fassions un détour par les Pygmées, je voudrais au moins saluer nos deux témoins de mariage.

Dans la cour de Grandiose, les vestiges de la nouba de l'avant-veille ont été balayés. Grandiose nous fait asseoir sur deux tabourets minuscules et nous commençons à deviser sous le soleil de plus en plus agressif – je cherche un coin d'ombre, mais ceux-ci sont monopolisés par les poules. Célestin vient aussi nous serrer la main, simplement vêtu d'un short et d'un collier de perles ; il porte un arc et quatre flèches à la main, il part chasser sa pitance pour le repas du soir. Je rêve de l'accompagner, mais le pasteur regarde ostensiblement sa montre, il est temps de rentrer pour se préparer – des fois que l'avion arriverait avec une heure d'avance, ce qui n'est pas à exclure.

Seulement, la rumeur pencherait plutôt pour le retard. Grâce et Belange ont entendu dire que l'atterrissage était programmé à 17 heures : pour en avoir le cœur net, nous allons nous renseigner à la phonie, le dernier lien avec le reste du monde, et c'est un drôle de spectacle. Dans la case obscure, quelques pagnes sont tendus çà et là, en guise de séparations ; chaque alvéole est occupée par un ou deux habitants qui hurlent à toute vitesse des bonnes et des mauvaises nouvelles dans l'appareil, qui parlent de naissances ou de morts, d'argent glané ou de marchandises perdues. Une cacophonie de poulailler industriel. Je ressors. L'occupant de la parcelle voisine me fait signe d'approcher, pour que nous fassions un brin de conversation. Il est assis à côté de son panneau *Locassion de chaise*, qu'il a rédigé lui-même, avec sa plus belle écriture. Le capital de sa petite entreprise s'élève à trente-deux chaises en plastique, anarchiquement empilées dans son arrière-cour, des blanches, des bleues comme celles de notre mariage, des rouges. Quand je lui demande comment vont les affaires, il répond :

— Bah, c'est comme partout, c'est la crise.

Je lui annonce que je vais prendre l'avion de cet après-midi et il réprime un sourire – je comprendrai pourquoi après que le pasteur aura parlé, hurlé, dans le micro avec la standardiste de la compagnie aérienne : finalement, notre avion est *peut-être* prévu pour le mercredi, dans deux jours, le plan de vol a changé sans crier gare. Je vais annoncer la nouvelle à Belange, qui était restée mettre de l'ordre dans nos bagages. Qui n'est guère surprise. Qui trouve juste à me dire qu'elle vient de remettre la main sur les pilules pour diminuer la douleur des courbatures, au fond de son sac. Mais c'est trop tard, nous n'avons plus mal aux jambes.

Puisque notre lune de miel va se prolonger, je propose de réparer la literie déplorable. Hélas, le sommier est aussi lourd qu'instable et c'est toute la structure qui menace de s'écrouler lorsque j'essaie de la déplacer : la mort dans l'âme, je remets à l'identique les branches inégales et les couvre de leur natte misérable, pas plus épaisse qu'une galette de blé noir. Dans le salon minuscule, le pasteur a terminé de réparer sa radio. Le poste marche comme s'il était neuf.

Sous la treille de la cour, on entend les insectes se chauffer la voix pour leurs opéras nocturnes et quelques grenouilles, qui travaillent leurs basses. Grandiose et Célestin débarquent : ils ont bien vu que l'avion n'était pas venu, puisqu'il n'a pas ébouriffé leurs huttes de feuilles, comme à chacun de ses passages en rase-mottes. Ils s'installent à côté de moi contre le mur de la case et me demandent de leur raconter la France – ils veulent surtout savoir si nous avons des forêts et quel type de gibier on y chasse. Ils me demandent également si le footballeur Zinédine Zidane est de ma tribu et comment s'appelle cette grande tour en métal que nous avons, paraît-il, édifié dans notre capitale. Ils ont 23 ans tous les deux. Leurs parents sont venus se réfugier ici quand la zone de forêt où ils nomadisaient depuis des générations, depuis des milliers d'années, a commencé à se faire grignoter par les compagnies forestières. D'un coup, en l'espace d'une vie, ils n'avaient plus d'endroit où aller chasser, où aller trouver leur pitance.

Et les arbres où reposait l'âme de leurs ancêtres se faisaient décapiter : il ne leur restait plus rien, en somme. Alors ils sont venus ici, en périphérie d'Oshwé, où ils ont monté leur camp, leur village parallèle, pour vivre une existence de misère.

— Les Kundus nous considèrent moins bien que des chiens, s'énerve Célestin.

Les Kundus, ce sont les grands Noirs qui ont investi la région il y a huit ou dix siècles. Ce sont des Bantous, ils font partie de l'ethnie dominante au Congo.

— Ils nous traitent comme des moins que rien, tout ça parce que nous sommes petits, ajoute Grandiose.

Mes deux témoins soupirent, lassés d'être marginalisés en permanence. Certains Pygmées ont essayé de faire des études pour trouver leur place dans le monde contemporain, mais la discrimination est toujours aussi forte. Ils se sont mis au christianisme, en espérant que ça pourrait faciliter leur intégration, en s'imaginant que ça faisait partie du package de la modernité, mais ils n'ont vu aucun changement. Quand le pasteur Félicien réapparaît, ils me disent que nous avons de la chance d'être tombés sur un progressiste. Beaucoup d'autres religieux bantous ne daignent même pas leur adresser la parole.

La nuit tombe, toujours aussi brutalement. Grandiose et Célestin prennent congé et nous convenons que je viendrai leur rendre visite demain matin. En les regardant s'en aller sous la lune, je me dis que je ne connais presque rien de la vie des Pygmées – qui se soucie, d'ailleurs, de ce peuple anachronique, de ces chasseurs-cueilleurs qui ont su garder leurs secrets, leurs mystères et leurs rêves pendant tant d'années et qui s'en voient déposséder par des plus grands, par des plus forts ? J'ai déjà entendu plusieurs fois ces histoires de bûcherons qui les délogent de leurs terres ancestrales contre deux vélos et un casier de bières, qui raflent leur futur en échange d'un peu de pacotille. Air connu. Une fois que les routes sont défrichées dans la forêt, tout le monde peut s'y engouffrer, la vie sauvage disparaît. Avant de m'endormir, je me souviens qu'Hérodote avait été parmi les premiers à évoquer l'existence des Pygmées dans ses reportages, quatre siècles avant notre ère. Le voyageur grec avait relaté l'existence de ces petits hommes mystérieux qui vivaient on ne savait trop où, sans doute vers les sources du Nil, vers les quatre fontaines. Alors demain je ferai comme Livingstone : j'irai fouiller dans les hypothèses du premier des géographes.

J'arrive à l'heure convenue, mon carnet et mon stylo dans la poche de ma chemise. Me voilà prêt pour mener mon enquête chez les Pygmées. La température est encore douce, quelques enfants viennent regarder mon visage pâle, mon long nez, ma gueule de métèque – juste me regarder car ils n'osent pas me saluer. Ils ne sont pas vêtus de pagnes en feuilles, mais portent des tee-shirts délavés, des sandales en plastique, usées. Derrière eux, les huttes sont misérables et sombres : des feuilles mal tressées sur des treillis de branchages grossièrement assemblés. C'est l'habitat précaire des nomades, construit pour tenir une saison, jusqu'à la prochaine migration. Pour les Pygmées qui ont échoué à Oshwé, le voyage s'arrête ici, désormais. Ils ne feront plus de longues marches dans la jungle à la poursuite du gibier. Certains se mettent à boire beaucoup trop d'alcool, à tomber malade, à pleurer, à foutre leur vie en l'air. Les autres essaient de s'adapter aux nouvelles normes. Quand même, parfois, ils retournent chasser dans la forêt, qui débute à cinq cents mètres, mais il n'y a plus assez de gibier pour tout le monde, tout juste arrivent-ils à braconner un singe de temps en temps. Alors ils vendent, pour presque rien, de l'huile de palme fabriquée par les femmes, ils défrichent les champs des Kundus, ils sont payés une misère ou pas payés du tout.

— On est exploités, précise un vieil édenté.

— Ils nous traitent comme leurs esclaves, dit un autre, aux dents abîmées.

La litanie commence tôt, ce matin, et c'est la première surprise du jour : l'esclavage existe encore, mais il ne faut surtout pas le dire. Oh, ce n'est pas l'esclavage des plantations américaines du XIXe siècle, avec les fers aux pieds et les coups de fouets. C'est plus sournois. C'est une domination morale, une autorité fondée sur la taille du corps ou la surface de terre possédée – à ce jeu, les Pygmées, qui sont petits et qui ne possèdent rien, sont nettement défavorisés. C'est un système de castes où des princes de la forêt se retrouvent liés à certaines familles de propriétaires terriens, qui les protègent (de rien) en échange d'un total asservissement. Air connu, là encore. Ou bien, ce sont quelques-uns de leurs ancêtres qui ont été faits prisonniers pendant les guerres tribales et la sanction est toujours appliquée, puisque c'est bien commode d'avoir des serviteurs, même quand on est pauvre comme Job. Livingstone en perdrait son latin.

Le camp des Pygmées s'appelle Lokala. Au grand jour, on voit bien que c'est un ghetto, comme nous avait prévenus le pasteur Félicien. Une bonne centaine de familles s'y entassent, à l'écart de ce gros bourg cerclé par la jungle où il n'y a pas d'eau courante, très peu d'électricité, et même pas de réseau téléphonique.

— Les gens vivent dans le minimalisme, résume Grandiose.

À notre passage, quelques femmes aux mamelles épuisées sortent de leur antre, des hommes en shorts troués me font d'amicaux sourires. Aucun accessoire ne dépasse de leurs existences, excepté une machette pour aller en brousse, un panier de feuilles entrelacées pour transporter les noix de palme récoltées. Tous ont un regard étrangement doux, mais personne ne parle français, presque personne. Grandiose assure la traduction. Ses coreligionnaires se plaignent de la déforestation, du climat qui se transforme. Les toits de tôles ne sont pas les seuls à trinquer : il fait plus chaud, il pleut moins, la forêt *humide* connaît même des périodes de sécheresse ; de nouvelles maladies apparaissent, comme la typhoïde ou la grippe ; on ne trouve plus les mêmes plantes pour se soigner, on ne cueille plus les mêmes fruits. Tristes tropiques.

À 8 heures, les poules se traînent jusqu'aux moindres abris car la température monte d'un cran. Dès que les forêts sont abattues, dès que les arbres ne sont plus là pour nous offrir leur ombre, la chaleur devient infernale.

— Pourtant, les forestiers continuent de couper les grumes, car ça rapporte beaucoup d'argent, croit savoir Grandiose, encore qu'il n'a jamais vu la couleur de cet argent.

Il s'arrête devant une case un peu plus grande que les autres, c'est celle du doyen. Quatre-vingt-sept ans. Sa peau est craquelée comme un mur de terre, il est vêtu d'une chemise à fleurs et parle de son époque révolue :

— Nous sommes des nomades. Des nomades carnivores. C'est en fonction du gibier que nous nous déplaçons. Mais aujourd'hui, où que nous allions, nous n'avons plus notre quota de viande.

Il vit ici depuis vingt ans, il n'a pas grand espoir de reprendre sa vie de migrateur. Il y avait pourtant cru, un peu, pendant le règne de Mobutu, de 1965 à 1997, quand les Pygmées étaient en passe d'être reconnus comme des citoyens à part entière. Ils avaient même le droit d'intégrer l'armée – le dictateur mégalomane avait bien compris que ces occupants de la forêt pouvaient être de redoutables guerriers tropicaux puisqu'ils connaissaient la jungle mieux que personne.

— Mais Mobutu ne valorisait que les Pygmées de Mbandaka, puisque c'était sa province d'origine.

Et aujourd'hui, ce passé est enterré. Les autorités actuelles n'ont plus cette culture et il est rare qu'un Pygmée soit embauché dans un service de l'État, surtout s'il vient de cette région d'Oshwé, perdue, oubliée.

— Les Kundus restent nos ennemis, par tradition. Ils font tout pour nous laisser dans la misère. Ils nous font des crocs-en-jambe.

Les Pygmées ne sont plus que cinq ou six cent mille dans le bassin congolais, réfugiés dans quelques poches de résistance réparties dans la forêt. Ce sont peut-être les derniers chasseurs-cueilleurs de la planète, ils comptent parmi les derniers témoins de ce qu'était l'humanité avant l'invention de l'agriculture. Ce sont des rescapés de l'histoire. Pour schématiser, ils subissent le même sort que les Indiens d'Amérique : des envahisseurs occupent leurs terres, les parquent dans des ghettos et les clochardisent avant de dire : Voyez comme ils sont sales. Dans quelques années, si la culture pygmée disparaît, les mêmes envahisseurs, ou leurs descendants, écriront d'émouvants panégyriques pour célébrer la gloire envolée de ce peuple des forêts perdues. Après avoir arpenté les chemins pentus du ghetto, nous passons devant une demeure d'architecture coloniale, avec des murs en dur et un toit de tôles rouges.

— Ça, c'est la plus vieille maison d'Oshwé, commente Grandiose, avec une once de fierté ou de respect.

— De quand date-t-elle ?
— De 1953, au moins.

Je rentre embrasser ma femme : elle trône sur une chaise, entourée de trente gamins surexcités, alors qu'une jeune fille termine de tresser sa tignasse. Il faudrait écrire un traité ethnologique sur la relation compliquée qu'entretiennent les Africaines avec leurs cheveux, il faudrait étudier les créations épatantes qui en naissent. Stanley notait déjà, lors de son premier voyage au Congo : *Ici, la perfection de l'arrangement capillaire est poussée jusqu'à l'absurde.*

Chaque matin, nous guettons des nouvelles de l'avion pour Kinshasa ; chaque matin, nous apprenons qu'il est retardé d'un jour ou deux. Nous nous sommes habitués à notre lit biscornu, depuis cinq nuits que nous y dormons. Peut-être faudra-t-il songer à reprendre le chemin des murmures par la voix pédestre, si nous voulons regagner la civilisation. Ou nous pourrions nous installer ici, définitivement. Vivre d'amour et d'eau tiède. Je seconderais le photographe du village, je le remplacerais pendant ses crises de paludisme, ou bien je monterais un comité de défense des droits Pygmées et nous fomenterions quelques révolutions. Nous aurions notre case de jeunes mariés et un lit, un vrai lit, confortable, sans trous, sans bosses. Mais il faudrait que j'apprenne à parler les langues locales, le kikongo, le lingala et le ntwa, le dialecte des Pygmées d'ici, il faudrait oublier toute idée de confort et subir, chaque aube, tous les jours, les prières des églises de réveil, comme on les appelle trop justement. Je ne sais pas quoi penser. D'ailleurs, il fait trop chaud pour penser. Belange aide Grâce à la cuisine, elles nous préparent du singe au déjeuner. Je retourne m'abriter dans notre chambre nuptiale, en imaginant que je suis en Sibérie et que je vais m'autoriser une confortable séance de sauna. Je reprends la biographie de Livingstone : le vieux missionnaire va bientôt mourir, en exil volontaire sur la terre africaine, je dévore lentement chaque page de son histoire, avec parcimonie, puisque je n'aurai rien à lire ensuite, et qu'il n'y a pas de librairie à Oshwé – il n'y en a même pas à Kinshasa.

À peine ai-je parcouru quinze lignes que Grandiose et Célestin viennent toquer à la porte de la case. Ils ont pris goût à notre petit reportage. Ils en redemandent. Ils ont encore tant de chose à me dire, ce n'est pas tous les quatre matins qu'un étranger vient les écouter. Nous voilà donc repartis pour leur ghetto misérable, alors que le soleil fend l'écorce des arbres. Mes deux guides ralentissent le pas devant une hutte biscornue, où deux prunelles scintillent dans la pénombre – une femme est morte hier soir, son mari restera veiller son corps pendant trois jours, sans jamais sortir de sa case. On ne sait pas ce qui l'a emportée : elle avait 49 ans et huit enfants, elle a eu beaucoup de fièvre et la voilà étendue sur cette couche. Les féticheurs et le sorcier n'ont pas su la soigner, d'autant que les plantes guérisseuses deviennent plus rares. Et puis, le cœur n'y est plus : dans le camp Lokala, les habitants tombent souvent malades sans raison, sans qu'on sache ce qui leur arrive, ou bien ils se saoulent trop et perdent leurs repères. Grandiose pense que leur situation s'améliorera quand les Pygmées auront accès à l'éducation.

— C'est ce qui nous manque le plus. Les frais scolaires sont trop élevés pour nous qui n'avons rien. Et si nos enfants n'étudient pas, que deviendrons-nous quand il n'y aura plus de forêt ?

Il s'en inquiète beaucoup, il parle du taux d'alphabétisation qui est ridiculement faible et il a bien compris que les amulettes et les fétiches n'y pourront rien changer. Mais c'est d'autre chose qu'il voulait m'entretenir ce matin. Dans sa cour, à l'ombre du manguier, il me propose de l'accompagner loin, très loin dans la brousse. Il faudrait marcher quatre ou cinq jours, nous rencontrerions quelques-uns des derniers nomades à vivre de chasse et de cueillette ; il m'apprendrait tout de la forêt et je lui donnerais un peu d'argent en échange. La proposition est tentante et je le remercie de m'accorder cette confiance, combien souhaiterait-il ?

— 200 dollars. Même 300 dollars.

Il faudrait négocier, bien sûr, mais je crois que ça ne va pas être possible. Je dois garder le peu d'argent qui nous reste pour payer notre trajet de retour en avion et je sais que Belange n'aura guère envie de retourner s'aventurer dans la forêt profonde. Je ne vais pas l'abandonner, déjà, en pleine lune de miel – c'est aussi ça, l'amour – fini la conscience solitaire, nous sommes deux maintenant. D'ailleurs, au lieu de rêver à mes voyages vers la préhistoire, ne ferais-je pas mieux d'étudier nos chances de nous rapprocher un jour de la civilisation contemporaine ?

L'avion n'arrive pas, les jours passent. Je sens une fièvre ramper dans mon organisme et me saisir comme un serpent constricteur. Ce sont des frissons dans la région de l'âme, ce sont des bourdonnements dans les veines, des douleurs dans les articulations. Tout bouge autour de moi, je brûle et ma sueur est glacée. Je tremble comme le photographe du village. Je sens mon corps se ramollir, se creuser, se vider de toute son énergie. Le pire, c'est que je vais devoir garder le lit, ce lit si inconfortable. Nous n'avons plus que les médicaments contre les courbatures pour me soigner et mon cerveau se fragmente en petits morceaux, comme des croûtons de pain dans de la soupe brûlante, comme un kaléidoscope. Je rêve ou je fais des cauchemars, tout n'est que peau de chagrin depuis le jour de notre naissance, j'ai la lubie de comparer le métier d'écrivain à la condition des Pygmées (ne sommes-nous pas tous des sauvages anachroniques errants dans des jungles en sursis ?), Belange me pose un chiffon humide sur le front pour me rendre à la raison et me fait boire de l'eau bouillie, elle me caresse les cheveux et fredonne des mélodies de la forêt. Je crois voir deux Pygmées entrer dans la case, ils me préparent une potion brune au goût de feuille, une mixture légère de derrière leurs fagots, qui me fait dormir, qui efface tout, certainement, puisque deux heures ou deux jours plus tard, quand j'ouvre les yeux, je suis guéri. Presque guéri. Et j'ai faim. Grâce nous a préparé des chenilles grillées mélangées à de la pâte d'arachide. J'en mange une portion, puis une deuxième, puis une troisième. Je dévore toutes ces petites bêtes qui deviendront des papillons dans mon ventre, qui me rendront plus léger que l'air.

Seulement, tout cela ne fait pas venir notre avion – il n'y a plus grand-chose à espérer de ce côté-là, même en faisant intervenir les pouvoirs magiques des Pygmées. Je descends explorer la rivière avec Belange, ragaillardi par tous ces papillons qui volent dans mon cœur. Je me sens neuf, je la prends par la main, je lui dis des mots d'amour.

Elle s'amuse de mon exaltation amoureuse : l'Afrique n'a pas eu sa révolution romantique, comme en Europe, mes emportements la font bien rigoler. Non pas que les mystères du cœur y soient moins forts que chez nous, mais peut-être sont-ils moins suaves, plus abrupts. Sur la berge de la Lukénie, qui est un affluent d'affluent du fleuve Congo : des marchands de briques en terre et de brocs en plastique, de casseroles et de vaseline, de clous et de bouts de ficelle – et quelques pirogues poussées sur la grève. Peut-être que l'une d'elle pourrait nous descendre jusqu'à Kinshasa ? Nous allons nous renseigner auprès d'un des piroguiers, un fier-à-bras coiffé d'une casquette Mickey, mais il est désarçonné par notre question, c'est comme si nous lui demandions une chose impossible, comme si nous exigions de traverser l'océan Atlantique et l'océan Pacifique. C'est si loin, Kinshasa. Et la plupart des déplacements se font à la force des bras, puisqu'il n'y a presque pas d'essence dans le village, et qu'elle coûte trop cher. La commune d'Oshwé compte un seul véhicule : l'ambulance.

Car il y a un hôpital. Un bel hôpital avec de jolis murs peints en blanc, à peine fissurés. Quatre pavillons coiffés de tuiles pâles, éparpillés entre les herbes grillées d'une pelouse champêtre et quelques maigres arbustes. Certaines fenêtres n'ont pas de carreaux, elles ont tout de même des barres de fer pour dissuader les bêtes sauvages. C'est le bourgmestre qui propose de m'y amener, un matin que je le croise du côté de la rivière. Il ne porte pas son uniforme officiel, mais un tee-shirt sans forme, râpé aux omoplates, et un pantalon trop grand rentré dans ses bottes en caoutchouc. Il est infirmier de profession et me fait l'honneur d'une visite découverte dans son établissement, où rien ne fonctionne.

Dans une longue salle sans cloisons, je vois des rangées de lits en fer. Certains sont coiffés d'une moustiquaire, d'autres pas. Ils sont vingt ou trente malades à attendre, les yeux au plafond, à prendre leur mal en patience, à moisir silencieusement. Pas de réfectoire, pas de cuisine, ce sont leurs proches qui les nourrissent, je ne sais pas comment se débrouillent ceux qui n'ont pas de famille. Le bloc opératoire est en bon état, m'assure le bourgmestre en ouvrant la porte, branlante, dudit bloc : j'ai l'impression qu'il s'agit d'une remise où sont stockés de vieux outils de jardinage.

— Ce qui nous manque le plus, c'est l'imagerie médicale. Nous n'avons même pas de quoi faire des échographies.

Un de ses collègues, un docteur, passe la tête par la fenêtre de son cabinet de consultation et lui rappelle qu'il devrait être au travail depuis trente minutes, qu'on a besoin de lui. L'infirmier bourgmestre me demande alors de l'attendre dans une salle envahie par toutes sortes de malades, des qui toussent, des qui crachent, des qui saignent, des qui geignent et des qui souffrent en silence. Un homme agite son moignon et voudrait se renseigner sur le prix des prothèses en Chine, car il pense que je suis Chinois. Un autre voudrait savoir pour quelle ONG je travaille, deux tuberculeux se rapprochent pour me soutirer des médicaments. Un grand-père, qui tient sa petite-fille dans les bras, me demande si je vends des tronçonneuses, ou si je veux m'associer à lui pour monter un business de bois. Interpellés par le bruit, d'autres patients arrivent de l'extérieur, pour me faire toutes sortes de requêtes désarmantes. Je me sens impuissant, je suis trop petit, je ne suis qu'un jeune marié en lune de miel. Je leur promets de ne jamais les oublier, de venir les aider si j'en ai un jour la possibilité et je prends la fuite. Je cours sous les avocatiers, je cours sous les bananiers, je cours sous les safoutiers et je rejoins la case du pasteur.

༄

Oshwé commence à m'ennuyer; j'y tourne en rond. Je rêve de boire une bière fraîche depuis que j'ai découvert où était le bar, une sombre baraque en planches avec une vieille affiche publicitaire pour la Primus en devanture. Mais le tarif des consommations est trop élevé pour notre budget qui s'amenuise – l'acheminent des denrées depuis Kinshasa est si compliqué qu'il les rend fort coûteuses. Et puis, ma bière serait tiède, le bistrot n'a pas de frigidaire car il n'a pas d'électricité. Il n'y a pas du tout d'électricité à Oshwé, ou alors il faut utiliser un groupe électrogène, mais le carburant est si précieux... Si l'on veut sortir la nuit – soulager sa vessie par exemple, pisser dans les fourrés –, il vaut mieux se munir d'une lampe torche, au cas où l'on rencontrerait un serpent. Et si on éteint la lampe et qu'on regarde en l'air, le ciel contient tellement d'étoiles qu'il ressemble à du lait.

Je vais saluer les Pygmées, pour tuer le temps. Grandiose est parti dans la nature, sans moi, mais avec Célestin : je n'ai plus d'interprète à ma disposition et ça ne suffit pas toujours de remplacer les mots par des sourires. Je suis venu me marier chez eux, nous avons fait la java, j'ai écouté leurs soupirs, mais maintenant la vie continue. Trois femmes reviennent des champs avec, sur le dos, leurs paniers tressés bourrés de noix de palmes, elles me demandent de dégager le passage, il y en a qui travaillent ici.

Je tourne en rond, je discute avec les voisins du pasteur, j'écoute la rombière qui me demande de lui trouver un gendre, un mari pour sa fille aînée. Elle aimerait un Blanc, elle croit que c'est une aubaine. Elle me demande si j'ai des frères à caser, des cousins, des amis.

— Je ne sais pas. Quel genre d'homme votre fille souhaite-t-elle épouser ?

— Un comme vous, monsieur Guillaume.

Des éclats de voix dans la torpeur de l'après-midi : c'est le pasteur Félicien qui fait la messe dans sa petite chapelle en terre. Vêtu d'une chemisette bariolée, mais bien repassée, il prêche posément, comme un maître d'école qui ferait une dictée. Sa diction en est presque timide, si on la compare aux exubérances religieuses habituelles dans cette région de l'Afrique. Félicien est policé comme s'il faisait une intervention devant des sous-responsables administratifs d'une organisation internationale ; sa kyrielle de fidèles somnole un peu mais, quand arrive le moment de la quête, l'argent arrive tout de même, des billets de rien, sales et chiffonnés, qui termineront la journée dans le porte-monnaie du bon pasteur. J'ai entendu dire qu'il n'y a que trois moyens de se faire de l'argent au Congo : la politique, le business et la religion. Mais ici, à Oshwé, les opportunités politiques sont réduites et le business doit être un peu circonscrit. Félicien n'a pas choisi une voie de garage. Reste qu'on vit dans la poussière, que les jours se ressemblent comme les feuilles des arbres et qu'on en est réduit à faire beaucoup de bébés pour ne pas s'ennuyer. À bien y regarder, les Kundus d'Oshwé vivent comme dans une ville du Far West, ou plutôt comme dans une colonie. Ils se sont invités sur cette terre, ils se comportent comme s'ils devaient prendre toute la place. Les femmes ont dix enfants, parfois davantage. Petit problème d'algèbre : si on passe de mille habitants à cinq mille en une génération, combien en comptera la génération suivante ? Vingt-cinq mille ? Et celle d'après ? Bien sûr, il y a l'exode rural qui écrème, un peu, la surpopulation des villages, mais je n'ai pas la certitude que Kinshasa soit la meilleure solution pour s'assurer une vie meilleure. Et tous ceux qui restent, comment vont-ils faire pour survivre à l'orée de la dernière forêt équatoriale ? Ils n'auront plus qu'à s'enfoncer sous les arbres pour défricher de nouvelles terres, cultiver de nouveaux champs, creuser de nouvelles mines, bâtir de nouveaux villages, chasser les derniers animaux. Alors on aura beau mener toutes les politiques de protection de la forêt, elle ne cessera jamais de se faire dévaster par les humains.

Je n'ai pas encore parlé des toilettes du pasteur. C'est un appentis en bambous, situé après l'enclos qui sert de douche. C'est un trou plein de mouches où l'on peut observer, quand le soleil est au zénith, les frétillements de centaines de vers lubriques, les turgescences de milliers d'asticots concupiscents qui grouillent lascivement au milieu des fèces, jaunes ou brunes. On y entre accroupi : le toit est posé à moins d'un mètre quarante du sol, même les Pygmées doivent baisser la tête en pénétrant dans ce sombre édifice qui ne sent pas très bon. On fait pendre un pagne à l'entrée pour signifier que le lieu d'aisance est occupé, autant que pour dissimuler l'activité que l'on y exercera. Point de rouleau hygiénique, mais des feuilles de cahiers en guise de papier cul, des copies ramenées de l'école où enseigne le pasteur, rien ne se perd, tout se transforme. En ce moment, ce sont les reliques d'un récent « examen de morale » : je ne sais pas quel âge ont ses élèves, mais leur morale est déplorable – du moins, tous ont écopé de très mauvaises notes. Dans les exercices, le maître demande de résoudre d'épineuses questions sur le bien et le mal, sur le travail et le respect des anciens. Tous semblent avoir répondu de travers, avec leurs écritures sages et appliquées, et quelques fautes de grammaire. Moi-même, je ne sais pas si j'aurais obtenu un meilleur résultat. Je ne connais pas la bonne réponse à beaucoup de ces questions, puisque je ne sais qu'aimer. Toujours est-il que le pasteur se torche le derrière avec les copies de ses élèves.

Au crépuscule, je vais me promener dans les sentiers. J'aime bien ces petits parcours indécis, bordés d'arbres démesurés. J'ai rêvé que le réseau routier de la France avait été remplacé par ces mêmes chemins cahoteux, tellement cahoteux qu'ils n'étaient même pas praticables à vélo. On s'y tordait la cheville, on s'y salissait les bas de pantalons : la population n'était pas du tout contente. Alors, aussi bien, tout ce qui m'a séduit à Oshwé, je l'exécrerais si nous devions rester y vivre. Chaque jour, le jardin d'Éden se transforme en prison et je redoute de devoir devenir pasteur, moi aussi, pour assurer la pitance de ma famille. Belange pose sa joue sur mon épaule, elle me dit que j'ai des inquiétudes de Blanc, que tout va finir par passer. Profitons plutôt du bonheur, car nous savons tous les deux qu'il ne dure pas – du moins, pas toujours.

Ce qu'il advint du sauvage blanc

« Il me paraît que toute histoire humaine a ses hauts et ses bas, intervint Don Quichotte, surtout celles d'un chevalier errant, dont les aventures n'ont pas toujours un heureux dénouement. »
Miguel de Cervantes, *Don Quichotte*

Ce n'est pas le paradis sur terre. Maintenant que les pluies ont inondé les prairies, l'odeur grasse et rance des marigots ressemble à celle de la mort. *De l'eau, de l'eau, toujours de l'eau,* s'inquiète le missionnaire aux semelles trouées. *Pour toute observation, je puis seulement reconnaître que le pays est absolument plat, que toutes les rivières s'épanchent en larges nappes bordées de marais. Tant de cours d'eau qu'il n'y a pas assez de désignation pour eux tous.* La caravane avance en équilibre sur la terre détrempée, sur cette éponge putride peuplée de grenouilles et de rats, de sangsues, de serpents, de mouches et de moustiques. Le seul bonheur du voyageur, c'est le vol des oiseaux blancs par-dessus les papyrus, au coucher du soleil. Ou les mirages, les hallucinations provoquées par la fièvre, la faim et la douleur.

Le vieux docteur n'est plus qu'un tas d'os, qui tremble – un tas d'os poreux, mal emballés dans leur enveloppe de chair sèche et ridée. Il voyage en kitanda, en position couchée comme les rois fainéants, à demi-mort. Il a la dysenterie, la malaria, la bilharziose, le typhus et un tas d'autres maladies. Il lui reste cinq dents et ses intestins en charpie le brûlent en permanence. C'est une carcasse d'homme qui se balance dans une nature triste et monotone, une carcasse qui souffre d'exister mais qui n'abandonnera pas son trajet désordonné. Espère-t-il encore changer le sort de l'Afrique avec ses découvertes, espère-t-il encore abolir l'esclavage ? Ou bien c'est qu'il a tant souffert pendant ses années de déconvenues, il a tant souffert qu'il ne supporterait pas une nouvelle déception. L'indécrottable voyageur poursuit son itinérance comme il poursuit ses balivernes : sans trêve. Perdant magnifique habitué à tous les revers, à toutes les déveines, à toutes les peines, il cherche une aiguille dans une meule de foin, dans la mauvaise meule de foin. Le clochard céleste n'a pas peur, puisqu'il n'a peur de rien, il n'a jamais eu peur de rien. Son optimisme maladif le sauve de la mélancolie.

Il lâche un pet, un pet sonore qui résonne sur les eaux noires du marécage et va mourir dans les tiges des roseaux ; ses hommes ne pouffent même pas, on ne fait plus de manières quand on a accompli tant de kilomètres ensemble. Les diarrhées ne lui laissent plus de répit. Le sang noir et la merde durcissent son fond de culotte, les mouches sont affolées par son odeur. Le 28 ou le 29 avril 1873, ils sont dans la région d'Ilala, ils sont à cent kilomètres au sud-est du Bangwelo, ils sont dans l'actuelle Zambie. Les spasmes du moribond les empêchent d'avancer davantage. La caravane se détourne vers la lisière des marais, les porteurs montent un camp à l'entrée d'un village. Au pied d'un gros arbre, un mvoulé, ils construisent une hutte pour le Muzungu, avec un lit d'herbes tendres et toutes les commodités, c'est-à-dire des latrines dans un coin. Livingstone ne peut rien manger. Il ne boit que du lait et il n'y a plus de lait – on envoie chercher des chèvres laitières mais il n'y a pas de chèvres laitières. Alors il se couche avec sa faim et sa souffrance, qui colonise tout son corps, il serre le poignet de Souzi pour lui parler dans l'oreille, il lui demande un peu de calomel ou peut-être une autre potion qui viendrait apaiser son mal, il lui demande de le laisser seul. Mais la douleur est trop forte pour dormir et pour rêver. La flamme de la bougie fait luire le dos sombre d'une araignée sur le treillis de branchages : il l'observe, les yeux vides, et tourne la tête vers ses malles, ses papiers, tout son travail. Il aimerait écrire une lettre à sa fille aînée, une dernière lettre, pour lui dire qu'il se sent mourir sur la même terre que Mary. Il pense à Halima, la femme qu'il préfère dans sa petite troupe de serviteurs, la plus attentive, le plus honnête, la plus douce. La plus enjouée. Une jolie Congolaise – elle avait rejoint son modeste équipage alors qu'il rentrait de son expédition ratée dans le Maniéma. *Quand nous arriverons à Zanzibar, je lui achèterai une maison et un jardin*, avait-il juré dans son carnet. Mais il ne tiendra pas sa promesse et il pleure, maintenant, à cause de la peine et à cause de la douleur, c'est comme si ses intestins se déchiraient, c'est comme si ses entrailles se consumaient et il doit se recroqueviller toujours davantage. C'est son apocalypse. Il s'agenouille péniblement pour chercher son médicament, il voudrait appeler, sa voix s'étrangle et un bourdonnement fait vibrer son corps, ou bien c'est un frisson glacé comme les rivières d'Écosse, puis il ne sent plus rien. Son cœur s'est arrêté de battre et il s'affaisse. Le martyre de la géographie s'en est allé dans un monde meilleur.

Quand Souzi entre dans la hutte, un peu avant l'aube, son patron est déjà raide et froid. Ce n'est pas une surprise de le voir mort, mais c'est tout de même un choc. Discrètement, pour ne pas alerter les autochtones, il prévient Chouma et Amoda : les trois hommes accompagnaient Livingstone depuis le début du voyage en 1866, et même avant, puisqu'ils avaient également participé à l'expédition Zambèze. Il fait appeler Jacob Wainwright, celui qui sait écrire, et Farjullah, qui a travaillé chez un docteur à Zanzibar.

C'est la panique à voix basse. Le cadavre repose près d'eux et déjà les coqs commencent à chanter. Dans cette partie du monde, les morts affolent les superstitieux, qui redoutent leur vengeance – tonnerre, accidents, maladies, invasions de sauterelles. Ou peut-être que Chitambo, le chef du village, leur imposera une amende pour avoir apporté ce mauvais présage, une amende si élevée qu'ils n'auront plus les moyens de regagner la côte ? Il faut donc dissimuler le corps. Mais Souzi et Chouma prennent une autre décision, une décision supplémentaire, tout aussi folle que les délirantes circonvolutions qu'ils viennent d'accomplir au cours des six dernières années : ils ramèneront la dépouille jusqu'à la côte, pour que l'explorateur soit rendu à sa famille, à son pays natal – ils avaient été impressionnés qu'un autre Blanc vienne à sa rescousse avec une caravane si généreusement dotée en 1871, ils étaient convaincus que Livingstone était un voyageur considérable.

C'est donc à une incroyable odyssée qu'ils se préparent. Un voyage parsemé d'embûches à travers la moitié du continent africain, lestés d'un fardeau secret, et qui participera au mythe du docteur missionnaire, peut-être tout autant que sa rencontre avec Stanley. Mais ils n'oublient pas la supplique du troubadour, ils se souviennent que Livingstone voulait que son âme reste dans le continent africain, puisqu'il lui avait donné son cœur. Et puis, il fallait bien l'éviscérer avant de le transporter, sans quoi le cadavre aurait grouillé d'asticots après seulement six heures de marche. C'est Farjullah qui s'en occupera : l'apprenti docteur en ôte tous les abats, comme on fait pour les chèvres, et le cœur est délicatement placé à l'intérieur d'une boîte de fer-blanc, un vide-poches en étain que Souzi a grossièrement nettoyé. Cet écrin grand comme un dictionnaire sera son cercueil africain. On l'enterre rapidement au pied de l'arbre, entre les racines du mvoulé, Jacob prononce une oraison, en lisant le livre de prière du missionnaire, puis il grave une date approximative sur le tronc (*LIVINGSTONE, MAY 4, 1873*) et le tour est joué. C'était dans la région d'Ilala, dans un village de nomades des marécages qui n'existe plus, sous un arbre qui a disparu, mort de vieillesse ou abattu pour en faire une pirogue. Qui sait où fut précisément enterré ce cercueil de petit poucet ? Est-il encore dans cette glaise, a-t-il été dérobé ? Il existe sur la Terre une boîte de fer-blanc qui contient, ou qui a contenu, le cœur de Livingstone, le cœur de ce fils de pauvres échappé de son Écosse natale pour devenir le plus célèbre des explorateurs de l'Afrique, et qui se perdit dans ses calculs ou dans ses fantasmes pour mourir au pied d'un mvoulé.

Le chef Chitambo apprend le secret le jour même. Il fait preuve de mansuétude, il est magnanime : il sait que la mort vient souvent enquiquiner les voyageurs, il se doute bien que la caravane n'a pas de mauvaises intentions. Il ordonne lui aussi des funérailles selon la coutume locale, un tam-tam de deux jours avec les chefs des alentours, qui en profitent pour vider la petite réserve d'eau-de-vie du défunt. Pendant ce temps, il faut embaumer le corps et c'est encore Farjullah qui s'y colle. Il lave la dépouille, avec tout le brandy qu'il a pu sauver, la farcit de sel, et la fait sécher au soleil, sur une sorte d'autel, un catafalque protégé des bêtes sauvages par des pieux, des broussailles – l'Écossais n'a pas trouvé les sources du Nil mais son corps sera momifié comme celui des pharaons d'Égypte. Après quatorze jours, quand il est presque aussi sec que de la viande boucanée, on lui lie solidement les chevilles au haut des cuisses, pour que ses jambes prennent moins de place, on l'enroule dans des mètres de cotonnades, on le ficelle comme un saucisson. Il ressemble à une longue balle de tissu, mais ça ne suffit pas, il y a encore l'odeur à camoufler. Chouma l'enferme dans une toile de voile qu'il badigeonne de goudron (le goudron envoyé par Stanley pour imperméabiliser les pirogues, au cas où l'expédition aurait eu à voguer sur le Nil). Ses effets personnels sont entassés dans une autre caisse – quelques vêtements, la vareuse rouge qu'il portait le jour de sa rencontre avec le journaliste américain, sa longue-vue, des pages d'observations géographiques, sa Bible élimée. La même Bible qu'il transportait, déjà, lorsqu'il toucha la terre africaine pour la première fois au Cap, en 1841, à l'âge de 27 ans.

Parfois, le corps des explorateurs continue de se promener à la surface du globe, poussé sans doute par quelque force d'inertie : Livingstone, mort depuis deux semaines et emmailloté dans des kilomètres de rubans, poursuit son chemin de croix à l'horizontale, porté par deux croque-morts aux pieds nus. Mille six cents kilomètres de savanes, de marais, de jungles. Un voyage éprouvant, comme tous les voyages en terre africaine, mais peut-être encore plus que les autres. À peine sont-ils partis que la moitié de la colonne se fait prendre par les fièvres et vomit de la bile noire, partout. On attendra quatre semaines que l'épidémie passe son chemin. Puis c'est une attaque de lion qui sème la panique dans le rang des porteurs harassés : une nuit, le fauve s'introduit dans le campement et emporte un âne. Il faut encore éviter les voleurs, ce n'est pas ce qui manque le long de cet axe commercial. Enfin, la nouvelle que cette surprenante équipée convoie un cadavre commence à suinter, et les hommes doivent avancer de nuit, ou faire de larges détours pour éviter les péages improvisés, les taxes excessives – la pratique du bakchich ne date pas de la dernière pluie. Si Livingstone n'avait pas été généreusement ravitaillé par Stanley, ses compagnons n'auraient jamais eu assez de marchandises pour financer leur retour, l'achat de nourriture, les droits de passage, et le Don Quichotte africain aurait été enterré dans la boue des marais.

Les hommes, et les quelques femmes, de la colonne Livingstone poursuivent vaillamment la longue marche, sans déserter, sans se plaindre. Sans se faire la belle en piochant dans les trésors qu'ils trimbalent sur leurs épaules. Pourquoi restent-ils si fidèles alors que tous étaient un peu voleurs, paraît-il ? Pourquoi n'ont-ils pas raflé ce qui les intéressait avant de déguerpir ? Mais où seraient-ils allés, alors ? Vivre en cavale dans cette partie d'Afrique, n'était-ce pas prendre le risque de s'offrir en cadeau aux marchands d'esclaves ? Et s'ils étaient rentrés chez eux, à Zanzibar, n'auraient-ils pas eu à rendre des comptes, un jour ou l'autre, au consul britannique ou aux autres Blancs qui commençaient à s'établir sur l'île comme s'ils étaient chez eux ? La colonne de porteurs, commandée par Souzi et Chouma, ménage le vieux toqué tout autant que s'il était une icône religieuse, une précieuse relique. Et l'épopée continue, sous le soleil et sous la pluie, dans la poussière ou dans la boue, à travers des nuées de mouches, de moustiques et d'insectes minuscules.

Dans un village un peu plus conservateur que les autres, ou dirigé par un chef qui aimait bien causer des emmerdements, on leur interdit de passer avec le cadavre. On leur impose même de l'enterrer sur le champ. Voyant bien qu'ils avaient affaire à des crétins, des obtus, des bornés, voyant bien que ce n'était même pas la peine de discuter, Souzi et Chouma obtempèrent. Après une rapide concertation et une parodie de veillée mortuaire, ils font solennellement inhumer une réplique du colis funéraire. Pour parfaire la ruse, ils envoient un porteur de dépêches crapahuter en direction de Zanzibar, sa lettre pliée en quatre dans un bâton fendu comme c'est la coutume, pour faire mine d'avertir la côte que l'homme blanc est enseveli ici. Pendant ce temps, Fallujah, encore lui, refait le sépulcre ambulant de Livingstone, il le comprime au maximum dans ses calicots, lui remonte les genoux sur les épaules et lui rentre la tête dans la poitrine, pour qu'il s'apparente davantage aux autres ballots, pour que le héros ressemble à de l'étoffe. Et ça passe, comme une lettre à la poste.

Le 20 octobre 1873, après cinq mois de marche funèbre, les fidèles portefaix arrivent au caravansérail d'Unyanyembe, à l'endroit où Livingstone avait dit au revoir à Stanley en mars 1872. Ils tombent sur une nouvelle expédition britannique envoyée par la Royal Geographical Society, on n'est plus tranquille nulle part. Commandée par le lieutenant Verney Lovett Cameron, cette mission avait pour objectif d'épauler le vieil explorateur (devenu une star internationale grâce aux articles publiés dans le *New York Herald* et dans tous les autres journaux), pour qu'il ne perde pas davantage de temps dans sa quête impossible, qui sentait le fiasco à six mille kilomètres. Souzi et Chouma racontent leur histoire, les marches exténuantes dans la région du lac Bangwelo, les marais, l'agonie de Livingstone et toute la route accomplie pour le rapatrier. Cameron est impressionné par tant de dévouement – un peu contrarié, aussi. Sa mission devrait se terminer là, mais il estime qu'elle manquerait alors singulièrement de panache. L'officier de la Royal Navy est encore jeune, il a 29 ans. Il regarde vers l'ouest et se dit qu'il a un boulevard devant lui. Puisque les zigzags de Livingstone n'ont pas apporté grand-chose de concret aux connaissances géographiques sur la région, puisque l'on n'en a toujours pas résolu les mystères, il irait, lui. Il s'élancerait dans le même inconnu, après avoir recopié les cartes du macchabée et chapardé quelques-uns de ses instruments de mesure. Cameron laisse une poignée de ses hommes pour escorter les croque-morts jusqu'au rivage et, avec tous les autres, prend la direction du Tanganyika. Il cartographie la partie sud du lac et traverse le Maniéma en direction de Nyangwe, sur l'énigmatique Lualaba, l'immense rivière qui coule plein nord – jusqu'à présent, on pensait qu'il s'agissait d'un possible affluent du Nil, mais Cameron préfère croire qu'il s'agit du fleuve Congo. Seulement, il est confronté aux mêmes difficultés que son aîné : impossible de trouver des embarcations. Les Arabes n'ont pas du tout envie que l'on vienne marcher sur leurs plates-bandes et, de toute façon, on signale des rapides un peu plus loin. On lui fait comprendre que cette aventure est impossible et que ce n'est pas la peine d'insister. Son voyage recommence à manquer de panache, il prend alors la décision de tracer plein ouest vers l'Atlantique, à travers champs, si l'on veut. Ou plutôt, il contourne l'immense forêt vierge par le sud avec son équipe de porteurs, rejoint une caravane de commerçants et peut se baigner dans les vagues de l'océan Atlantique en novembre 1875, à Benguela, sur la côte angolaise occupée par les Portugais. C'est bien joli, mais ça ne nous dit pas plus où mène cette imprenable rivière Lualaba. C'est Stanley qui résoudra l'énigme, en 1876-1877. C'est lui qui révélera au monde l'étrange boucle du fleuve Congo, en forme de fer à cheval.

Les compagnons de Livingstone arrivent au bout de leur odyssée et ils n'en sont pas fâchés. Ils touchent Bagamoyo, sur le rivage de l'océan Indien, en février 1874. Dans son sarcophage de calicots, la momie n'est pas belle à voir, mais elle est intacte. À Zanzibar, le vice-consul britannique, le capitaine Prideaux, les félicite chaleureusement. Mais il manque d'envergure et ne sait pas comment réagir en l'absence de son supérieur, le consul, parti jouer au billard en Angleterre. Le petit capitaine règle tous les gages avec son argent de poche – la somme exacte, pas un sou de plus – et dépêche un navire qui convoiera le cercueil jusqu'en Angleterre. Hormis Jacob Wainwright, un peu mieux considéré puisqu'il sait lire, aucun des hommes de Livingstone n'est invité à accompagner le défunt jusqu'en Angleterre. La bonté ne paie pas.

Black bazar

« En se renouvelant chaque jour, la ville se conserve toute dans cette seule forme définitive : celle des ordures de la veille. »
Italo Calvino, *Les Villes invisibles*

Le monomoteur s'est hissé de justesse au-dessus des palmiers et nous volons, c'est un miracle. L'avion est enfin venu nous chercher à Oshwé, se posant dans un tourbillon de poussière et repartant aussitôt, pour arriver à Kinshasa avant la nuit. Nous naviguons sur l'écume verte de la canopée avec deux autres passagers, quelques régimes de bananes et une moto sanglée au fond de la minuscule carlingue. Le pilote, un Ukrainien aux paupières boursouflées par les excès de boisson, me donne des coups de coude dans le genou chaque fois qu'il manipule sa manette latérale. Par le hublot, je vois des pans de forêt transformés en terrains vagues alors qu'ils abritaient des éléphants et des oiseaux multicolores quelques années plus tôt. Puis la jungle disparaît complètement, remplacée par des plateaux sans fleurs, des champs, quelques villages et enfin par le fleuve Congo qui brille comme du cuivre. Nous approchons de la grande ville, de sa banlieue tentaculaire, de son agitation, de sa frénésie, de son exaltation, de sa décadence, de son agonie.

La piste d'atterrissage est macadamisée à l'aéroport Ndolo, elle est recouverte d'une mince croûte de bitume, et le Piper se pose comme sur du velours. Mais à peine sommes-nous descendus de l'appareil que deux corps habillés viennent nous alpaguer, deux employés de la DGM. Les deux hommes aux bérets élimés m'invitent à entrer dans leur bureau pour remplir de la paperasse, pour régler mon droit de passage, comme du temps de Livingstone. Un Mundélé, ça ne se refuse jamais.

— D'où venez-vous ?

Je leur raconte notre mariage et ils n'en croient pas leurs oreilles. Ils ôtent leur béret pour me féliciter, pour me serrer la main avec enthousiasme, et ils rangent leurs formulaires.

— Alors, tu es notre bokilo, dit l'un des deux.

Ce qui veut dire beau-frère, en lingala. On m'appellera souvent comme ça – je n'imaginais pas que ça m'ouvrirait autant de portes, à commencer par celles de la DGM : sans me questionner davantage, les deux fonctionnaires me laissent sortir, l'un d'eux propose même de nous escorter jusqu'à l'extérieur du hangar qui sert de hall, au cas où des profiteurs chercheraient à nous arnaquer. Il ne cesse plus de m'appeler bokilo, maintenant. Mon mariage a l'air de lui faire drôlement plaisir, c'est gentil. Au moment de nous dire au revoir, il conclut, dans un large sourire :

— Nous sommes dans la même galère, maintenant.

Le ciel est mauve, presque violet, Kinshasa bascule dans la nuit poisseuse et nous avons encore du chemin à faire. Il n'y a aucun transport collectif à la sortie de ce petit aéroport domestique, et de toute façon nous avons dépensé toute notre fortune dans l'achat du billet d'avion. Il faudra donc faire le pied, comme on dit, c'est-à-dire marcher au bord de la route, comme des milliers d'autres Kinois, comme des dizaines de milliers d'autres Kinois, comme des centaines de milliers d'autres Kinois. Nous nous faufilons dans la procession silencieuse. Les piétons semblent fuir une catastrophe, mais ils rentrent simplement de leur journée de travail – certains en ont pour trois heures, tous les soirs, pour retourner dans leur taudis, à l'autre bout de la ville. Et ils recommencent le même trajet chaque matin. Pas question de flâner, la tête ailleurs, pas question de regarder les mouches voler, ou les moustiques : il faut surveiller où l'on met les pieds, à chaque foulée, car la chaussée est barrée de trous béants, de tiges en métal, de pierres, de barbelés rouillés. Et impossible de s'aventurer sur la chaussée, c'est trop périlleux : les conducteurs, ces privilégiés au volant de tacots hoquetant, se fichent totalement de ce qui peut passer sous leurs pneus. On progresse, concentrés, dans cette pagaille humaine. On se fraie une voie dans le parfum saturé de la cité, dans ces odeurs moites de fumée, de gasoil, de graisse grillée, d'ordures brûlées, de fruits pourris et de poussière chaude. On avance dans la jungle urbaine, étouffante, oppressante, répugnante. Au-dessus de nos têtes, dans le ciel sale, même la lune semble rouillée. J'échangerais volontiers cent kilomètres de marche dans la forêt d'Oshwé contre deux kilomètres à Kinshasa, s'il y en a que ça intéresse.

Nous arrivons à Maman Yemo, comme deux oiseaux blessés soulagés de retrouver leur nid. Ravis de réintégrer la multitude grouillante de ce fatras de cagibis pleins de fièvre, de sueur, de vacarme, de crasse et de solidarité. Le jour est tombé depuis longtemps, mais tous les habitants portent des lunettes de soleil, même les grand-mères. Est-ce la nouvelle mode ?

— Épidémie de conjonctivite, répond Miracle, une des voisines de Belange. On a les yeux en feu. Plus personne n'ose se toucher, on ne se salue même plus.

Elles surviennent de temps en temps, ces épidémies. Le mois dernier, c'était du choléra, j'ai de la chance. Autre coup de fortune, l'électricité fonctionne. Chaque cabane est éclairée, et Belange peut allumer ses deux ampoules, tout comme si nous entrions dans la galerie des glaces du château de Versailles. Malheureusement, il n'y a plus d'eau. C'est bien embêtant. On peut vivre sans électricité, à tâtons la nuit tombée, ou avec des bougies, mais les heures deviennent soudain très longues lorsqu'il n'y a pas d'eau. Nous aurions aimé au moins nous décrasser. Nous aurions aimé ne pas attraper de conjonctivite. Belange réfléchit quelques secondes, et puis :

— Attends-moi là, je vais chercher une solution.

Je m'installe sur la roue d'un chariot, tout à côté d'un singe grand comme un bébé, au pelage gris très soyeux. C'est le même type d'animal que celui que nous avons mangé chez le pasteur, à Oshwé. Il se cherche des petites bêtes dans la cuisse, par ennui ou pour se donner une contenance, et recule quand je m'approche – il tente souvent de s'évader, trois ou quatre fois par minute, sans jamais se décourager, mais son cou est trop bien attaché à sa courte chaîne. Il se méfie de moi, de ma peau si blanche, puis fait mine de m'ignorer. Tout de même, il continue de m'observer, de biais, il aimerait savoir qui je suis. Il me jauge, comme si je venais lui arracher une dent ou lui apporter toutes les vérités du monde. Enfin, la curiosité l'emporte et il tente une approche. Cinquante centimètres, trente centimètres, je lui caresse l'épaule, le bras, nous nous serrons la main, les yeux dans les yeux. Son regard est grave, profond, comme s'il voulait me dire : Qu'êtes-vous en train de faire ? Pourquoi vous détruisez tout, pourquoi vous oubliez tout ? Pourquoi tous les autres portent des lunettes de soleil ? Je ne sais pas quoi lui répondre, à ce singe qui continue de me serrer la main en fixant mes pupilles. Il prend le risque de poser l'autre main sur mon genou puis, après un long moment d'hésitation, après de mûres réflexions, vient se blottir dans mes bras pour que je le rassure. Au même moment, une tripotée de mômes, braillards et trébuchants, déboule dans la cour en jouant à se poursuivre. Mon nouvel ami s'échappe aussitôt et monte se réfugier sur le toit de tôle car il sait bien ce qui l'attend. Les enfants l'encerclent en riant, secouent sa chaîne, piaillent, lui jettent des cailloux. Le singe me regarde avec rancune, comme si j'étais un traître. Les hommes sont tous les mêmes.

Et puis Belange réapparaît, avec sa solution : nous irons nous réfugier chez son frère Zéphirin, qui habite à l'autre bout de la rue. C'est tout droit, il n'y a qu'à éviter les pousseurs de chariots, les voleurs à la sauvette, les ornières de boue noire, les petits feux d'ordures, il n'y a qu'à enjamber cinq ou six ruisseaux moribonds, des égouts à la belle étoile, il n'y a qu'à traverser quelques carrefours de sable gris, passer le quartier des menuisiers, un vendeur de *peintures et produits chimiques*, puis la portion de rue, couverte d'une pellicule blanche, où des femmes transforment la farine de manioc en foufou, et nous arrivons devant le portail de fer rouge.

— C'est une maison individuelle, indique Belange.

C'est l'opulence. Chris et Bitia, les enfants de Zéphirin, les neveux de Belange, les miens maintenant, nous sautent au cou et le voilà, notre château de Versailles ! Une villa carrée, de plain-pied, avec des fenêtres et du carrelage au sol, trois chambres, un salon, de l'eau autant qu'on veut, à puiser à l'unique robinet au fond de la cour. Le seul ennui, c'est qu'il n'y a pas d'électricité.

— Le courant est sporadique, s'excuse Tina, la femme de Zéphirin.

La famille est couchée dans le noir, sur le carrelage qui donne une illusion de fraîcheur. Nous racontons dans le désordre notre pèlerinage sylvestre, la nouba des Pygmées, l'interminable attente à Oshwé. Zéphirin envoie Chris acheter trois bougies, pour fêter l'événement avec un peu de lumière, pour éclairer sa modeste demeure dont il a tant de mal à acquitter le loyer car le métier d'avocat, ce n'est pas le Pérou.

— Tous mes clients sont fauchés, personne ne peut me payer mes honoraires.

Tina se lève pour cuisiner le dîner, un petit poisson qu'il faudra se partager. Et nous allons dormir, puisqu'il n'y a rien d'autre à faire. Notre chambre ressemble à une cellule monacale : un soupirail, des murs nus et, pour tout meuble, un matelas d'une seule place, posé sur le carrelage. À la lueur de la bougie, nous découvrons que des dizaines de moustiques se sont invitées dans la pièce. Belange sort se procurer une fiole de potion bleue, elle ne sait pas ce qu'elle contient exactement mais Tina lui a garanti que c'était efficace : l'étiquette recommande de ne jamais utiliser ce produit dans des pièces occupées par des enfants. Il n'y a rien pour poser nos affaires, que nous entassons par terre avant de goûter aux voluptés du matelas de mousse, plus confortable que le lit du pasteur. Mais deux fois plus étroit.

Nous sommes réveillés, avant l'aube, par une de ces églises qui prolifèrent comme des boutiques. Il fait encore nuit, c'est déjà l'escalade des décibels. Dans la chambre d'à côté, Chris et Bitia se lèvent pour l'école, ils se débarbouillent sous le robinet de la cour et revêtent leur uniforme blanc et bleu marine. Je les accompagne jusqu'à la porte de l'établissement, il faut slalomer dans la même crasse qu'hier pour y arriver. Quelques habitants tentent de balayer les saletés de la veille, d'autres paient un éboueur pour qu'il décharge leurs poubelles dans son chariot à bras. Ça coûte 300 francs, un peu moins de 30 centimes d'euro, et on paie d'avance. À prendre ou à laisser. Si on n'a pas l'argent, on garde ses ordures, en espérant que les poules auront assez de dents pour toutes les avaler.

Nous avons encore une petite formalité à accomplir, Belange et moi. Un contrôle technique, un examen médical, une question de vie ou de mort. Le virus du sida est présent ici comme ailleurs en Afrique – peut-être plus qu'ailleurs, compte tenu de la faiblesse des moyens alloués à la santé. Il serait raisonnable de savoir où nous en sommes.

Dès que nous sortons de la villa de Zéphirin, la chaleur nous prend par le col et nous gifle. Il n'est que 9 heures du matin et la température est déjà intolérable. Je me liquéfie, prêt à tomber dans les pommes vapeur.

— Oui, le soleil pique un peu ce matin, reconnaît Belange.

Sur le chemin, la crasse fait comme un manteau au cordon de sable de la rue, une gabardine de sachets en plastique, de boue noire, de papiers chiffonnés, de capsules. Nous passons encore un carrefour gluant de graisse et d'eaux stagnantes et nous arrivons devant le mur du dispensaire, coiffé de tessons de bouteilles pour dissuader les voleurs.

La salle d'attente est presque bondée, une jeune infirmière aux gros seins nous fait asseoir sur de vieilles chaises en plastique ; quand vient notre tour, nous la suivons dans un jardin mal entretenu jusqu'au cabinet du docteur. La pièce n'a pas de fenêtre et le ventilateur fait s'envoler feuilles et ordonnances sur son bureau. Ça ne perturbe pas le praticien, qui pose quelques questions d'usage et nous explique comment fonctionne le dispensaire.

— Notre test, qui est absolument gratuit, n'est pas toujours sûr. Par contre, nous pouvons utiliser un autre procédé, bien plus fiable, qui coûte 10 dollars. Lequel choisissez-vous ?

J'ai tiré un peu d'argent au distributeur de billets, dans le grand hôtel de Kinshasa, après avoir accompagné les enfants à l'école : à nous la belle vie, prenons le test à 10 dollars. L'infirmière aux gros seins nous invite à la suivre dans un autre cabinet, tout aussi réduit, nous garrotte et nous pique, et le tour est joué. Au moment de partir, le docteur surgit en tenant une gigantesque boîte de préservatifs.

— Attendez, j'ai oublié de vous donner ceci, crie-t-il à travers la salle d'attente, devant dix ou douze patients amusés. Prenez donc, c'est gratuit. Et n'oubliez pas de revenir demain chercher vos résultats.

Je dois tenir son cadeau à deux mains tant il est volumineux, et je fais tout le chemin du retour encombré de ce carton que je ne peux dissimuler, où il est écrit *500 préservatifs* sur chacune des faces. J'ai l'impression que toute la rue me regarde, le Mundélé qui se balade à côté d'une jolie Congolaise avec sa réserve de capotes anglaises.

Cette promenade de huit cents mètres nous a épuisés, nous rentrons nous reposer sur le matelas de mousse. Seulement, les clameurs de la ville se bousculent pour venir s'engouffrer pile dans mes deux oreilles. Mille bruits se croisent et se répondent pour former un tumulte, un tintamarre qui m'empêche de trouver le sommeil. Les cris des cireurs de chaussures se mêlent à ceux des boulangères ambulantes, s'ajoutent au cliquetis entêtant des vendeurs de pétrole qui sillonnent les rues en faisant grelotter leurs petites fioles, se mesurent à la musique des transistors, aux aboiements, aux ricanements, aux sifflements ; et, au loin, sur les artères carrossables, ce sont klaxons, crissements, pétarades, huées, fracas, tapages. Décibels. Je suggère à Belange que nous pourrions tester les préservatifs du dispensaire, mais elle roupille déjà comme si nous étions couchés dans le silence de la lune. Je détaille les murs nus de notre cellule, la peinture s'effrite par endroits, créant des continents difformes, le planisphère d'un nouveau monde avec ses océans, ses mers intérieures, ses lacs, ses îles, ses archipels, ses isthmes, ses caps, ses péninsules. Le soupirail qui fait office de fenêtre est protégé par une moustiquaire, trouée dans un coin. C'est un petit trou, un trou de rien, on aura voulu glisser un billet roulé dans la longueur, une puce de téléphone ou une boucle d'oreille et, au lieu de faire le tour, on aura percé ce petit orifice qui continue de s'agrandir avec le temps, chaque fois que les enfants s'amusent à y passer le doigt. C'est par là que les moustiques sont entrés hier, c'est par là qu'ils reviendront ce soir. Je me rallonge, je peste contre l'indolence, contre l'inactivité forcée, alors qu'il y aurait tant de choses à faire à Kinshasa – à commencer par rendre cette cellule carcérale plus agréable à vivre. Quand il fera moins chaud, je rafistolerai la moustiquaire. Et il y a un renfoncement dans le mur où nous pourrions fixer des étagères, Zéphirin souhaite le faire depuis trois ans mais il n'a jamais le temps de s'y mettre. Je vais les lui installer, moi, ses étagères.

Dès qu'il fera un peu moins chaud. Ce n'est pas que nous aurions beaucoup d'objets à y poser, mais nous pourrions au moins y ranger nos vêtements plutôt que de les éparpiller sur le carrelage. J'y mettrai ma biographie de Livingstone et le classeur qui contient les vestiges de la scolarité de Belange, qu'elle a emporté avec elle hier soir. J'y jette un œil : de bons résultats partout, dans toutes les matières. Elle était souvent la première de sa classe. Puis sa mère est morte, quand elle a eu 15 ans, et son père n'était pas souvent là quand il s'agissait de mettre la main au portefeuille – pas souvent là tout court. Personne ne s'est bousculé pour lui payer ses frais de scolarité, alors elle a dû se passer des études. Oh, bien sûr, elle aurait pu coucher avec ses profs la veille des examens, mais elle n'en avait pas envie et elle n'a pas eu les diplômes qu'elle méritait. Elle adorait lire et se souvient avec précision de chaque roman qu'elle a tenu en main, mais c'est fini – aujourd'hui, les livres sont rares à Kinshasa et l'on vit dans une telle promiscuité qu'il est impossible d'avoir des moments de solitude. Hier, Zéphirin nous a affirmé que le meilleur endroit pour cacher un secret, au Congo, c'était encore de l'écrire dans un livre.

— Tu peux être sûr que personne ne viendra en prendre connaissance.

Il n'y a rien à lire et, de toute façon, beaucoup de Congolais ont déjà perdu cette habitude amenée par les colons – pendant ce temps, les sociétés de téléphonie mobile enregistrent des taux de progression record. Quand un peuple agonise, a-t-il encore le loisir de s'intéresser à la littérature ?

Kinshasa, capitale du pays le plus potentiellement riche de la planète, compte tenu de toutes ses ressources naturelles, est aussi une capitale de la pénurie. Pénurie de livres, pénurie d'électricité, pénurie d'essence, pénurie de routes. Pénurie d'infrastructures, pénurie d'écoles, pénurie d'hôpitaux, pénurie alimentaire. On a rien en tout, résume Belange. Certaines familles ne mangent qu'une fois par jour, alors que n'importe quel légume, n'importe quelle céréale pourrait pousser, il n'y a qu'à planter. Seulement la République démocratique du Congo est un pays en faillite, qui n'a plus d'administration ni de services publics. C'est un des rares États de la planète dont la production annuelle de richesses baisse depuis trente ans, à cause de la corruption, à cause des détournements de fonds, à cause de l'égoïsme, du manque d'entretien, de la désorganisation, de la guerre. C'est une nation qui se décompose, à petit feu, depuis l'indépendance de 1960. C'est une superpuissance géologique qui n'a pas de système bancaire : en 2011, la plupart des Kinois ne savent pas ce qu'est une carte de crédit, à quoi peut bien servir ce curieux bout de plastique ?

J'ai dû finir par m'endormir, puisque j'ai rêvé. J'ai rêvé que le Congo s'appelait maintenant la Réplique démocratique du Congo. Il s'agissait des mêmes paysages, du même fleuve, de la même forêt, de la même énergie, mais tout allait bien – disons que tout allait mieux. Il n'était plus question de survivre, mais de vivre. Comme partout, il y avait des hauts, il y avait des bas, mais la population n'était plus accablée par un sentiment diffus d'injustice, de spoliation, d'humiliation. Les villes étaient rassurantes, des arbres y poussaient, offrant leur ombre aux passants et leurs branches aux oiseaux. Les enfants allaient à l'école, confiants d'une chose : un avenir les attendait.

Je me réveille en sueur, c'est la fin de l'après-midi et il fait toujours aussi chaud : nous allons remplir deux grands seaux pour nous asperger dans la pièce noire qui sert de salle de bains. Belange souhaite mettre un peu d'ordre dans sa chevelure, elle cherche un miroir – il n'y en a pas, pas même un éclat perdu dans un impossible recoin. Je ne sais pas pourquoi les miroirs sont si rares au Congo, peut-être est-ce par lassitude de devoir en racheter de nouveaux qui se casseront invariablement, parce qu'on les aura mal posés; peut-être qu'ils coûtent trop cher, pour les budgets déjà tellement rognés. Peut-être que l'on s'habitue à tout, même à vivre sans son image. Belange dit que ça pourrait être à cause des superstitions, des choses que je ne pourrais pas comprendre, pas tout de suite. Je cherche un morceau de scotch pour reboucher la moustiquaire, il n'y en a pas non plus. J'arrache une page de mon carnet et je la pose devant le petit trou, autant arrêter le vent du désert avec un château de cartes.

Nous n'avons plus le temps d'aller acheter nos planches pour les étagères : Belange veut me présenter à ses amis, à son entourage. Nous allons nous attabler sur une petite place triangulaire du quartier, devant une mosquée verte. L'antenne du commissariat de police est nichée dans un container en métal, des femmes rentrent du marché avec leur panier de provisions sur la tête, quelques enfants font voguer des brindilles sur une flaque de boue, des navires considérables sur un océan noir. Nous commandons une grande bière pour patienter, la vendeuse ne retrouve pas son décapsuleur, qu'on appelle ici un zibulateur. Belange ne s'en fait pas pour si peu, elle s'empare de la bouteille et la débouche avec ses dents, puis recrache la capsule sur le sable gris, parmi des centaines d'autres détritus, clous rouillés, mégots, pelures d'ananas, bouts de pagnes, plumes de coqs, sacs en plastique. Où vont toutes ces ordures qui encombrent la mégapole ? Celles qui ne sont pas brûlées finissent dans le tumulte du fleuve, aussitôt emportées dans les cataractes qui commencent juste en aval de Kinshasa. Une chasse d'eau gigantesque, qui mène droit à l'océan Atlantique.

Mais voilà Rubens et Trésor, les vieux amis, dont j'ai du mal à discerner les traits dans la noirceur du crépuscule. Voilà aussi Micheline, la cousine de Belange, éclairée de l'intérieur par sa beauté – c'est de famille. Elle a failli se faire agresser par des kulunas sur le chemin, les rues de Kinshasa sont de moins en moins sûres. En deux décennies, les solidarités familiales se sont effritées et des milliers d'enfants sont livrés à eux-mêmes, souvent accusés de sorcellerie pour justifier leur abandon par des parents si pauvres qu'ils ne peuvent même plus les nourrir. Ils sont aujourd'hui vingt-cinq ou trente mille qui dorment dans les débris de la ville, qui mendient ou qui se prostituent, qui volent à l'étalage dès l'âge de 4 ans. Et ceux qui survivent, ceux qui ne sont pas morts de ne pas avoir été aimés, ceux-là deviennent les kulunas et ils n'ont rien à perdre. La vie ne leur a jamais fait de cadeau, ils cognent et ils prennent. Une chape de paranoïa recouvre la ville, chaque mois un peu plus épaisse : avant d'avoir les commodités modernes, Kinshasa aura son ultra-insécurité. Rubens et Trésor évoquent leur jeunesse, quand tout le monde se parlait dans le quartier, avant que les habitants de chaque parcelle se mettent à construire des murs autour de leur case. Nous parlons de l'avenir, qui n'est pas reluisant – mais où l'est-il, au XXIe siècle ? Nous ne savons pas encore où nous irons nous établir, Belange et moi, l'amour suffira-t-il à mener notre attelage de cœurs ardents ? Comme tout fini en dérision au Congo, nous en rigolons, beaucoup – ce qui ne nous apporte pas la réponse pour autant. Lorsque nous raccompagnons Micheline au taxi collectif, dans le noir inquiétant de cette cité des enfants perdus, je cherche à dissimuler l'arrogance de ma peau blanche.

— Ne t'inquiète pas, me rassure Belange. Les kulunas du quartier dorment souvent dans ma cour, je les connais tous.

J'ai arrêté le programme de la journée : nous ne ferons rien avant d'avoir trouvé les cinq planches nécessaires à la construction des étagères. Belange est d'accord, mais suggère tout de même d'aller chercher les résultats du test au dispensaire – la bonne nouvelle, c'est qu'aucun de nous deux n'est contaminé ; la mauvaise, c'est que ça nous a pris trois heures. Quand nous arrivons au coin des menuisiers, le soleil est au zénith et tout semble désert. Allons plutôt voir comment ont prospéré les affaires de Belange pendant son absence.

En France, elle aurait fait Sciences Po ou Polytechnique. Au Congo, elle vend de l'eau du robinet. Comme la plupart des habitants de Maman Yemo, elle a investi dans un congélateur à 400 dollars où elle stocke des centaines de petits sachets en plastique, remplis manuellement en les plongeant dans une bassine et refermés avec un petit nœud. La femme qu'elle emploie pour les revendre au marché n'a pas travaillé pendant le temps que nous étions à Oshwé, les recettes ne sont pas fameuses.

Il y a également les sacs de maïs que lui a envoyés son oncle Willy, depuis la province de l'Équateur. Cent sacs de cent kilos, arrivés par barge la semaine dernière. Le voyage a été plus long que prévu sur le fleuve, il a plu, le maïs commence à pourrir : Belange doit se dépêcher de l'écouler avant qu'il ne se gâte. Le port n'est pas loin. Nous marchons sur l'avenue des Vieillards, longeons un canal encombré d'ordures et prenons l'avenue des Inflammables. Des bosquets de palmiers égaient notre chemin et je repère quelques façades audacieuses – des arrondis, des patios, des balcons. Mais, dans l'ensemble, les cases ne sont que murs de parpaings et toits de tôle, architectures sans âme ni génie, élaborées à la va-comme-je-te-pousse, dans la pure tradition des bidonvilles. Kinshasa fut urbanisée par les Belges pour accueillir quatre cent mille habitants ; cinquante ans après l'indépendance, la population de la capitale est estimée à dix ou douze millions et les ruelles de sable terne semblent lasses d'avoir à supporter tant de monde, tant de soleil, tant d'excréments. Parfois, c'est un immeuble inachevé, abandonné en pleine construction, qui tombe déjà en ruine, aussitôt colonisé par la végétation tropicale, par les moisissures et par des dizaines de sans-abri, enfants des rues, réfugiés de guerre, déserteurs, fous, putes, crève-la-faim, va-nu-pieds, lépreux, albinos, orphelins, braconniers, prédicateurs, sorciers, seigneurs, fonctionnaires ou agents de police. La réalité de Kinshasa dépasse l'imagination. Tout peut surgir, à n'importe quel moment, au premier carrefour. Un dandy de 60 ans, au costume cousu de fil d'or, un montreur de boas, des culs-de-jatte musiciens, un enfant sans bras qui guide une aveugle, un pasteur en Mercedes, un catcheur en colère ; des militaires, qui caressent le chien de leur fusil en vous regardant pensivement.

Presque toute la rive est dédiée au trafic fluvial, au commerce de ce qu'apporte la terre de ce gigantesque pays – le Congo n'a qu'une autoroute, c'est son fleuve. La berge n'est que pontons, hangars, barges, grues rouillées et cabanes en planches, c'est une cohue de négociants, compacte et nerveuse, qui se frotte, se heurte, s'énerve, vocifère, s'emporte, se fâche et se réconcilie. Belange m'emmène dans ce dédale de grandes personnes, de chariots, de gravats et de camions. Nous nous engouffrons dans un hangar sans lumière, au milieu d'une autre foule grouillante et affairée, comme si nous avions pénétré à l'intérieur d'un nid de fourmis. Une fumée noire, épaisse, piquante, me fait tousser, sommes-nous à l'intérieur d'un pot d'échappement ? Mais je ferais mieux de regarder où je mets les pieds au lieu de faire le malin, quelques marches usées me font trébucher avant que nous débouchions dans une criée poisseuse où se négocient les fruits et légumes du pays. Belange trouve ses cent sacs, rémunère le commis qui les a entreposés et commence à brailler ses tarifs, comme tout le monde. Des dockers passent devant nous, chargés d'autres sacs de cent kilos, je ne vois que du muscle et de la sueur. Une acheteuse s'approche, prélève un peu de notre maïs pour évaluer sa qualité, fait une moue, demande un rabais sous prétexte qu'un Blanc est de la partie. Belange refuse tout net et l'acheteuse s'éloigne fouiner autour d'autres sacs. La poussière lourde m'empêche de respirer, le bruit et la fureur me font tourner la tête. Tout ploie, tout grince, tout menace de s'écrouler dans cet antre diabolique. Une seule barre de néon fonctionne : elle pend, couverte de crasse et de monstrueuses toiles d'araignées, six mètres au-dessus de nos têtes. Les sacs ont été achetés 20 000 francs à Lisala, Belange espère les vendre 60 000 francs, mais c'est la crise ici aussi et ses grains ne sont plus de très bonne qualité. Elle s'entête et j'admire sa détermination – elle me dit que c'est bien pire quand il faut faire ce commerce en plein air, sous les lances brûlantes du soleil qui vous cuit et vous recuit, qui vous rend fou.

Les sacs sont partis à 50 000 francs, juste avant la nuit, emportés par un grossiste taciturne qui les revendra au détail, trois ou quatre fois le prix. Le bénéfice sera mince quand on aura déduit les dépenses de stockage et de transport, mais la transaction est conclue et nous pouvons quitter ce purgatoire, respirer une goulée d'air, retrouver le monde. Je voulais du Congo, j'en ai, maintenant. Plein. Partout. Sans filet de sécurité. Combien de temps pourrais-je tenir dans ce pays, si je devais y rester toute ma vie ?

Ce n'est pas la question, puisque mon retour est prévu dans trois jours – j'ai l'impression que je n'ai rien eu le temps de faire. Je dois développer mes photos à Paris, je dois écrire mon reportage, puisque c'est tout de même pour ça que je suis venu, je dois payer des factures. Il faudrait encore aller au consulat de France pour officialiser notre union, mais c'est à l'autre bout de la ville et la distance nous décourage. Notre mariage chez les Pygmées nous suffit pour le moment. Il ne faut pas se précipiter en tout.

Nous allons tout de même acheter notre alliance, c'est bien plus important. C'est un moment symbolique, nous marchons solennellement au milieu des échoppes graisseuses, nous zigzaguons gravement sous les marquises multicolores et trouées, dans la confusion du grand marché de Kinshasa. Le coin des joailliers se situe juste après celui des poissonniers, Belange passe quelques anneaux à son doigt : du fer-blanc, de la pacotille, du toc. Nous continuons notre quête chez un Nigérian réputé dans la ville, un vrai bijoutier qui nous sort le grand jeu, qui ne nous parle qu'en anglais. Il étale tous ses modèles avec des gestes de prestidigitateur, dans des écrins poussiéreux, Belange choisit enfin une bague à son goût, avec quelques pierres incrustées. Puis le Nigérian me dévoile sa gamme masculine, baroque, clinquante, m'as-tu-vu : j'opte pour l'alliance la plus discrète, un cercle d'argent dont l'intérieur est gravé *Mexico 925* – ça nous fera voyager. Belange la passe à mon doigt gonflé de chaleur et je ressens le vertige de porter une bague, moi qui me sens menotté quand j'ai une montre au poignet. J'ai le vertige, mais je n'ai pas peur. J'ai la beauté de Belange qui m'accompagne, qui m'escorte. Et si je me retourne, je vois derrière nous, en filles d'honneur, toutes ces années d'errance qui m'ont enseigné à savoir la trouver. Était-ce pour la rencontrer que j'ai parcouru tous ces kilomètres, toute ma vie ?

Elle a chaussé ses escarpins et enfilé sa robe rouge, elle traverse Kinshasa en produisant des étincelles, elle avance avec grâce au milieu des ordures de la ville. Elle transforme la poussière en paillettes et le temps se suspend devant sa démarche impériale, les ouvriers se redressent sur leur manche de pioche, les enfants cessent de jouer, les automobilistes ralentissent. Elle ne marche pas, elle vole. Mais elle possède si peu de choses qu'elle plie une étoffe dans son petit sac à main pour donner l'impression qu'il est plein. Elle met de faux ongles, pour masquer les vrais, tout noircis par la saleté de la ville.

— Comment veux-tu garder les ongles propres dans la crasse de Kinshasa ?

Finalement, c'est aujourd'hui que je poserai mes étagères. Jérôme, le frère de Belange, mon bokilo, a promis de nous aider. C'est un manuel, il est peintre. Il a un ami menuisier qui lui fournit les châssis de ses toiles, c'est là que nous irons prendre nos planches. Nous avons rendez-vous à 11 heures, mais Belange connaît suffisamment l'animal pour savoir qu'il sera en retard. Nous avons le temps d'aller saluer Sauveur, un oncle médecin, qui habite à vingt minutes, et qui aimerait rédiger un article scientifique sur les différences physiques entre les hommes. Il voudrait partager ses observations sur les types humains. Par exemple, les grosses narines des Africains :

— Elles ont pour fonction de ventiler. Elles laissent passer plus d'air, car il fait chaud chez nous. Par contre, quand les Africains séjournent en Europe, ils attrapent plus facilement des bronchites car l'air froid se faufile dans leurs poumons.

L'oncle et la nièce parlent des multiples membres de la famille, je m'embrouille dans tous les noms, ceux des demi-frères et ceux des cousins éloignés – en Afrique, ces précisions n'existent pas : dans une même génération, tout le monde est frère et sœur, il n'y a pas de jaloux. La notion de famille est bien plus généreuse que dans notre conception européenne. Parfois, cela ralentit les chances de prospérité économique : celui ou celle qui gagne une somme d'argent doit toujours en gratifier une partie à sa tribu.

Nous commençons à dessiner un arbre généalogique, qui se transforme vite en forêt. Nous devons utiliser plusieurs feuilles de papier, que nous mettons bout à bout. Belange est fille unique de sa mère, mais sa grand-mère maternelle a mis au monde quatorze enfants et elle a plus de cinquante petits-enfants aujourd'hui. Du côté de son père, les progénitures sont tellement considérables que nous peinons à les recenser. Il faudrait aller demander des détails à l'oncle Hubert, la mémoire de la famille. À 87 ans, oncle Hubert tient d'une main de fer son hôtel de luxe à Kinshasa et il a des dizaines d'histoires à raconter. Il a hébergé le boxeur George Foreman, lorsqu'il est venu combattre contre Mohamed Ali en octobre 1974 – Mobutu avait concocté ce « combat du siècle » pour s'offrir une page de publicité, mais les projecteurs du stade ne fonctionnaient pas la veille de la rencontre : c'est l'oncle Hubert qui en a financé une partie, et il n'a jamais été remboursé. Il a bien connu Patrice Lumumba également, et

Moïse Tshombe, qui ont joué tous deux un rôle majeur au moment de l'indépendance du Congo. Dans la famille, on dit qu'Hubert avait prêté ses chaussures à Lumumba quand celui-ci s'est rendu pour la première fois à Kinshasa, en 1945 – quinze ans après, celui-ci sera le premier Premier ministre du pays, mourra assassiné six mois plus tard et deviendra un héros national. Oncle Hubert raconte aussi comment son grand-père, l'arrière-grand-père de Belange, a tenu tête à Stanley, au début des années 1880, refusant que l'explorateur et sa troupe campent dans leur village qui était en pleine disette.

Nous parlons si longtemps que nous oublions notre rendez-vous avec Jérôme : quand nous rentrons, essoufflés, il est déjà reparti. Il était venu à l'heure.

En Afrique, l'imprévu l'emporte toujours sur le prévu : les agendas ne sont pas optimisés comme en Europe, les urgences ne sont pas les mêmes. On ne planifie rien, on n'anticipe pas grand-chose, on n'est ponctuel qu'exceptionnellement. Les Congolais sont des perfectionnistes du hasard, de la chance et du destin.

La nuit s'approche, à la vitesse d'une grosse pierre qui s'enfonce dans le fleuve, demain je serai en France. Il faudra revenir, pour poser les étagères et peut-être pour kidnapper Belange, si jamais les administrations nous mettent des bâtons dans les roues. Il faudra revenir puisque l'histoire ne finit pas comme ça – elle n'a même pas commencé, en fait. Le soleil plonge dans l'horizon et je pense à Livingstone : ce mariage que nous venons de broder dans la forêt, n'était-ce pas aussi le rêve de l'explorateur, ce qui l'attirait en Afrique sans qu'il n'ose jamais le formuler ? On n'en sait rien. Les personnages publics ont cet enquiquinement posthume de se faire déposséder de toutes leurs illusions, de tous leurs doutes, de toutes leurs victoires, de tous leurs soupirs, de toutes leurs failles, de tous leurs silences, de toutes leurs amours, de tous leurs mensonges, puisque leurs histoires sont sans cesse réinventées.

Pan ! Pan ! Pan ! (etc.)

« Tant d'amour entraperçu et soudain retiré ;
tant de beauté évanouie, enlevée, raptée. »
Wajdi Mouawad, *Forêts*

Vingt et un coups de fusils, tirés à une minute d'intervalle par les soldats de l'artillerie royale, saluent le cercueil à son arrivée au port de Southampton. Trois jours plus tard, le 18 avril 1874, le cortège mortuaire appâte des milliers de curieux. Le peuple de Londres se presse aux abords de l'abbaye de Westminster pour assister aux funérailles du brave explorateur, l'inhumation est orchestrée dans le plus prestigieux des mausolées de l'empire victorien. Livingstone avait demandé la majesté silencieuse de la forêt tropicale, on lui impose la grandiloquence des obsèques nationales. Le crève-misère écossais, forcé de travailler à 10 ans dans une filature de coton, est enterré comme un roi. L'événement est médiatisé partout en Europe, et même en Amérique, et même en Inde, et même en Russie. Ses anciens compagnons de route portent le cercueil. Parmi eux, Jacob Wainwright, seul Noir de la cérémonie, unique représentant de la dernière expédition de Livingstone. Stanley est là également, juste à côté. Les deux hommes se sentent un peu frères, d'avoir arpenté les mêmes paysages avec le vieux missionnaire. Ils se sentent orphelins aussi.

La bière trône au centre de la nef, bientôt couverte de roses, de messages, d'une feuille de palmier apportée par Jacob et d'une lourde dalle de granit noir. On y a inscrit, en lettres d'or : *ICI REPOSE DAVID LIVINGSTONE, MISSIONNAIRE, VOYAGEUR, PHILANTHROPE, NÉ LE 19 MARS 1813, À BLANTYRE, LANARKSHIRE, MORT LE 1ER MAI 1873, DANS LE VILLAGE DE CHITAMBO, ILALA.* La reine Victoria y fait déposer une impressionnante couronne de fleurs, des azalées roses et mauves. On lui sculpte des statues, des bustes, on rebaptise des rues en son nom. Mais on pourra mettre tout le faste du royaume pour s'accaparer les éclats de la gloire du voyageur, tous les apparats du gouvernement, toute la magnificence de l'empire, il restera toujours une chose qu'on ne pourra pas lui confisquer : c'est son cœur, qui est resté en Afrique. Et c'est son âme, bien certainement.

On prétend que Livingstone est le premier explorateur à afficher sa passion pour le continent avec autant de ferveur. Il s'y est dévoué sincèrement, presque naïvement, jusqu'à la dernière nuit. Toujours, il s'est montré curieux envers les Africains, qui semblaient le toucher plus que les autres hommes. *Les naturels paraissent intelligents,* écrivait-il dans son journal du 6 mai 1866. *Il serait intéressant de connaître leurs idées, de savoir ce qu'ils ont appris de leur communion avec la nature.* À cette époque, on se demandait encore si *les naturels* étaient tout à fait des humains, des égaux, ou bien on le disait pour montrer sa largesse d'esprit, mais on n'en était pas sûr.

C'est à ça que le traîne-savane s'est consacré, finalement : à partager l'existence des indigènes pour mieux les connaître et pour mieux les défendre. Il a passé trente ans avec eux, la moitié de sa vie. Il a appris leurs langues, il a arpenté sans jamais se lasser les paysages hostiles et exotiques de cette terre promise qui n'existait que dans ses chimères. Et il a combattu comme il a pu la traite négrière : il avait été meurtri à jamais en voyant les convois d'esclaves menés par les Portugais en direction de la côte occidentale, puis par la traite organisée à grande échelle par les sbires des sultanats musulmans de la côte orientale.

Livingstone est le premier et le dernier voyageur à avoir su admirer l'âme africaine, avant les humiliations et les blessures, considère Tim Jeal à la fin de son ouvrage. Oh, sans doute y en a-t-il eu quelques autres, avant lui, tout comme il n'est pas le premier des excentriques britanniques, ni le dernier. Mais c'est lui que l'on retient, puisque Stanley en a fait une vedette, puisque le Royaume-Uni en a fait un héros national et que les missionnaires l'ont porté en icône. On prétend que c'est grâce à lui que les explorateurs de l'Afrique sont entrés dans la culture populaire. Pouvait-il présager la brutalité qui suivrait, après que les grandes puissances se seront partagé le continent ? Pouvait-il seulement deviner ce que les prédateurs seraient capables d'inventer pour occuper leurs nouveaux prés carrés ?

Livingstone avait un rêve pour l'Afrique, mais on ne l'a jamais pris au sérieux. Et ce rêve, c'était qu'elle s'éveille. C'était que le progrès élève la vie des populations, grâce aux vertus conjuguées de la civilisation, du commerce et de la chrétienté – on devait encore penser, à cette époque, que le bonheur pouvait être imposé par la force, on croyait encore que l'Europe savait tout mieux que les autres.

Mais pourquoi n'a-t-on jamais pris au sérieux cet austère globe-trotter ? Était-ce à cause de sa manière très personnelle de mêler ses fantasmes avec la réalité ? Incorrigible optimiste, il s'est trompé dans presque tous ses projets, s'entêtant dans ses erreurs, jusqu'à ce qu'il périsse dans les marais en croyant toucher la source du Nil, alors qu'il s'embourbait dans le bassin du Congo. Il a accompli ses premiers voyages pour la London Missionary Society, mais il s'est vite désintéressé de la vie monotone et sédentaire des pionniers du Christ – il n'a jamais été doué pour les affaires courantes, auxquelles il préférait la fuite en avant, les exploits prodigieux. Devenu éclaireur du gouvernement pour jalonner l'autoroute du futur, sur le Zambèze, il a sabordé une coûteuse expédition par ses inconstances, ses lubies, et toujours son optimisme mal placé. Parti déterminer l'emplacement de la sources du Nil, dans l'espoir de médiatiser son combat contre l'esclavage, il a voyagé le plus clair du temps en compagnie des trafiquants d'hommes, profitant, beaucoup, de leurs largesses. Ce qu'il venait faire en Afrique n'a jamais été clair – il n'accomplissait que rarement ce qu'il annonçait dans ses lettres enthousiastes, il ne faisait pas toujours ce qu'on attendait de lui. C'était un têtu.

Infatigable vagabond, flâneur des savanes et des bords de fleuves, Livingstone était plus curieux que conquérant. L'efficacité n'avait pas de sens, pour ce médecin qui laissait rouiller ses scalpels, le plus souvent à cause de son imprévoyance ; la rationalité non plus, pour ce savant qui toujours interprétait les mesures scientifiques dans le sens qui l'arrangeait. Oh, sans doute était-il plus distrait qu'incompétent. Et son cœur était pur. Aussi pur que celui de Don Quichotte.

En touriste avisé, il signale que le commerce exagéré de l'ivoire risque d'entraîner l'extinction des éléphants, et tout le monde se moque de lui. Il imagine le rôle de guide que pourraient jouer les Britanniques afin d'épauler la région dans son chemin vers la modernité, son projet est détourné par je ne sais quelle idéologie impérialiste – exploitation intensive des territoires conquis, sans rien donner en échange, ou si peu. Livingstone menait-il des combats trop en avance pour son époque ? Ce n'est qu'après sa mort que le marché aux esclaves de Zanzibar est définitivement fermé. Ce n'est qu'après sa mort que l'Angleterre s'implante méthodiquement en Afrique de l'Est, du Caire au Cap.

Livingstone n'est pas un tocard, mais il n'est pas non plus le héros que l'on croyait. Son histoire n'est pas celle que lui avait taillée sur mesure son ami Horace Waller lorsqu'il a édité ses derniers carnets juste après l'enterrement de Westminster, en biffant les détails triviaux – quand l'explorateur parle de ses hémorroïdes, par exemple, ou de ses douleurs aux testicules, ou de la troublante sensualité des femmes noires, ou des saouleries de ses porteurs. Waller, surintendant des missions protestantes en Afrique, voulait faire du baroudeur un missionnaire modèle, intègre et vertueux. Un chevalier de la paix, sans peur et sans reproche, qui s'est toujours battu en première ligne contre l'esclavage. Un saint homme qui sacrifie son confort, son foyer, sa vie pour ouvrir le continent au christianisme et à la civilisation. Un boy-scout aux cheveux blancs, qui deviendrait un exemple pour la jeunesse. C'est Waller qui, le premier, trafiqua les témoignages de Souzi et Chouma pour donner un peu de lustre à la mort de Livingstone, en l'agenouillant discrètement au pied de son lit, les mains jointes, en position de prière. Il fallait des images marquantes et on ne plaisantait pas avec les convenances. Ensuite, des dizaines d'hagiographies seront consacrées à l'icône des missions protestantes, chacune apportant de nouveaux petits mensonges, de pieux bobards qui motiveront des cohortes de missionnaires – ceux-là partiront évangéliser l'Afrique, bardés de certitudes, ils y bâtiront des dispensaires ou des écoles et, en échange, demanderont aux habitants d'oublier l'âme de leur culture. Ils prépareront le terrain pour que le continent devienne le supermarché de la religion qu'il est devenu aujourd'hui.

On raconte ainsi que Livingstone apportait la paix partout où il allait. Qu'il voyageait avec une équipée d'Africains convertis au christianisme, qu'il leur lisait des passages de la Bible tous les soirs pour les récompenser de leur labeur – l'Écossais aurait eu de quoi se retourner dans ses deux tombes s'il avait entendu toutes les sottises inventées à son sujet. Des légendes ont commencé à éclore, à s'épanouir comme des lys. On a prétendu qu'il ne voulait plus rentrer en Europe car il avait épousé une princesse africaine et qu'il avait eu une fille avec elle. Que, dans sa forêt, il vivait comme un pacha.

Mais quelle importance, puisque l'imagination sera toujours plus forte que la connaissance – ça, Livingstone l'avait bien compris, au cours de ses voyages invraisemblables. Le héros de l'empire nous laisse une collection de belles images et c'est pour ces belles images que l'on continue de l'admirer. Pour ses marches à travers les terres inconnues, pour sa détermination, pour sa rencontre picaresque avec Stanley, dans le trou du cul du monde. Pour l'idée du voyage perpétuel, qui continue de nous fasciner – ne sommes-nous pas tous des nomades, plus ou moins sédentarisés ? Il n'y avait qu'à ouvrir la voie, crier à la cantonade REGARDEZ, C'EST POSSIBLE, pour que des centaines d'aventuriers partent affronter les déserts à leur tour, et les savanes, et les jungles, et les marigots, et les montagnes et les fleuves de ce continent toujours mystérieux. Quelques-uns sont devenus célèbres, on leur a taillé des bustes en bronze et on a baptisé des rues à leur nom. Tous les autres sont oubliés. Et le nom de Livingstone se serait aussi bien noyé dans les marécages de l'histoire, si Stanley n'était pas venu apporter sa bouteille de champagne tiède à Ujiji pour trinquer aux grands esprits qui se rencontrent, si le journaliste du *New York Herald* n'avait pas rédigé ses fameux articles à la gloire de l'explorateur retrouvé – il suffit parfois de raconter une histoire noir sur blanc dans une feuille de chou pour qu'un vieux schnock devienne une superstar.

Stanley fait de Livingstone une idole et Livingstone fait de Stanley un explorateur. Un grand explorateur. Ce 18 avril 1874, le jour de l'enterrement, dans la nef de l'abbaye de Westminster, le reporter se jure d'achever la mission géographique que s'était donnée le vieux missionnaire. Il part quelques semaines plus tard, au frais du *New York Herald* (et d'un autre journal, le *Daily Telegraph* de Londres) pour une nouvelle incursion dans le cœur des ténèbres : il commence par cartographier avec précision le lac Victoria, puis il descend sur le Tanganyika, dont il termine le bornage commencé en 1871. C'est propre, c'est net. Pas des demi-explorations comme faisait le présumé docteur. Pourtant, Stanley n'aura pas le quart de la reconnaissance dont jouit le bon Livingstone : il passera pour une vulgaire brute, un arriviste cruel et prétentieux, puisqu'on le confondra avec les soudards envoyés par le roi des Belges pour récolter le caoutchouc dans les années 1890 et qu'on ne sait pas faire autrement que de mettre les gens dans des cases, dussent-elles être abracadabrantesques, ou pioupiesques.

Après le Tanganyika, Stanley poursuit sa route vers Nyangwe. Il gagne la rivière Lualaba. Les musulmans essaient de le décourager, comme ils l'avaient fait avec Livingstone, comme ils l'avaient fait avec Cameron quelques mois plus tôt. Seulement, le reporter est plus déterminé que ses prédécesseurs. Surtout, il tient dans les mains un argument supplémentaire, un argument dont les précédents voyageurs étaient dépourvus. C'est un paquet de dollars, un gros paquet de dollars – est-ce là qu'est née l'arrogance américaine à l'égard du reste du monde ? Il réussit à s'embarquer sur la Lualaba, qui ne bifurque pas vers le Nil mais vers l'ouest, alors il s'agit bien du fleuve Congo. Le 3 août 1877, à la toute fin de son périple, quand sa troupe en haillons est trop fourbue et trop affamée pour accomplir les derniers kilomètres, Stanley fait porter vers la côte une lettre réclamant de l'aide. Sous sa signature, dans le post-scriptum, il écrit : *Vous ne me connaissez peut-être pas de nom ; j'ajoute que je suis la personne qui a découvert Livingstone en 1871.*

La fin est mon commencement

« Ils essayaient déjà de m'apprendre l'insouciance. (...)
Il y a, c'est exact, beaucoup de folie à s'occuper
d'autre chose que de ce qu'on voit. »
Louis-Ferdinand Céline, *Voyage au bout de la nuit*

L'hiver a duré plus longtemps cette année. Les trottoirs brillent d'être toujours lavés par la pluie froide, mais la lumière des réverbères est si terne qu'aucun insecte ne vient s'y brûler les ailes. Je connais le chemin du retour pour l'avoir fait cent fois ou mille fois, aux heures pâles. Des cartons mouillés traînent sur les pavés dodus, je me demandais souvent si je valais mieux qu'eux lorsque je rentrais des bistrots, avec l'odeur des apéritifs encore imprégnée sur mon col ou sur les basques de ma veste, lorsque j'allais retrouver ma solitude bancale – celle des garçons perdus. Vous savez, ils sont toujours les derniers à rentrer, ils sont toujours aimables et toujours disponibles, à la recherche de la moindre étincelle ou d'un arc-en-ciel. J'en étais. J'en étais, puisque la vie semble toujours monotone dans la cité verticale, quand on rentre de Valparaíso ou de Pondichéry, de Kislovodsk ou d'Antananarivo.

C'est une cité à angles droits, parfois aigus, aux façades ornées de consoles, de pilastres, de corniches, de balcons, de bas-reliefs, et cette architecture remarquable est noircie par la fumée des pots d'échappement. Tout semble encore y fonctionner, car Paris voudrait nous faire croire que sa splendeur ne s'éteindra jamais. C'est ici que je multipliais mes insouciances, c'est là que mes nuits s'éparpillaient comme des petits papiers qui s'enflammeraient au contact de l'air, qui brûleraient et retomberaient en cendres, consumés – quelqu'un a dit que ces nuits se ressemblent toutes et qu'on finit par les oublier. Certaines resteront, tout de même : ce sont les descentes de Ménilmontant. Tous les ans, à la fin du mois d'août, nous sommes cinq acolytes à nous aventurer dans l'exploration des cafés de la rue la plus pentue de Paris. À chaque comptoir, nous commandons une bière. Et nous nous racontons sans doute les mêmes choses, dans le même ordre – à poursuivre le temps qui passe, à regarder la vie qui se tire-bouchonne, à chercher des petites bêtes dans les chimères. Nous avons le même goût pour les choses inutiles, le même attrait pour cette vieille dame pittoresque qu'est la littérature : nous ne savons rien faire, à part écrire des livres et être curieux du monde, nous ne savons que veiller sur les hommes et raconter la confusion de leurs sentiments. Nous ne parlons pas sérieusement, surtout pas, mais nous nous demandons parfois ce qui nous attend. Nous parlons de nos femmes ou de nos éditeurs, nous parlons des conneries qu'il nous est arrivé de faire, de celles que nous aurions aimé commettre, de celles que nous regrettons. Chacun de nous travaille sur un livre, puisque nous aimons ça : Julien prépare son voyage dans les îles Kiribati, au beau milieu du

Pacifique, pour raconter la disparition de cet archipel bientôt englouti par l'océan. Philippe travaille toutes les nuits sur la biographie d'un bandit au cœur pur, un braqueur gentleman qui, comme lui, sait mettre de l'humour dans les situations les plus banales ou les plus désespérées. Richard va sortir un roman sur le mensonge d'un père, mais il voudrait plutôt écrire des récits d'aventures. François termine son exercice-d'initiation-à-la-dialectique-des-bars, sous forme de trajectoire encyclopédique, c'est tout ce qu'il nous a dit pour le moment et je devine que le résultat sera magistral. Moi, je ne sais pas trop ce que je pourrais raconter, peut-être mon mariage chez les Pygmées. Ou bien l'absence de ma belle au bois dormant, qui est toujours à Kinshasa. Ou peut-être une biographie de David Livingstone, sur qui je n'arrête pas de collecter des informations depuis mon dernier voyage au Congo.

Ces soirs-là, nous sommes des perdants magnifiques. Nous sommes une famille. Nous buvons une septième bière, nous buvons une dixième bière. La nuit tombe, personne ne s'en aperçoit. Nous avons le temps, nous sommes en chemisette et nous arrivons déjà au bas de la rue : il faut remonter, maintenant, faire le même parcours en sens inverse. Il se passera mille choses absurdes, nous croiserons des escrocs, des imposteurs, des malheureux, des malchanceux, des costauds, des débris, des gueules cassées, des marche-pas-droit, des boit-sans-soif, des pieds tendres, des blancs-becs, des rêveurs, des poètes, des géographes, des anachorètes, des progressistes, des escogriffes, des anges, des brutes, des titans, des aventuriers, des satrapes, des illusionnistes, des beaux parleurs, des rafistolés et même des débauchés. Des fantômes, parfois. Des ressuscités, comme Horace, qui est déjà mort une fois, crise cardiaque en se faisant couper les tifs – son coiffeur lui avait sauvé la vie en lui appliquant un massage cardiaque bien senti. Je me souviens d'un éboueur au chômage, qui donnait de violents coups de poing contre le carrelage du sol pour nous montrer sa force, et d'un retraité qui faisait des pompes sur une table en formica rouge. Mais, à part ces quelques instants de lumière, la vie parisienne me semble molle. Ce n'est pas qu'elle manque d'intensité, c'est que tout y semble si policé, si doux, même les horreurs. Il y manque l'énergie de la forêt.

J'ai passé mon enfance à fuir, à grimper dans les arbres à l'heure du déjeuner, à me promener dans les bois, à regarder les chevaux galoper, à longer les fossés. Nulle part je ne me sentais à ma place. Quand j'ai pu goûter à la liberté, je suis parti les poches vides vers les criques et les plaines, vers les caravansérails, vers les palais phéniciens, vers les châteaux espagnols. Je voulais toujours être ailleurs, je voulais envoyer valdinguer ma jeunesse sur les routes du monde entier et ça n'a pas loupé. Qu'est-ce que je pouvais faire d'autre ? Je ne sais que nager. Je ne suis qu'un traîne-savane.

Je joue avec mon alliance, qui s'est avérée trop grande après mon retour en France, puisque les températures plus fraîches ont fait dégonfler mes doigts – je la mets sur mon majeur pour être sûr de ne pas la perdre et je la contemple. Souvenir de voyage. Je me demande parfois ce qui m'a pris, mais jamais ne regrette. Je savais qu'on me prendrait pour un fou ou pour un Don Quichotte, qu'on se moquerait ou qu'on me féliciterait, mais je ne me doutais pas que ma mère ne voudrait plus me parler. J'ai fait une croix sur mon ancienne vie, j'en avais assez d'être toujours le dernier à rentrer, j'en avais assez de ne jamais savoir sur quel pied danser : j'ai trouvé mon bonheur et je l'ai pris. Seulement, je ne peux même pas le serrer dans mes bras, puisque Belange se heurte aux portes de toutes les administrations. D'abord, c'était sa demande de passeport. Maintenant, c'est son visa – naïf, j'avais imaginé qu'une belle lettre d'invitation suffirait à la faire venir en France, un beau certificat de prise en charge cacheté par la préfecture de police. Tu parles. Ça n'existe pas, une Congolaise qui part faire du tourisme en France.

Trois mois ont passé, son absence me creuse chaque jour davantage. Je la vois surgir partout où je vais, comme par enchantement : si je marche devant la devanture d'une boulangerie, je lis Belangerie. Elle me manque tellement que je prends des cachets d'aspirine pour soulager son absence – seulement, dans ces régions du cœur, les comprimés effervescents ne suffisent pas à effacer les douleurs. Je descends boire une bière au Sangho, le bar camerounais, dans mon quartier de Château-Rouge, pour retourner un peu en Afrique, mais c'est de l'Afrique sous cellophane.

J'ai aimé tous mes voyages. J'en garde des milliers de petites images qui tapissent ma mémoire, comme des affiches de publicité pour la nostalgie. Et parmi toutes ces images, je vois un pays qui m'appelle, un pays à qui j'ai donné mon cœur – et donner c'est donner, reprendre c'est voler, n'est-ce pas ? Les démarches de Belange se perdent dans des labyrinthes qui ne mènent qu'à des oubliettes et sa vie s'enlise chaque jour davantage dans la boue de Kinshasa : c'est maintenant que je dois y aller, sinon le monde va s'écrouler. J'ai trouvé une série d'articles à y faire, je suis l'ingénieux hidalgo qui va secourir sa dulcinée. Je pars dans trois jours, je pars dans deux jours, je tire de toutes mes forces sur mes amarres, comme une corvette les matins de grand vent.

C'est toujours le même spectacle, de misère et de folie, qui accueille les voyageurs entre l'aéroport international et la ville de Kinshasa. Quelques ponts cassés, des masures colorées mais sales, des fils électriques qui jaillissent de toutes parts. Des dizaines ou des centaines de milliers de passants, des têtes épuisées, des yeux hagards, des familles de dix, des dockers solitaires. Dans la poussière brune qui aveugle, dans la fumée qui fait suffoquer : des bouts de métal, des branches d'arbres, des copeaux, de la cendre, des carcasses, du plastique, des gravats, des chiures de mouches, des boules de gomme. La Mercedes rouillée de Zéphirin est prise dans un embouteillage de véhicules défoncés, délabrés, fumants, inimaginables – un foula-foula surchargé roule avec un pneu crevé, jusqu'où va-t-il ? Le frère de Belange, qui est venu me chercher au lieu d'aller travailler à son cabinet d'avocat, hausse les épaules.

— Ce qui casse n'est jamais réparé. En tout cas, vraiment, nous sommes abandonnés.

Et il allume son autoradio, qui diffuse une musique si légère, si joyeuse, que je n'ai qu'à fermer les yeux pour me sentir submergé par une déroutante impression de bonheur.

Belange termine de mettre un peu d'ordre dans notre chambre de jeunes mariés – la même cellule que nous avait prêtée Zéphirin à notre retour d'Oshwé. Ce sont les retrouvailles, ce sont les fabuleuses étreintes : j'épouse son corps, je la serre en essayant de ne pas lui faire trop mal : alors c'est vrai, je peux me remplir d'elle à nouveau ? Sait-elle seulement que je tombe amoureux chaque fois que je la regarde ? Je lui dévoilerai tous ces secrets d'alcôve un peu plus tard, après que nous aurons mangé les cinq gros capitaines qu'elle a préparés, grillés des deux faces sur le brasero, et que toute la famille dévore avec les doigts, de la cervelle jusqu'à la queue, en suçant les dernières arêtes avec des bruits d'ogres. Toutes ses économies.

La nuit a apporté ses fruits, comme dit Belange, puis j'ai dormi d'un sommeil lourd, un peu fiévreux, jusqu'à ce qu'une bestiole vienne me souhaiter la bienvenue, avec ses six pattes et ses deux antennes. Je rêvais que je mangeais une banane, un bout de peau me restait collé à la lèvre, je n'arrivais pas à m'en débarasser. Mais ce n'était pas une banane : quand j'ai ouvert les yeux, le cafard a détalé sur ma joue et sur mon cou, je l'ai vu se dandiner au bout du matelas en mousse et disparaître vite fait au fond de sa cachette. Il ne faut pas s'écœurer pour si peu. J'ai essuyé ma bouche et j'ai contemplé Belange qui dormait sagement près de moi. Alors, tout a brillé. Alors, le jour est arrivé avec ses bruits habituels, les églises de réveil, les bassines d'eau, les cliquetis du quotidien qui n'ont pas changé.

Personne ne s'est occupé d'installer les étagères. En revanche, Belange s'est acheté une valise toute neuve, en prévision de son voyage en Europe. Elle y a rangé ses trois robes, ses trois pantalons et ses trois sacs à main, les cahiers dans lesquels elle note ses petites histoires, sa Bible et les photos de sa famille, quelques pagnes, une paire d'escarpins, c'est à peu près tout. Mais le carrosse s'est transformé en citrouille : la valise a déjà perdu sa prestance, une fermeture éclair s'est enrayée et la poignée est brisée.

— Du nguanzou, s'énerve Belange. Tout est de mauvaise qualité, tout est à usage unique au Congo.

Le nguanzou, c'est la pacotille chinoise – importée des usines de Guangzhou, tout en bas de l'Empire céleste. Ce sont les centaines de milliers d'articles au rabais qui ont envahi les marchés congolais après que le pays a commencé à tomber malade, dans les années 1980. Quand le maréchal Mobutu a mis son État en banqueroute, le laissant allègrement s'effondrer, tandis que sa fortune personnelle prenait des proportions rocambolesques. Oh, certains prétendent que le chaos était déjà là, que la maladie du Congo date de l'arrivée des collecteurs d'ivoire et de caoutchouc du roi Léopold. Mais les aventures de Mobutu l'ont fait gravement rechuter. Sous le règne du kleptocrate, la corruption s'est généralisée, à tous les niveaux de la société. Les aviateurs revendaient leur kérosène, les enseignants marchandaient l'obtention des diplômes, les infirmières détournaient les stocks de médicaments de leur dispensaire. Le pays s'est endetté jusqu'à dix milliards de dollars, ce qui correspond à la fortune qu'avait amassée le président dans ses comptes en Suisse, sous son matelas et dans quelques républiques bananières. Depuis, le peuple congolais croupit dans la misère et doit, chaque année, réviser ses espérances à la baisse.

— Le pays ne produit plus rien, continue Belange. Même les œufs sont importés, par bateau, et ils sont pourris quand ils arrivent. La seule activité qui nous reste, c'est le petit commerce. On vend des biscuits, des bonbons, des cigarettes, des papiers mouchoirs ou des sachets d'eau au coin de la rue. Et les bénéfices sont de plus en plus dérisoires.

Dans la cour de la maison, Chris et Bitia se battent pour un quignon de pain. Ils sucrent exagérément leur thé, car on ne sait jamais s'il y aura du sucre le lendemain.

— Nous, on veut manger, on se fiche du reste, soupire la femme de Zéphirin.

J'ai rendez-vous ce matin avec le directeur des programmes à la radio-télévision congolaise, dans la grande tour qui abrite les médias audiovisuels du pays – ce qu'il en reste. Son bureau est au septième ou au huitième étage, j'y monte par les escaliers puisque l'ascenseur est en panne. Le directeur s'appelle Zizi Kabongo, prénom authentique, et il a 69 ans. Nous devions parler des artistes du pays, mais la conversation se déporte sur les errances de la ville, où tout se flétrit, où tout se corrode.

— Notre malheur, c'est d'avoir Kinshasa pour capitale. Elle englobe tout ce que nous avons de mauvais, tout ce que nous avons d'exécrable.

Zizi parle à mots choisis, il a été professeur de latin et de grec avant de travailler à la télévision.

— Les Kinois sont devenus fainéants. Ils cèdent à la tentation du moindre effort. Ils vivent dans une précarité toujours plus grande et s'en contentent.

À trois kilomètres, dans le quartier populaire de Bandalungwa, Louison Mbeya se cure les oreilles avec un vieux billet de 50 francs congolais, roulé plus fin qu'une cigarette. C'est son budget du jour.

— Kinshasa est au fond d'un gouffre, mais il est interdit d'y être mal habillé, affirme-t-il dans son appartement de douze mètres carrés, qui lui sert d'atelier.

Louison est styliste. C'est-à-dire qu'il dessine des tenues géniales, qu'il les confectionne, mais que cela ne lui rapporte jamais d'argent. Le jeune homme s'agace de la vogue des sapeurs, ces vieux dandys tropicaux qui ne s'habillent qu'avec des marques occidentales – ou des copies de marques occidentales.

— Ce qu'ils veulent, c'est porter une griffe étrangère, tant pis si le costume n'est pas à leur taille. Ce sont des ploucs. Ils n'ont même pas compris que le potentiel créatif est ici.

Plus je voyage au Congo, plus il m'échappe. Parfois, la vie y est si dure que je me demande : Et si c'était un pays expérimental destiné à évaluer le degré de résistance d'une nation ? Et si la communauté internationale en avait fait un laboratoire pour déterminer la capacité d'une population à endurer la souffrance, pour voir jusqu'où l'homme pouvait courber l'échine ? L'expérience aurait commencé avec la Force publique de Léopold II, puis on l'aurait reconduite lorsqu'on s'est aperçu que le pays possédait toutes les ressources dont l'humanité avait besoin pour entrer dans la modernité. Après le caoutchouc, ce fut le cuivre. Après le cuivre, ce fut l'uranium, le niobum, le germanium, le cobalt, le copal, le coltan, le tungstène, la cassitérite. Ce fut aussi l'or, les diamants, le pétrole, la forêt, l'eau. Pour pouvoir tout y piocher à loisir, on y aurait alors installé un empereur baroque, un prestidigitateur coiffé d'une toque léopard, capable de détourner des sommes effarantes à son unique profit, et qui ferme les yeux sur toutes les entreprises de ponction des richesses de son pays. On y aurait fomenté quelques guerres, pour déstabiliser les régions les plus prometteuses. Mais, pour que ces manœuvres funestes ne se remarquent pas trop, les Nations Unies y auraient dépêché une coûteuse mission de maintien de la paix, qui ne servirait à rien – ou plutôt, qui aurait pour tâche secrète d'y maintenir un état de guerre de faible intensité, afin que les compagnies minières puissent extraire tout ce qui les intéresse sans se faire contrôler. Dans ce climat de terreur ou de faillite, les villageois seraient contraints de fuir, d'abandonner leurs terres. Les hommes devraient récolter les minerais pour le compte des bandes armées, leurs femmes seraient violées et leurs enfants deviendraient soldats. Dommage collatéral : trois ou quatre millions de morts, peut-être davantage. On n'a jamais établi des statistiques très sérieuses sur ces questions de population, au Congo.

Et pourtant, dans ce pays maudit, la beauté surgit à chaque coin de rue, elle palpite au milieu des immondices ou des détritus. C'est un accord de guitare, une statuette en bois ou d'extravagantes boucles d'oreille : la vitalité artistique est surprenante, stupéfiante, inouïe. Partout, dans chaque parcelle, à l'ombre des tôles rouillées ou dans les roseaux des rivières, on trouve des peintres, des poètes, des sculpteurs, des dessinateurs, des comédiens, des stylistes, des contorsionnistes, des catcheurs, des danseurs et, bien sûr, des musiciens. Sans renier les rythmes tribaux, le son de Kinshasa devient dur, tendu, poignant, frénétique. Cette ambiance fiévreuse, on la retrouve dans la musique de Jupiter Bokondji : le prophète longiligne a consacré toute sa vie à façonner la bande-son du Congo contemporain – avec son groupe, Okwess International, il répète trois fois par semaine dans une cour encombrée de véhicules rouillés. Dans son sillage, des dizaines d'autres formations éclosent. Chaque jour, dans tous les quartiers, partout, des garçons et des filles talentueux se réunissent dans les terrains vagues, ils jouent sur des instruments acoustiques car l'électricité est toujours défaillante, et ils pourraient bientôt se produire dans les salles les plus prestigieuses de l'Occident si l'on y prêtait un peu plus attention. Dans chaque maison, il y a un musicien, aime répéter Jupiter. Quand on connaît mieux Kinshasa, la ville donne l'impression de vibrer au-dessus d'un magma en fusion.

Il n'est pas tard, il doit être 20 heures, mais le soleil est déjà couché depuis longtemps. À la lueur d'une bougie, je termine d'interviewer Love, prénom authentique, le chanteur du groupe Loi X. Je suis à quinze minutes de marche de Barumbu, la commune où habite Zéphirin, il n'y a qu'à traverser le marché central. Love me déconseille vivement cet itinéraire.

— C'est déjà l'heure des shégués et des kulunas, papa. Il faut prendre un taxi.

Compte tenu des sens giratoires compliqués, cela rallonge considérablement ma route. Mais on se sent un peu plus en sécurité dans ces petits taxis collectifs, où l'on s'entasse à quatre sur le siège arrière et trois à l'avant. D'accord. Je me poste à l'endroit où l'on les hèle habituellement, l'avenue semble particulièrement bouchée aujourd'hui. L'embouteillage n'avance pas de dix centimètres en quinze minutes, ça crie, ça klaxonne, et je commence à me faire remarquer au milieu de ce tumulte, de cette nuit et de ce désordre : un Blanc perdu, c'est un peu comme une pintade dans la fosse aux lions. Il y a encore des piétons, des vendeurs d'unités téléphoniques, des habitants qui rentrent dans les quartiers voisins, je me décide à faire comme eux. Je serre la sangle du sac que je porte en bandoulière, j'enfonce bien mes tongs entre mes orteils et je me lance dans la rue du Commerce, un des axes principaux du centre-ville. Tous les magasins sont fermés, je privilégie les trottoirs éclairés par les rares réverbères, tout en évitant les flaques et les trous d'égouts. Je regrette d'avoir emporté mon sac : plusieurs fois on m'a demandé si je transportais des billets de banque, alors que je n'ai qu'un vieil appareil photo et mon carnet de notes à l'intérieur. La rue du Commerce est de plus en plus boueuse, je manque d'y laisser mes tongs et moi j'y tiens, à mes tongs – mon dernier rempart contre les éclats de verre et les clous rouillés. Quand la chaussée devient trop spongieuse, j'opte pour une avenue parallèle qui sera plus praticable. Il y a encore quelques passants, deux ou trois, qui disparaissent bientôt dans l'obscurité. Aucun véhicule ne passe par ici, la nuit tombée. On n'entend plus que le bruit des grillons et d'autres insectes nocturnes, un cri étouffé de temps en temps, des grenouilles. Il n'y a pas de lampadaire. J'avance en douce sous la demi-lune et je récapitule : je suis Blanc, je porte un sac, la rue est déserte et je suis tout près du marché, là où dorment les enfants des rues. Je presse le pas. Mon corps se tend sans que je ne lui demande rien. Des perles de sueur font la course dans mon dos. J'aurais dû écouter Love.

À mi-chemin, je vois un groupe deviser paisiblement sous les feuilles d'un arbre. Je suis d'abord soulagé de ne plus être seul. J'avance dans l'ombre, en essayant d'être transparent, on ne sait jamais. Ils ont tous moins de 20 ans, ils sont vêtus de haillons et fument des mégots de cigarettes, certains sont allongés sur des cartons. Si ce ne sont pas des shégués, ce sont des kulunas. L'un d'eux me repère et se lève pour me crier quelque chose, de venir le voir, ou si j'ai une cigarette à lui offrir. Je ne tourne même pas la tête, j'essaie d'arborer la décontraction de Joe Dassin quand il chante l'été indien, je susurre même le refrain, pour leur montrer que je suis bien trop concentré pour leur prêter attention, *On ira, où tu voudras quand tu voudras*. Mais ça ne prend pas. Un deuxième se lève, et un troisième, qui tient une machette. Ils crient encore et me suivent. *On ira*, ils sont à quinze mètres, ils commencent à courir. *Où tu voudras quand tu v...* je sens mon réseau sanguin s'affoler et je me mets à détaler, aussi vite que mes tongs le permettent. Au bout de trente ou quarante secondes de fuite éperdue, comme je n'entends plus rien, je me retourne : personne. Mes poursuivants auraient abandonné la partie si facilement ? Ce serait trop beau. N'ont-ils pas pris un autre chemin pour me dévaliser par surprise ? Tout m'alarme. Le vol d'un moustique me fait sursauter. J'avance à pas de chat dans la cité déserte, mon cœur cogne comme le marteau d'un forgeron. Je traverse les carrefours en courant, après avoir vérifié qu'aucune embuscade ne m'y attendait. Je ne suis plus qu'à un kilomètre, mais je pourrais encore mourir vingt fois. J'aime bien l'adrénaline, mais à trop forte dose elle fait mal, elle griffe l'intérieur des veines, elle brouille la vision, ça ne doit pas être bon pour la tension artérielle. À cent mètres de l'arrivée, je commence à croiser des têtes connues. Je me retourne encore une ou deux fois, j'essaie de me relâcher mais je tremble encore lorsque j'arrive devant le portail rouge de la maison de Zéphirin.

Comme ça ne suffit pas de toujours courir derrière les lucioles, ni de jouer à colin-maillard avec les coupeurs de tête, nous nous préparons pour aller au consulat de France. Il est temps de faire reconnaître notre mariage, de l'inscrire en toutes lettres sur les registres d'état civil, puisqu'il paraît que ces bouts de papiers ont plus de valeur que les cœurs gravés sur l'écorce des arbres. C'est un bâtiment colonial, joliment entretenu, c'est un supplice pour y pénétrer. Il faut patienter de longues heures sous le soleil et il n'y a pas un arbre pour s'abriter : quand vient notre tour, nous sommes rincés. Le consul, un Breton bonhomme et rondouillard, nous offre un grand verre d'eau avant d'écouter notre histoire. Il est fort sympathique, mais ne plaisante pas avec le protocole.

— Vous n'avez pas publié les bans et vous voudriez faire transcrire votre mariage en droit français ? Négatif. Vous devez retourner à Oshwé pour annuler le premier mariage et en refaire un second DANS-LES-RÈGLES !

Ce serait possible, dans l'absolu. Nous reprendrions le chemin des murmures, la route est déjà balisée. Mais j'ai l'impression que ça romprait un certain charme. Belange, qui a les pieds sur terre, préfère attendre que survienne un miracle – notre histoire ne pourrait-elle pas s'accorder avec l'esprit de la loi, à défaut d'être directement conforme au texte ? La beauté ne pourrait-elle pas l'emporter sur les combinaisons juridiques ? Et le miracle arrive : deux semaines plus tard, après mille tergiversations, la République s'incline devant notre amour et nous ouvre la porte de secours. Bien sûr, il faudra encore faire la queue sous le soleil cruel, il faudra fournir des papiers en triple exemplaires, il faudra des cachets et des tampons, mais nous sommes sur les bons rails, nous sommes dans la bonne case. L'administration ne nous fera plus de crocs-en-jambe : Belange peut raisonnablement investir dans une valise plus solide.

Avant de rentrer, nous allons saluer Julien, le vendeur de meubles exotiques. C'est un Blanc de Kinshasa. Il vit ici depuis vingt ans et a monté un business lucratif, de belles tables en bois et des consoles joliment ouvragées. Il habite dans une confortable villa, lit des livres sur le bien-être et se montre toujours généreux avec sa cour, avec la vingtaine de privilégiés qui profitent de sa cuisine, de son électricité, de son jardin et de sa piscine. C'est d'ailleurs là qu'il nous laisse, car il a deux ou trois affaires urgentes à régler. Nous nous glissons dans l'eau tiède, je montre les rudiments de la brasse à Belange, qui n'a que des connaissances très vagues en la matière : si un devin m'avait dit, il y a un an, que j'enseignerais la natation à mon épouse congolaise dans une piscine de Kinshasa, j'aurais bien rigolé.

Deux heures plus tard, Belange sait traverser la piscine dans sa longueur et Julien vient nous retrouver. Il organise trois fois par an un festival dans son jardin et doit tout préparer avant l'ouverture, qui aura lieu la semaine prochaine – puisque personne ne s'occupe des artistes au Congo, il a décidé de le faire lui-même, attribuant une partie des bénéfices de son commerce aux jeunes talents de Kinshasa. Le jour tombe et des milliers de petites bêtes entourent les réverbères du jardin. Des phalènes.

— On les appelle aussi des éphémères, car elles ne vivent qu'une journée, dit le mécène.

Elles ont intérêt à bien en profiter, à ne pas se tromper dans leurs choix pour ne rien regretter quand viendra leur dernière heure. Je fais le calcul : j'ai vécu 14 085 jours, Belange 9 848. Je suis encore en forme, mon corps tarde à vieillir, mais je crois que je me suis usé les yeux à trop regarder les éclats du soleil sur la mer.

Dans le foula-foula qui nous ramène à Barumbu, un pasteur décroche son téléphone portable. Son interlocutrice souhaite se confesser : il l'écoute distraitement, dans le tumulte du moteur et les babillements des passagers, et maintenant il prie avec elle, son portable collé à l'oreille – le service sera facturé, bien entendu. L'idolâtrie religieuse engendre une nouvelle forme de capitalisme poussé à son paroxysme : les pasteurs congolais sont les seuls commerçants à n'être jamais en rupture de stock, puisqu'ils vendent du vent. Et la demande ne cesse de croître, puisque l'État n'assure plus la sécurité, ni la santé, ni l'éducation, ni l'ordre, ni les transports, ni l'avenir.

La religion devient alors le dernier refuge avant l'apocalypse, qui n'a jamais semblé aussi proche.

❧

Nous avons mis au propre l'arbre généalogique de Belange : j'aurai beaucoup de monde à rencontrer. Commençons par André, l'aîné des oncles du côté maternel. Le vieux habite avec sa famille dans un ancien bâtiment des télécommunications, qui date des années 1950, du temps où la société nationale fonctionnait. Trois étages, de hautes fenêtres, l'aspect extérieur fait encore illusion. L'intérieur est bouleversant. Quand mes yeux s'habituent à la pénombre, je découvre que le hall d'entrée est divisé en quinze parcelles minuscules, séparées les unes des autres par des cartons ou des pagnes, comme dans un camp de réfugiés. La vie grouille au fond de cet antre sans eau et sans électricité, nous devons enjamber des bambins et des régimes d'ananas pour arriver chez l'oncle André – qui dispose d'un logement individuel, puisqu'il faisait partie des cadres supérieurs de la société. Le retraité vit dans un salon misérable aux sièges défoncés, avec une table basse, une grande armoire et plein de souvenirs. La peinture des murs s'écaille, les vitres ne laissent filtrer qu'une lumière triste. Tout est usé, bricolé, rafistolé. Une carte du Congo recense les antennes de l'usine de télécommunication – c'est-à-dire celles qui fonctionnaient encore dans les années 1970, puisque plus rien ne marche aujourd'hui.

— Il ne reste que la phonie, marmonne André.

Le vieil oncle sort un album de photographies, qui raconte le temps où il était un fringant jeune homme. Il est le premier de son village à avoir fait des études et son père était le premier de son village à porter des chaussures – Belange est la première de la famille à épouser un Européen. Nous tournons les pages, tout avait plus fière allure à cette époque. Un chat saute sur les poissons que nous avons apportés, il faut lui donner des coups de pied dans les flancs pour lui faire lâcher sa prise.

Et puis André prend une voix plus solennelle pour me parler au nom de toute la famille, dont il est le chef puisqu'il est l'aîné. Il pose la carte des télécommunications sur la table basse et me dessine au crayon l'emplacement d'un territoire grand comme la Bretagne, situé sur la ligne de l'équateur.

— Ça, c'est la forêt de Bongandanga. C'est à nous et c'est aussi à toi, maintenant.

Oh, il m'explique que ce n'est pas une propriété privée comme en Europe. C'est plutôt que son clan dispose d'une autorité sur cette jungle, dont la plus grande partie n'est pas exploitée. On y trouve encore des éléphants, des bonobos, des chimpanzés, mais tout cet écrin de diversité est en grand péril. Des forestiers viennent y faire des coupes de bois, ils s'enfoncent toujours un peu plus loin et le gibier disparaît. Dans ce territoire isolé, la population crève de faim. Et, comme elle croît au moins aussi vite que dans le reste du pays, elle n'a pas d'autre choix que de chipoter, chaque saison, un peu d'espace supplémentaire pour y faire ses brûlis : André voudrait sauver sa forêt avant qu'elle ne disparaisse et souhaite m'associer à cette action.

— Nous aimerions que tu sois notre plénipotentiaire en Europe.

Si j'avais rêvé toute ma vie d'être gratifié d'un archipel, ou d'une terre promise, je serais servi. J'ai désormais un bout du monde, un petit empire de lianes et de bêtes sauvages, un trésor à préserver. Alors Belange est une princesse et elle avait oublié de me le dire ? Ou c'était à moi de le deviner ?

J'y pense encore en faisant ma lessive, dans deux seaux remplis au robinet de la cour. Les enfants de Zéphirin me scrutent avec des yeux ronds, ce n'est pas ma place d'homme de m'occuper de ça, ni ma place d'étranger. Ni ma place de nouveau seigneur de la forêt de Bongandanga. Mais des restes de bonnes manières m'empêchent de faire le coq en pâte. Je m'y perds, je ne sais pas adopter la juste attitude. Je ne me fais plus trop arnaquer dans les transports, je peux marcher sans casquette sous le soleil au zénith, je m'habitue aux « monsieur Guillaume » qui m'agaçaient tant les premiers jours, et je me débrouille bien quand je vais faire les courses au marché. Mais ce ne sont pas mes trente mots de lingala qui feront de moi un Congolais. Je découvre ce sentiment troublant d'être un étranger, de n'être qu'un étranger, quoi que je fasse. Je ne sens plus les premiers enchantements du voyageur qui découvre un pays exotique et pourtant je suis encore incapable d'entendre battre le cœur du pays, de deviner ce qu'il veut bien donner et ce qu'il garde jalousement. J'essore mon linge et je vais m'allonger sur le carrelage du salon. Il fait trop chaud pour avoir envie de sortir, je n'ai rien à faire, je m'ennuie. J'ai un royaume à sauver et je m'ennuie, comme un roi fantoche. Ce matin, j'aimerais lire *Cyrano de Bergerac*, je ne sais pas pourquoi. Mais il n'y a pas d'exemplaire de *Cyrano de Bergerac* à Barumbu. Quatorze mouches se reposent sur le plafond. Si je restais vivre à Kinshasa, est-ce que les palabres dans la cour m'apporteraient les mêmes plaisirs que les livres ou que les expéditions sans queue ni tête ? Je me lève, les mouches s'envolent, je tourne en rond comme un léopard dans sa cage. Belange discute en lingala avec la femme de Zéphirin, je me sens inutile, superflu. Suis-je déjà prisonnier ? Guérit-on un jour du désir de toujours partir en voyage ? Est-ce que j'irai sur la Terre de Feu, est-ce que je verrai Sainte-Hélène, est-ce que je visiterai Chypre ? Irai-je un jour à Java ? Ai-je seulement trouvé ce que je cherchais, cette quête impossible qui nous anime tous, qui nous affaire toute notre vie, avec un seul but : sentir à nouveau une émotion, la première sans doute, enfouie dans les souvenirs d'enfance ?

Belange vient me rejoindre dans la chambre où je me suis réfugié. Elle voit bien que j'ai du chagrin ou que j'ai fait un trop long rêve. Elle se déshabille et s'allonge délicatement sur mon dos pour me consoler.

— On n'a rien, sur cette terre, murmure-t-elle. On naît nus et on meurt nus, comme des chimpanzés. Il n'y a qu'une chose importante dans la vie, c'est de suivre son cœur. Tout ce qui nous arrive est de la circonstance.

Alors je souris, puisqu'elle sait toujours m'apporter la lumière. Elle est une lanterne, une étoile, et ses trésors invisibles brillent plus que tous les diamants du Congo. Elle a passé sa vie à se débrouiller dans son pays abandonné, elle a acquis cette sagesse de toujours faire confiance à la vie, qui se dévide chaque jour un peu plus comme un long tuyau d'arrosage. Belange est l'éternité, elle est le seul infini que je réclame. Dans la moiteur de notre cellule, je perce enfin son secret : c'est son âme que je trouve plus belle que toutes les autres âmes, c'est son âme qui la rend si belle à mes yeux – cette petite chose qui scintille et qui se déploie dans tout son corps, et qui l'illumine, et qui m'illumine. Elle me demande si je lui ferai un bébé pour Noël, je lui réponds que j'aimerais bien lui écrire un livre pour lui dire combien je l'aime. Des mots, des mots, répète-t-elle, avant de me tirer par le bras :

— Il est l'heure de se réveiller, monsieur Guillaume !

Dans la fournaise de la rue, le changeur de billets grelotte sous son bonnet de laine – une attaque de paludisme. Mohammed, le vieux boxeur reconverti dans la peinture, termine de rédiger une enseigne. Il a écrit au pinceau *Soki Zambe te, nani mosusu ?* Si ce n'est pas Dieu, qui ça peut être ? demande la formule énigmatique. Oui, qui ? Sur le sable gris noir, quatre enfants jouent à la marelle, avec des capsules de Primus pour remplacer les petits cailloux blancs. Ils sautent de case en case : en route vers le ciel, ils font voler des volutes ternes dans les derniers éclats du soleil rouge. Belange met sa main dans ma main et j'ai l'impression de toucher du bonheur brut, du pur, du solide – n'est-ce pas une utopie mille fois plus précieuse que celles qui faisaient tourner la tête aux conquistadors ? Oui, tout ce qui nous arrive est de la circonstance et nous sommes libres, nous sommes libres d'éparpiller nos vies dans la poussière ou de les faire luire comme de l'or.

« Alors, Sancho, qu'en penses-tu ? demanda Don Quichotte. As-tu entendu ce qui m'arrive ? Je te l'avais bien dit ! Voilà qu'on nous offre un royaume à gouverner et une reine à épouser. »

Miguel de Cervantes, *Don Quichotte*

REMERCIEMENTS

Mathilde Blaise & Vincent Tropamer, Julien Blanc-Gras, Boris Coridian, Karine Davoux & Eric Lasnet, Bertrand Guillot, Hélène Jan, François Kahn, Muriel & Antoine Leroy, Elsa Parlange & Jean-François Julliard, Florence Pellenard & Frédéric Lo, Frédéric Reux & Sandrine Chamousset, Aude Samarut, Florent de la Tullaye, Perrine Vennetier & Jérôme Blanchart : merci de m'avoir aidé à vivre et à survivre pendant la période désargentée où je passais mes journées à écrire ce livre. Merci aussi à Jérôme Dayre et à Caroline Six. Merci à Charles Recoursé pour sa précieuse relecture. Enfin, merci à Joël Lusolo, notre valeureux éclaireur sur le chemin des murmures.

Pour la rédaction de ce livre, j'ai bénéficié d'une résidence d'écriture à la Villa Marguerite Yourcenar et d'une bourse du Conseil Général du Nord. J'ai également passé deux mois en résidence d'écriture à La Laune, aux éditions du Diable Vauvert, en Camargue, et j'ai obtenu une bourse de découverte du CNL.

BIBLIOGRAPHIE

Edward Berenson, *Les Héros de l'Empire*. Éditions Perrin, 2002.
T. C. Boyle, *Water Music*. Phébus, 1988.
Fawn Brodie, *Un diable d'homme*. Phébus, 1992.
Richard Burton & John Speke, *Aux sources du Nil*. Phébus, 1991.
Filip De Boeck & Marie-Françoise Plissart, *Kinshasa : récits de la ville invisible*. La Renaissance du Livre, 2005.
Congo belge, Karl De Keyser & Johan Lagae. Lannoo, 2010.
Arthur Conan Doyle, *Le Crime du Congo belge*. Les nuits rouges, 2006.
Martin Dugard, *Into Africa, The Epic Adventures of Stanley and Livingstone*. Broadway Books, 2004.
André Gide, *Voyage au Congo*. Gallimard, 1927.
Adam Hochschild, *Les Fantômes du roi Léopold*. Tallandier, 2007.
Philippe Jaenada, *Le Chameau sauvage*. Julliard, 1997.
Tim Jeal, *Livingstone*. Yale University Press, 2001.
Tim Jeal, *Explorers of the Nile*. Faber & Faber, 2012.
Harry H. Johnston, *Livingstone as an Explorer, Centenary of his Birth*. Geographical Journal, mai 1913.
Mathilde Leduc-Grimaldi, *Images d'Afrique, Stanley I presume?* Fondation Roi Baudouin, 2007.
David Livingstone, *Missionary Travels and Researches in South Africa*. John Murray, 1857.
David et Charles Livingstone, *Explorations du Zambèse et de ses affluents, et découverte des lacs Chiroua et Nyessa*. Hachette, 1866.
David Livingstone (présenté par Christel Mouchard), *Dernier Journal*. Arléa, 1994.
Victor-Adolphe Malte-Brun, *Résumé historique des explorations faites dans l'Afrique australe de 1849 à 1856, par le révérend docteur David Livingstone*. Nouvelles annales des voyages, Arthus Bertrand éditeur, 1857.
Serge Michel & Michel Beuret, *La Chinafrique*. Grasset, 2008.
James L. Newman, *Stanley : Entre Couronne et Empire*. Éditions Luc Pire, 2006.
Th.-D. Pache, *David Livingstone, La Grande Épopée africaine*. La Concorde, 1926.
Clare Pettitt, *Doctor Livingstone, I presume*. Profile Books, 2007.
Henry Morton Stanley, *À la recherche du docteur Livingstone*. Magellan & Cie, 2012.
Frédéric Thomas, *Salut et liberté*. Aden, 2009.
Mark Twain, *Le soliloque du roi Léopold*. L'Harmattan, 2004.

Daniel Vangroenweghe, *Du Sang sur les lianes : Léopold II et son Congo*. Aden, 2010.
David Van Reybrouck, *Congo, une histoire*. Actes Sud, 2012.
Éric Vuillard, *Congo*. Actes Sud, 2012.

Interview de Mathilde Leduc-Grimaldi, conservatrice des archives Stanley au musée royal de l'Afrique centrale, à Bruxelles, juin 2013.

Déjà parus aux éditions Intervalles

LITTÉRATURE

Parano, de Jan Lars Jensen
Douze histoires cul sec, d'Anthony James Perry
D'amour et d'Amazone, d'Anthony Smith
À la recherche d'Hassan, de Terence Ward
Le roman que je n'ai pas écrit, de Linda Grant
1421, l'année où la Chine a découvert l'Amérique, de Gavin Menzies
Twelve Bar Blues, de Patrick Neate
Les mots pour jouir, de Martin Melkonian
Cent un jours à Bagdad, de Åsne Seierstad
Les Ailes de Sarajevo, de Bill Carter
Le Sang des âmes, de Theo Hakola
La fin est mon commencement, de Tiziano Terzani
Soname ou la bonne fortune, de Soname Yangchen
La demoiselle de Sing Sing, d'Idanna Pucci
Collection irraisonnée de préfaces à des livres fétiches, de M. Page et T. B. Reverdy (dir.)
Les petites fées de New York, de Martin Millar
Nos mots croisés, de Daphné Kauffmann
Les Tribulations d'un opiomane (1895-1915), de James S. Lee
Softcore, de Tirdad Zolghadr
Jérusalem, de Patrick Neate
Raga Mala, de Ravi Shankar
Un devin m'a dit, de Tiziano Terzani
Kalix, la loup-garou solitaire, de Martin Millar
Voyage au pays des juges, de Jean-Claude Boulard
Le Cartographe, de Guillaume Jan
Marie et les Autres, d'Axel Léotard
18 % gris, de Zachary Karabashliev
Détrompez-vous !, de Jean Szlamowicz
Rakia, de Theo Hakola
Les Meilleures Intentions du monde, de Gabriel Malika
Christiania ou les enfants de l'utopie, de Laurène Champalle
Comme sur un lit de roses, de Millard Kaufman
Nos années folles, de Linda Grant
Des bambous dans la surface de réparation, de Rowan Simons
Un personnage en Italie, de Daphné Kauffmann
Petit journal de bord des frontières, de Gazmend Kapllani
Voyages sur Chesterfield, de Philippe Coussin-Grudzinski
Là-Batz, le roman d'une île, de Guénaëlle Baily-Daujon
Les Enfants de l'exil, de D. Guelar, V. Jarach, B. Ruiz
Doris Darling, de Ben Elton
Les Menteurs, d'Anthony Neilson
Absolut Barbarian trip, d'Elias Jabre

Comic Strip, d'Arnaud Modat
Bye bye Leningrad, de Ludmila Shtern
Un psychopathe et demi, d'Elias Jabre
Zeus, de Sébastien Gendron
La Nuit des secrets, de David Doma
Je m'appelle Europe, de Gazmend Kapllani
Le Monde selon Cheng, de Stéphane Reynaud
Avec les hommes, de Mikaël Hirsch
Les Heures pâles, de Gabriel Robinson
Sotchi inventaire, de Jean-Claude Taki
Kalix, la malédiction de la loup-garou, de Martin Millar
Qatarina, de Gabriel Malika
La Paix à l'œuvre, de Menahem Begin et Anouar el-Sadate
L'argent a été viré sur votre compte, de Dimitris Sotakis

PHOTOGRAPHIE, LIVRES ILLUSTRÉS

Idolâtrisme, de Jocelyn Bain Hogg
Les Enfants d'Abraham, d'Abbas
Tokyo Love Hello, de Chris Steele-Perkins
Toxi Food, de Sabine Pigalle
India notes, de Raghu Rai et Tiziano Terzani
Cinéma, de Xavier Lambours
Roland-Garros, fenêtre sur courts, de Stéphan Gladieu
De la guerre et de l'amour, de Fouad Elkoury
Lettres kazakhes, de Guillaume Reynard et Jean-Claude Taki
Quarante-cinq histoires d'automobiles, de Magnum Photos et Bruno Gibert
Georges Aperghis : Avis de tempête, de Célia Houdart
Le travail révélé, sous la direction de Sophie Prunier-Poulmaire
Festins libertins, de Sabine Pigalle
Protectors, de Sabine Pigalle
California dreaming, de Naomi Harris et Yann Perreau
Under Gods, de Liz Hingley
La lutte continue, de Tomas van Houtryve
Mortem, d'Éric Atlan
Le Chant du Monstre, revue dirigée par Sophie Duc, Angélique Joyau et Céline Pévrier
Gueule d'Hexagone, du collectif Argos
S.A.P.E., d'Héctor Mediavilla
Sotchi pour mémoire, de Guillaume Reynard et Jean-Claude Taki
Terre de foot, d'Aurélien Abels Eber, Romain de La Bouvrie et Thomas de La Bouvrie
Les Bâtisseurs, de Jérôme Cabanel
It's not only Rock'n'Roll, de Catherine Viale et Mathias Moreau

Achevé d'imprimer en mars 2014
par Pulsio.net
Imprimé en Europe
Dépôt légal : deuxième trimestre 2014
Composition et couverture : Claire Besset
Révisions : Claire Besset, Marine Riguet

ÉDITIONS INTERVALLES

Direction éditoriale : Armand de Saint Sauveur

2 rue Bleue 75009 Paris France
Tel. : +33 1 53 43 83 30
www.editionsintervalles.com